①

②

①坐
②站
③行走
④蹲

③

④

①鞠躬

②递送名片

③介绍

④机上坐姿

①

②

③

④

①

②

③

④

①迎宾准备

②迎宾

③整理乘客行李

④发送报纸

①

②

③

④

⑤

①紧急设备——救生衣的介绍

②紧急设备——氧气面具的介绍

③厨房工作

④卫生间清理

⑤客舱服务设施调节

① 普通舱的餐饮服务
② 头等舱的餐饮服务
③ 机上广播
④ 客舱温馨服务

②

③

④

①

②

③

①机上紧急出口
②水上救生设备
③紧急设备

民航空乘礼仪教程

Etiquette Training Course For In-flight Attendants

主　　编：刘玉梅　牛　静

执行主编：牛　静

副 主 编：胡保华

中国广播电视出版社
CHINA RADIO & TELEVISION PUBLISHING HOUSE

图书在版编目（CIP）数据

民航空乘礼仪教程/刘玉梅，牛静主编. —北京：中国
广播电视出版社，2007. 6
ISBN 978 - 7 - 5043 - 5255 - 2

Ⅰ. 民… Ⅱ. ①刘…②牛… Ⅲ. 民用航空 - 乘务人员
- 礼仪 Ⅳ. F560. 9

中国版本图书馆 CIP 数据核字（2007）第 035953 号

民航空乘礼仪教程

主　　编	刘玉梅　牛　静
特约编辑	杨炳辉
责任编辑	刘　媛
装帧设计	满都拉
监　　印	赵　宁
出版发行	中国广播电视出版社
电　　话	86093580　86093583
社　　址	北京市西城区真武庙二条 9 号（邮政编码：100045）
经　　销	全国各地新华书店
印　　刷	三河市南阳印刷有限公司
开　　本	700 毫米 ×1000 毫米　　1/16
字　　数	270（千）字
印　　张	17. 75
印　　数	6000 册
版　　次	2007 年 6 月第 1 版　2007 年 6 月第 1 次印刷
书　　号	ISBN 978-7-5043-5255-2
定　　价	48. 60 元

前　言

　　荀子说："人无礼则不生，事无礼则不成，国无礼则不宁。"如果人人缺乏礼仪，那无疑将给社会的安定团结带来极大的威胁；如果人人讲文明、讲礼貌，都具有良好的品格和素质，那就将意味着国富民安。党的十六届四中全会指出，要坚持最广泛最充分地调动一切积极因素，不断提高构建社会主义和谐社会的能力。构建以民主法治、公平正义、诚信友爱、充满活力、安定有序、人与自然和谐相处为特征的社会主义和谐社会，离不开和谐的社会关系，离不开和谐的心理氛围，更离不开人的思想道德素质。因此，科学开展礼仪教育，满足、引导人们对礼仪教育的需求，让礼仪教育惠及更多的人，是提高构建社会主义和谐社会能力的重要途径。

　　礼仪是礼节、仪式的统称，是指在人际交往中，以一定的、约定俗成的程序和方式来表现的自律、敬人的整体行为，它由一系列具体的礼节所构成，是一个表现礼貌的系统过程。礼仪是一个人的内在修养和素质的外在表现，是人际交往中的一种艺术，是一种形式美、心灵美的外在体现。

　　随着改革的深化和国门的开放，不仅国人之间的联系交往更加紧密，而且中外友好往来也更加密切。民航客运是一个展示我国礼仪之邦的窗口行业。一个懂礼仪、有教养、有文化底蕴的空乘人员，可以让他人对其产生好感，对我国的航空运输业产生好感，更能让人对我们的民族、国家产生好感。

　　民航空乘人员不仅要学习科学技术文化知识，还要接受其他方面的教育，以提高空乘人员的整体素质。当前，绝大多数准备进入空乘行业的学生具有两个特征：一方面，他们热爱祖国，重视学习科学文化知识，尤其是高新技术和外语的学习，渴望在走向社会后能找到一个充分体现自身价值的工作岗位；另一方面，他们中的绝大多数都是独生子女，从小备受父母等长辈的宠爱，独立生活能力和社交能力都有待于提高，礼仪知识也知之甚少。随着改革的深入，很多空乘专业的学生都需要自己到市场经济中去双向选择、竞争上岗，因此，在学好各项专业知识的同时学好礼仪知识，就显得十分必要了。

　　本教材深入领会了党中央提出的构建和谐社会的思想，参阅大量相关的文献材料，结合民航乘务工作的实际，认真整理分析，构建出该教材的框架和内容。本教材共分八章内容，从民航乘务的实际出发，介绍了礼仪的相关知识，空乘服务的相关知识，包括服饰仪容礼仪、言谈举止礼仪、接待礼仪、餐饮礼仪、涉外礼仪、习俗礼仪等内容。

本教材的特色是：按照空乘职业本身的特点，以培养空乘人员（或未来的空乘人员）的能力为主要目的，理论联系实际，注重知识的可操作性。本教材框架结构清晰，内容选择丰富，案例贴近民航乘务的实际，具有知识性、趣味性和实践性，是一本帮助空乘人员尽快成才的素质教育教材。空乘人员通过本教材的学习可以较为全面地掌握礼仪知识，熟悉专业礼仪知识的具体运用，了解交际中的诸多忌讳，规避空乘服务中的尴尬，学会巧妙地运用交际技巧，打造个人交际魅力，从而塑造成功的空乘人员形象，推动个人事业走向辉煌。

本教材由长期从事民航乘务工作，具有丰富民航培训经验的中国民航总局航空安全技术中心副主任、民航总局消费者事务中心主任、资深空乘培训专家刘玉梅，中国航协培训部负责人、中国外交部礼仪培训特约专家牛静担任主编。

在编写过程中，我们参阅了国内外的有关文献、专著、教科书以及网站，从中吸取到有益的思想、理论和方法，在此，致以深深的谢意。

由于编者水平有限，书中有不妥或错误之处，敬请各位同仁和读者给予批评指正。

编者

2007 年 2 月

目　录

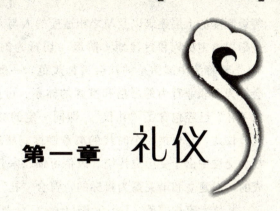

第一章 礼仪

第一节 **礼仪的涵义、原则及作用**

礼仪是一个人、一个组织乃至一个国家道德修养和文明程度的标志。自从人类组成社会以来，人们的活动不仅要受到自然规律的影响和制约，还要受社会规律和社会规范的影响和制约。礼仪规范是一种约定俗成的交往应酬规范，它以某种精神约束支配着每个人的行为。

航空运输，特别是旅客航空运输，已成为当代世界各国客运业发展的主流。中国民用航空事业是与新中国一起成长的事业。改革开放以来，民航沿着市场化的方向不断进行改革，取得了很大的进展，中国民航运输总周转量已经排在世界第二位，构成了当前我国运输业的一大支柱产业，现在它推动着国民经济和旅游事业的蓬勃发展，在与各国人民的友好往来方面起着积极的作用。因此，在这里讲究礼仪，让世界更了解中国，让中国走向全世界。

一、什么是礼仪

在现代社会里，"礼仪"是一个常用的词语。《辞源》对此的解释是：礼仪即行礼之仪式。所以，对"礼仪"普遍性涵义的解释只能借助于对"礼"和"礼节"的解释。《辞海》对"礼"的解释是：礼，一是指表示敬意，二是指为表示敬意或隆重而举行的仪式，三是指奴隶社会或封建社会贵族等级制的社会规范和道德规范，四是指礼物。《中国大百科全书》对"礼"的解释是：礼是中国奴隶社会的典章制度，奴隶社会和封建社会的道德规范。作为典章制度是指维护宗法等级制度的上层建筑以及与之相适应的人与人交往中的礼节仪式；作为道德规范是指奴隶主贵族和封建地主阶级一切行为的准则。《简明不列颠百科全书》把"礼"解释为中国儒家的社会道德规范，一般指礼节；把"礼节"解释为规定社会行为和职业行为的习俗和准则的体系。可见，"礼"有广义和狭义之分，广义的"礼"已经包含了"礼仪"，即同一定的社会上层建筑相适应的人与人交往的礼节仪式，它也指一个时代的典章制度。从现代意义上说，"礼仪"是指人们在社会交往中由于受历史传统、风俗习惯、宗教信仰、时代潮流等因素的影响而形成的，以建立和谐关系为目标的，符合"礼"的精神的行为准则和规范的总和。

礼仪专家柏德芮（Letita Baldrige）女士认为："礼仪的定义是很广泛的。总的来说，就是和周围的人保持友善关系。"她还指出："待人好，当然是很有礼貌的表现，但更重要的是，我们要多替别人着想。"如果没有对他人的关心，一切礼仪都会是无意义的东西。所谓现代文明的核心，其实就是对别人的尊重和关怀。

礼貌、礼节、礼仪都是与"礼"相关的词，在很多情况下，它们被认为是同一概念，可以混合使用。但从严格意义上说，这三者之间既有区别也有联系，不能简单地混为一谈。

礼貌，是向他人表示敬意的统称。一方面，它是人与人之间在交往过程中相互表示敬重和友好的行为规范；另一方面，也是一个人待人接物时的外在表现。一个人的礼貌程度体现了自身的文化层次、文明程度和道德水准。礼貌有两种表现形式：礼貌行为和礼貌语言。礼貌行为是通过动作、行为、举止来表现的，如微笑、欠身、鞠躬、握手等，这是一种无声的礼貌语言。礼貌语言则是一种有声的行为，给人以亲切、温暖、关爱和尊重。在空乘工作中讲究礼貌，不仅有助于建立乘客和乘务员之间相互尊重、友好的关系，还能缓解和避免飞行过程中不必要的冲突，这对于维护机上的良好秩序有重要意义。

礼节，是向别人表示敬意的一种形式，它是人们在日常生活中，特别是在交际场合中相互表示尊敬、祝愿、致意、慰问以及对他人给予必要协助和照料的惯用形式。礼节是一个人待人态度的外在表现和行为规范，是礼貌在言语、行为、仪态等方面的具体形式。不同国家、不同民族、不同种族由于生活背景不同，都有各自的礼俗。在乘务工作中，要注意了解、尊重各国、各民族的礼节及习俗，并要适应他们的礼节。

礼仪，是礼节、仪式的统称，是指在较隆重的场合，为表示礼貌和尊重而举行的合乎社会规范和道德规范的仪式。

对于礼仪，可以从以下几个角度理解：

从个人修养的角度来看，礼仪是一个人的内在修养和素质的外在表现。

从道德的角度来看，礼仪是为人处世的行为规范或标准做法、行为准则。

从交际的角度来看，礼仪是人际交往中的一种交际方式。

从民俗的角度来看，礼仪是在人际交往中必须遵守的律己敬人的习惯形式，也可以说是在人际交往中约定俗成的待人以尊重、友好的习惯做法。简言之，礼仪是待人接物的一种惯例。

二、礼仪原则

礼仪原则是指人际交往活动中普遍的、共同的和指导性的礼仪规律。礼仪原则可以帮助人们规范礼仪行为，增强礼仪的指导作用，减少交往活动中的尴尬现象。

（一）尊重原则

尊重是礼仪的本质，也是礼仪的情感基础，尊重包括自我尊重和尊重他人。尊重是相互的，只有懂得尊重他人的人，才能赢得他人的尊重。孟子云："仁者爱人，有礼者敬人，爱人者人恒爱之，敬人者人恒敬之。"尊重他人是一种美德，它意味着超越了偏见、虚荣、敌意，客观公正地正确认识、评估对方。

对于空乘人员而言，尊重乘客，首先要尊重乘客的人格、劳动和价值，以平等的身份与乘客交往，同时要一视同仁，不能因人而异，厚此薄彼，区别对待；其次要尊重乘客的爱好、习惯和感情。在长期生活中，每个人的性格、特点、生活阅历都不太一样，会形成千差万别的爱好和习惯。理解并尊重乘客的习俗，是一个空乘人员自身文明、进步的标志，也是民航行业进步、文明的标志。

尊重乘客的前提是理解乘客，不强求乘客按自己的爱好和志趣来做事，只有理解乘客才能与乘客和谐相处，才能使自己的人格魅力绽放光彩，同时也赢得乘客的尊重。

（二）真诚原则

真诚是人与人相处的基本态度，是礼仪活动的基础。"真"指真实，即言行一致；"诚"指诚恳，即与人为善。在空乘服务中，并非每个乘务员在礼节、礼貌等方面都会做得完美无缺，但只要以真诚为本，并能时时处处表达自己的诚意，就会赢得乘客的理解和信任。乘务员的愿望和思想能否为乘客所接受，往往与乘务员的真诚程度成正比。礼仪需要真诚，但也不能为了真诚而疏于礼仪，因为诚实并非永远都是最佳的方式。乘务员有时在处理一些事情时，往往需要委婉些、含蓄些。例如当无法满足乘客的要求时，尽量用委婉、含蓄的语言表达自己的意思。与此同时，更不能为了礼仪而忽视真诚，把礼仪当成一种道具和伪装，言行不一、欺骗乘客。

（三）守信原则

守信是指在人际交往中要讲真话，遵守并实践诺言。守信是真诚的外在表现，反映了乘务员个人行为的规律性和稳定性。在人际交往活动中，人们往往很难洞察一个人的内心世界，但通过观察他的言行是否一致，对人是否守信，便可以判断出他待人是否真诚。一个能够讲信用的人常常会令人产生信赖感，能根据其言论预测其行为。守信可以促进人际交往健康、稳定、持续地发展。遵守时间，遵守承诺，言必行，行必果……许多礼仪都体现了守信的基本精神。

（四）宽容豁达原则

宽容是指心胸宽广，忍耐性强，也是尊重的一种体现。空中乘务工作需要与很多不同地域、不同民族的人接触，更需要乘务员对乘客有更大的宽容度，要悦纳自己，悦纳他人。一个有宽阔胸怀的乘务员往往能宽容别人，也易于博得他人的爱戴与敬重。

宽容一方面要严以律己，另一方面还要宽以待人。即将心比心、体谅他人，善于从他人身上挖掘出连对方都察觉不到的优点，千万不能求全责备、斤斤计较、过分苛求、咄咄逼人。原则性强的事情要坚持正义，对于个性特征或性情禀赋等方面的事情则要大度宽容。宽容不是一味地礼让、迁就，是有原则的，要柔中带刚、有礼有节。

（五）平等友善原则

平等而友善待人，利群乐群，是中华民族的传统美德之一。平等是指对待任何乘客都要一视同仁，给予同等程度的礼遇。平等待人体现了礼仪的核心——尊重他人，以礼相待。当代社会是人际交往频繁的社会，每个人都面临更多的与人交往的机会，需要我们不因彼此在年龄、性别、种族、文化、职业、身份、地位、财富以及与自己的关系亲疏远近等方面有所不同而厚此薄彼，区别对待。

（六）入乡随俗原则

礼源于俗，礼和俗之间有密不可分的关系。由于民族、国家、地域、文化背景的不同，在交往时的礼俗就有很大差别。古语云："入境而问禁，入国而问俗，入门而问讳"，这就要求我们入乡随俗，与多数人的礼俗保持一致，这样有助于人际关系的改善，扩大交际范围。

（七）谦恭有度原则

在人际交往中，把握好沟通时的感情尺度是非常重要的。在空乘服务过程中，既要彬彬有礼，又不能低三下四；既要热情大方，又不能轻浮谄媚。要热情友好，谦虚谨慎，自尊自爱，端庄稳重，大大方方，堂堂正正，不卑不亢地接待每一位乘客。

三、礼仪的作用

人总是生活在一定的社会关系中，进行各种各样的社会交往。良好的礼仪是社会交往的"润滑剂"，是保持人们社会交往和谐的基本准则，对社会交往起着重要的促进和规范作用。讲究礼仪是一种双向要求和互动关系，势必会引起对方的积极回应。礼貌的语言，谦逊的行为，就像暖流注入人们心田，唤起人们内心的美好情感。如果人人讲究礼仪、互相尊重，人际关系就自然协调和谐了。"富者有礼高雅，贫者有礼免辱，父子有礼慈孝，兄弟有礼和睦，夫妻有礼情长，朋友有礼义笃，社会有礼祥和。"从这句话中也可以看出礼仪对于人们日常生活及社会重要的作用。具体来讲，礼仪有以下几个作用。

（一）塑造良好的个人形象

在社会交往中，形象往往影响交往双方在对方心目中的总体评价和基本印象。人们常常会根据对方的外貌、举止、表情、谈吐、服饰及应对进退等表面特征，给对方作出初步的评价，形成某种印象，即第一印象。第一印象也被称为"首因印象"。这种人际认知的第一印象虽然具有表面性和片面性，但它一旦形成后，往往使人产生某种心理定势，对人际交往的成败和人际关系融洽与否起着重要作用。

如何塑造和维护良好的个人形象，运用社交礼仪，使自己仪表堂堂、风度翩翩、应对进退、表现不俗，自然就会塑造出良好的个人形象。在乘务工作中，在不同的场合会以不同的角色与人交往。有时以个人身份去待人接物，表现出的纯粹是个人形象；有时则是以个人形式代表组织或单位去与乘客交往，此时表现的则是组织或单位的形象。在多数情况下，乘务员的言谈举止被外界视为一个民族、一个国家的形象，其言谈举止决定着他国人士对你的国家的评价。为了让个人形象、单位形象和国家的形象更美好，空乘人员必须学习、应用社交礼仪。

（二）进行有益的信息沟通

在空乘服务中，需要不断地和乘客进行各种信息的沟通。学好、用好礼仪是一种行之有效的沟通技巧。要善于从与乘客交往的过程中获得有益信息，用社交礼仪的相关行为规范指导自己的交际活动，更好地向乘客表达自己的尊重、友善，以增进彼此之间的了解与信任。

（三）协调人际关系

现代社交礼仪是人际关系的润滑剂和调节器。由于社交礼仪的基本原则是敬人律己，真诚友善，因而能联络人们相互间的感情，架设友谊的桥梁，协调各种人际关系，营造一个和谐友善的社会氛围，也有助于建立和发展人与人之间相互尊重和友好合作的新型关系。俗话说："良言一句三冬暖，恶语伤人六月寒。"在人与人之间发生了某种不快、误会和碰撞时，通过一句礼貌用语，一个礼节形式，往往能化干戈为玉帛，重新获得彼此的理解和尊重。初次相遇的陌生人，只要礼节周全，也会成为一见如故的知心朋友。相反，即使是亲朋故旧，如忽视来往礼仪，也会变得疏远。所以，《礼记·礼器》说："君子有礼，则外谐而内无怨。"礼仪同样也是协调乘务员与乘客之间关系的润滑剂和调节器，对于营造和谐友善的客舱气氛、建立和发展乘客和乘务员之间相互尊重和友好合作的关系有重要作用。

（四）促进行业的发展和社会的文明进步

礼仪是人类社会脱离野蛮阶段，进入有序的文明社会的标志。古人很早就把懂礼与否看作是关系到人的贤愚、事业成败、国家安危的大事。在当今社会，礼仪更成为一个民族、一个国家文明程度的重要标志。对于航空公司来说，重视礼仪就是重视乘客，体现"以人为本"思想的良好手段，通过礼仪可以促进整个航空事业的发展。

第二节　礼仪的形成与发展

　　中华大地是人类文明的发祥地之一，有着五千年的文明历史，文化传统源远流长。礼仪作为中华民族文明的标志，也有着悠久的历史。

一、礼仪的形成

　　中国礼仪文化的起源，众说纷纭，没有一个固定的说法。总的来说，关于中国礼仪的起源有以下三种说法：第一种说法，礼仪起源于祭祀；第二种说法，礼仪起源于饮食男女；第三种说法，礼仪起源于人的欲望和环境之间的矛盾。

　　按照第一种说法，礼仪起源于祭祀。从中文繁体字"禮"字可以看得很清楚，它的左边是指神，右边是指祭物，上面的"曲"是指酿酒中的酒曲，下边的"豆"是祭祀的器具。所以，"礼"的整个意思是表示祭祀神灵和祝福。在原始社会，人逐渐脱离了动物界，开始有直观、形象的原始思维。原始社会生产力低下，人们对于自然灾害无能为力，对天、地、风、雨、雷、电等自然现象充满困惑和敬畏。于是，人们便按照自己的原始的、直观的形象思维，把自然物拟人化，并设想它们也和人一样，有喜、怒、哀、乐等情感。在原始人看来，日月星辰，风雨雷电等都是具有超人间力量的神灵，天地、山川、水火等也有神灵主宰，各种自然现象分别被不同的自然之神所支配，原始人要求福避祸，就得与自然之神"搞好关系"，于是产生了种类繁多的祭祀活动，以沟通、协调好神和人的关系。祭祀活动是中国古代礼仪的重心，礼仪最早是古人对神灵表示敬意的一种行为方式。后来，人们注意到对人也应该有一定的尊敬，于是按人的不同身份给予不同程度的尊敬。久而久之，就形成一系列的行为规范。

　　按照第二种说法，礼仪起源于饮食男女。《孟子·告子上》云："食色，性也。"《礼记·礼运》云："饮食男女，人之大欲存焉。"于是，有人主张，礼仪起于人的本性，而饮食男女是人类最基本的本性，所以说礼仪起源于饮食男女。

　　按照第三种说法，礼仪起源于人的欲望和环境之间的矛盾。《荀子·礼论》云："礼起于何也？曰：人生而有欲，欲而不得，则不能无求，求而无度量分界，则不能不争。争则乱，乱则穷。先王恶其乱也，故制礼义以分之。以养人之欲，给人之求。使欲必不穷于物，物必不屈于欲，两者相持而长，是礼之所起也。"

这句话就是说，荀子认为，礼仪是"先王"为了治乱而制定出来的。这种观点在先秦儒家中颇有势力。《管子·君臣下》云："古者未有君臣上下之别，夫有夫妇妃匹之合，兽处群居，以力相征。于是智者诈愚，强者凌弱，老幼孤独不得其所。"他们都认为，正是为了治理这种"乱"才出现了所谓的"礼"。

原始的礼仪经过夏、商、周三代，特别是周公制礼后，已经发展成为一套较为完备的宗法等级制度和伦理规范，但是这种礼仪还仅仅是王公贵族的礼仪。三代所处的奴隶社会，整个礼仪的思想基础都建立在上帝、鬼神、天命的迷信上。商代的礼主要是祭祀祖先和鬼神，礼制则始于殷而成于周，周人把"礼"与"德"结合起来，成了区分贵贱、尊卑、顺逆、贤愚的人际交往准则。此后，礼仪逐步扩展为吉礼、凶礼、宾礼、军礼、嘉礼等各种礼制。"五礼"的范围已基本包容了中国古代社会生活的各个领域，全面地规范着整个社会生活，制约着人的行为，并逐步成为一种具有相对稳定性的精神内容。周代关于礼的典籍甚多，内容非常详细完备，以致后代很少有人再撰修礼制典籍。《礼仪》、《周礼》、《礼记》是为后世称道的"三礼"。"三礼"的内容大体上反映了周代的礼仪制度，其中的《礼仪》分为冠、婚、丧、祭、射、乡、朝、聘"八礼"，多为礼俗；《周礼》为六官、地官、春官、夏官、秋官、冬官之职掌，实则经纬万端，包举万事万物，是一部治国安邦之汇典；《礼记》的主要内容是阐述礼仪的作用和意义。这三部传世"礼经"，对后代治国安邦、施政教化、规范人们行为、培育人格都起了不可估量的示范作用。周礼的内容可以说是无所不包，具有了相当的系统性和完备性，充分反映了上古时代中华民族的尚礼精神。

春秋战国时期，以孔子为代表的儒家进一步将周礼发扬光大，并从王公贵族那里推广到了全体民众，由此创立了儒家礼学体系。由于战国时期社会动荡不安，儒家礼学体系没有能够在实践中得到普及和推广。汉代社会稳定，经济发展，统治者也希望通过礼仪来稳定自己的统治，因此大力推广儒家礼仪。我国一些传统节日如元宵节、清明节、重阳节、冬祭腊日等一些重要的传统节日以及相关的节日礼仪，也大多是在汉代定型的。

二、礼仪的演变

礼仪在其传承沿袭过程中不断发生着变革。传统礼仪主要由两部分组成，即礼俗和礼制。礼制是国家的礼仪制度，礼俗是民间习惯形成的礼仪习俗。从人类学角度考察，礼俗是先于礼制出现的。在原始社会中，氏族部落的礼仪完全处于一种自然状态，是为保障本部落或本地区民族的有序生产而建立的行为规范，基本上是约定俗成的，不具有人为强制性。原始礼俗具有自发性、自在性和随习性的特点，可以自在自为地传承发展，以至形成了后来丰富多彩的礼俗类型，创造了灿烂的中华文化。礼制则是阶级社会的产物，伴随着国家的产生而产生，伴随着国家的发展而发展的。当物质生产和精神文明的发展使氏族部落逐渐融合统一，产生了阶级和国家之后，统治者要求国民的行为规范统一，于是便产生了朝章法典、礼仪制度。最初的礼制是承袭先进部落的礼俗制定的，以此来规范人们的行为。在礼制的发展过程中，不断吸收民间的优良习俗，同时淘汰一些过时无用的礼制。礼制就是在对历史的传承和对民俗的借鉴中不断改造发展起来的。礼制把原来礼俗的规格提高，使其庄严神圣、规范统一，被更广泛地使用。礼制的主要功能是维护国家的统一和兴旺发达，而礼俗则使社会井然有序又充满着温馨美好的人生情趣，二者互补互用，共同保证人际交往和社会生活的有序进行。

礼仪的演变有其内部的思想哲学根源。历来统治者把礼仪作为确立伦理道德观念，调整人际关系和社会生活的准则。在礼仪方面，儒家文化是主流。儒家的礼教影响着我国几千年的文化，成为中国文化之灵魂。儒家学者宣传"礼教"，提倡以修身、真诚为本，认为在各种伦理关系中，对人诚实无妄才是礼的最高境界。在人际关系中，要以"中"为用，"中庸"的表现形式就是礼。为求得社会的和谐、统一，儒家将各种人的关系划分为五类，即君臣、父子、兄弟、夫妇、朋友，谓之"五伦"。各类人际关系中都规定相应的道德规范，这就是君惠臣忠、父慈子孝、兄友弟恭、夫义妇顺、朋友信诚。这些道德原则化为具体的行为规范，就是各种各样的礼仪。此外，道家崇尚自然无为，主张废除礼仪道德；法家主张以法代礼，实行强权政治；墨家以义代礼，主张平等、博爱、利他。这些学派部分别影响着后代礼仪的发展，形成了灿烂多姿的中国文化。

礼仪的变化还与法律的发展有关。礼仪和法律都是社会公认的行为规范，但二者维护规范的力量不同。法律是依靠国家的强力来推行的，带有明显的强制性，而礼的维系力量主要来源于文化传统、风俗习惯、社会舆论和道德。随着现代社会的发展，法律不断具体和完善，法律与礼仪相互融通。一方面，许多礼仪规范变成了法律，如保护环境、保护妇女儿童合法权益等；另一方面，一些原先作为法律的内容，也演变为礼仪的领域，如服饰、称呼等礼节。

礼仪在中国是一种文化形态，它既包括一套以仁、义、礼、智、信为中心的价值观念，也包括一系列以礼节仪式为内容的风俗习惯。这些礼节仪式的形成和发展，是人类文明的结晶与标志，使人和动物、文明和愚昧区别开来。应当看到，礼仪在其发展和演变的过程中，一方面起着调节、整合、润滑各种社会关系的作用，作为无形的力量制约着人们的行为，使人们循规蹈矩地参与社会生活，达到国泰民安的目的。另一方面，礼仪中的繁文缛节又逐渐成为妨碍人的个性自由发展、阻挠人们自由交往、窒息思想自由的枷锁，逐渐被时代所抛弃。每一个时代的仪式和礼节都会有所变化，礼仪的演变随着时代的发展而加快，但其所蕴含的基本精神，即相互尊重和信任、信赖和友谊，从来都是相同的。

三、现代礼仪的发展

在中国漫长的封建社会里，儒家礼仪虽然历经无数次的冲击，但始终处于封建礼仪的主导地位。辛亥革命时期，封建制度被推翻。同时，中国传统礼仪也发生了革命性的变化，产生了许多现代礼仪方式。后来的"五四"运动和新文化运动更是对封建礼教进行了无情的批判，开创了近代的中华文化。在中国古代，礼仪的含义很广，既表现为一般行为规范，又涵盖政治法律制度。近代以后，礼仪的范畴逐渐缩小，礼仪与政治体制、法律典章、行政区划、伦理道德等基本分离，现代礼仪一般只有仪式和礼节的意思，去掉了繁文缛节、复杂琐细的内容，吸收了许多反映时代风貌、适应现代生活节奏的新形式。

新中国成立后，中国礼仪进入一个崭新的阶段，移风易俗被列入政府的工作日程。人民当家做主的政治地位呼唤着一种新的社会秩序和适应于这种社会秩序的新型的行为规范。但是，在"左"的思想影响下，中国传统美德和世界各国人民所普遍遵循的礼仪规范受到不应有的冲击，特别是"文化大革命"期间，人际关系恶化，人们的道德水准下降。改革开放以后，党中央、国务院号召全国人民开始了现代礼仪文化的建设。

现代礼仪的出现和发展，反映了社会形态的巨大变革和社会文明程度的提高。现代礼仪简明、实用、新颖、灵活，体现了高效率、快节奏的时代旋律。我国现代许多礼仪形式，都是辛亥革命以后，尤其是新中国成立后才形成的。现代礼仪以科学精神、民主思想和现代生活为基础，剔除了封建落后的成分，表现出新型的社会关系和时代风貌。现在，我国对重大活动、重要事件的仪式、程序、出席人士的安排等都作出了具体规定，日常的行政、经济、文化、军事活动中的各种公务礼仪礼节也不断完善。随着社会活动的发展以及文明程度的提高，各种礼仪更加深入人心，新的礼仪形式不断出现。交际礼仪、节庆礼仪、人生礼仪等各种新的形式越来越为人们广泛接受。在改革的大潮中，对外经济文化交流不断加强，这同时也将世界各民族的礼仪礼节风俗一同带了进来，使文明古国的传统礼仪文化不断发展。如礼炮、交际舞会、名片等都是从欧洲传入我国的。同时，现代科学技术、文化生活也被引入礼仪礼节活动，礼仪电报、礼仪点歌、电话拜年等近年来广为流行。这些都体现了礼仪文化的生命力和革新精神。

思考题

[1] 如何理解礼仪？

[2] 礼仪的原则是什么？

[3] 礼仪具有什么作用？

[4] 简述中国礼仪文化的发展历史。

第二章 乘务礼仪

空乘礼仪是运用于空乘服务中的礼仪活动。作为服务活动的一种，空乘服务既具有服务活动的一般特征，又有区别于其他服务活动的特殊特征。只有掌握空乘服务的一般规律，才能更好地掌握空乘礼仪，从而把空乘服务提升到更高的水平。

一、什么是服务

要给服务做个科学的定义是件比较困难的事。这不仅是因为对此众说纷纭，还是因为对于"服务"人人都熟悉，人人都有自己的理解。在 ISO 8402：94《质量管理和质量保证——术语》中，服务的定义是：为满足客户需要，供方与客户之间接口处的活动以及供方内部活动所产生的结果。这就意味着，服务的提供可以发生在一个实体（供方）与其客户的接口界面处，也可以发生在其内部不同部门或过程的相互连接处；并且，所谓的服务是对这些活动所产生的结果而言的。[1]可以看出，服务有以下几层意思：

第一，服务的目的是为了满足顾客（或他人）的需要。"客户"是对"产品和服务的接受者"。

---

[1] 吴江云：正确理解服务概念 努力提高服务质量——ISO 9000 系列标准学习心得．商业现代化，1995 年第 9 期，17 页。

第二，服务的条件是必须与客户接触。

第三，服务的内容是一种互动活动。服务产生于人、机器、设备与顾客之间，他们之间的关系是互动关系并且是有机联系，并由此形成一定的活动过程，这就是服务。

综上所述，服务包括服务的提供过程及其结果，服务的提供过程与结果之间有着密切的联系。"结果"是由"过程"提供和形成的，服务提供过程的水平决定了服务的质量和水平。因此，服务质量的管理重点应放在对服务提供过程的控制上。当然"过程"与"结果"是有一定区别的，"结果"可以让顾客感知或体会得到，而"过程"不一定完全被顾客所感知。

二、服务的基本特征

为了将服务同有形商品区别开来，自 20 世纪 70 年代以来，许多西方学者从产品特征的角度来探讨服务的本质，并对服务的基本特征进行描述。对于大多数情况而言，服务具有无形性、直接不可分离性、差异性和不可贮存性等特征。

（一）无形性

无形性将服务同有形的产品区分开来。无形性可以从两个方面理解：一是服务与有形产品相比较，服务的本质及组成服务的元素很多时候都是无形的，人们触摸不到或不能凭肉眼判断其是否存在；二是服务不仅其本质是无形的，甚至客户获取服务后的利益，也很难一下被察觉，要经过一段时间之后，享用服务的人才能感觉到"利益"的存在。当然，真正百分之百具有完全无形性的服务是很少见的。很多服务需要有关人员利用有形的实物，才能提供服务或传送服务。拿给客户的实物能够"表现"出顾客的某些期望，但是，有形实物只不过是服务的载体。这些载体不仅是生产和提供服务不可缺少的物质基础，对客户而言，由于服务的无形性，这些"载体"在使客户感知服务方面起着非常重要的作用。

（二）直接不可分离性

服务的生产和消费没有时间间隔，服务生产和服务消费具有直接性特点。此外，服务的生产或提供过程与消费或购买过程同时进行，服务人员提供服务时，也是顾客获取或消费服务的时刻，两者在时间上不可分离。服务本身不是一个具体的有形物品，服务包含的是一系列活动或者说是一个过程。

客户对服务生产（提供）过程的直接参与以及在参与过程中同服务人员的沟通、交流和配合，将直接影响服务过程的完成及服务质量的控制与管理。第一，传统的有形产品生产管理将客户完全排除在外，管理的对象是企业中的员工。在服务行业内，客户参与到服务提供的过程中，这就使得服务企业的服务人员及其管理企业的管理者必须知道如何有效地履行自己的义务，引导客户顺利地进入角色，如何鼓励和支持客户积极有效地参与服务提供过程，如何确保客户获取足够的服务知识并达到服务"提供"与"取得"过程的和谐统一。如果管理人员和服务人员忽视了这些问题，则可能导致因客户不明其自身的职责而使服务质量无法满足他们的要求。在这种情况下，客户通常都会责怪服务的企业，认为该企业的服务质量低下，进而不愿意和该企业打交道。第二，服务人员与客户的沟通和交流（互动行为）也影响着服务的质量及企业与客户之间的关系。服务是按客户要求即时"生产"并提供的，不同客户有不同的要求，这就要求负责提供服务的一线员工具有提供规范服务的能力和足够的应变能力，以确保服务满足每一位客户的期望。客户与服务人员在服务和被服务的过程中产生任何误会，都可能使客户感到整个企业的服务质量很差，以后都会避免和该企业有往来，这样企业就会失去客户。如，在排队的问题上，某些客户不遵守秩序使得整个队伍秩序很乱，服务人员如果对客户的这种行为听之任之，不进行干预和管理，那么，客户就会认为该机构服务管理水平及服务人员素质低下，服务质量差，以后可能会改去另一家企业。

（三）差异性

差异性或易变化性是指服务的构成成分及其质量水平经常发生变动，很难稳定统一。服务行业是以人为中心的产业，由于人的个性存在较大差异，对于服务的质量检验也很难采用统一的标准。一方面，不仅同类人员在服务水平上有较大差异，此外还会由于服务人员自身因素（如心理及精神状态）的差异，造成即使是同一服务人员，他们所提供的服务也可能会有不同的水准。另一方面，由于顾客直接参与服务的"生产"和消费过程，顾客本身的因素（如知识水平、道德水平）也会对服务人员的服务质量和效果产生影响。

差异性使顾客对企业及其提供的服务产生"形象混淆"，这就造成企业整体的"服务形象"缺乏一致性。形象好的服务与形象差的服务相互抵消，会弱化企业的整体服务形象。《美国新闻和世界报道》曾经调查发现，有68％的客户是因为某个员工没有处理好客户的抱怨而导致的。与此同时，1％的客户之所以放弃某家公司是因为公司内某个人去世了；3％的客户是因为这家公司更换了地址；5％的客户是因为另结新欢了；9％的客户成了竞争者；14％的客户是因为不满意。不难发现，同失去客户的其他因素相比，劣质服务产生的破坏性后果是相当惊人的。有一项研究表明，在 25 个不满意的客户中，倘若有 1 个客户抱怨，24 个客户不满意但不抱怨，他们分别再向 10～20 人讲述他们的不满经历。也就是说，这 25 个客户会向 250～500 个潜在的客户讲述他们的不满经历，这就是有名的"250 定律"。这就说明坏口碑特别有影响力。客户在选择哪家公司为其提供服务时，通常会把负面性的信息看得比正面性的信息更重要。很不幸，这种口碑不是企业经营管理者所能直接操纵的。因此只有提供让每一顾客都非常满意的服务，形成标准化、规范化和制度化的服务，才能树立起良好的企业服务形象。

（四）不可贮存性

由于服务具有无形性和不可分离性，使得服务不可能像有形的产品一样被储存起来，以备今后出售。在多数情况下，客户也不可能将服务带回家存放起来。客户不光顾服务企业或企业提供的服务未被客户所接受，就没有服务的产出或提供，这就是说，服务根本就没有被"生产"出来。当然，提供服务的各种设备可以提前准备好（甚至是必须提前准备好），但"生产"出来的服务如不当即消费掉，那就会造成损失，这种损失表现为机会的丧失和服务设施的折旧以及员工的酬劳。所以，服务企业在服务机构的设置及设备的配置上应靠近客户，服务人员多接触和接近客户，并具有当客户服务需求变化时满足其需要的本领。

例如，一位旅客登机，看见在空中乘务员正在滔滔不绝地谈论着昨天晚上看过的电影，却没有一句礼貌的问候，这时旅客会对公司和员工留下一个什么样的印象呢？可能会认为空乘人员根本不重视旅客，对旅客不屑一顾，或者认为航空公司的管理体制很松散等等一些对公司形象不利的看法。反之，如果旅客登机看见乘务员热情的问候、整洁的客舱、舒适的座椅、最新的报纸杂志，就会对航空公司形成良好的第一印象。

因此，空乘人员应该充分学习和理解各种礼仪，并熟练地运用到工作当中去，才能更好地理解旅客的需要，出色地完成服务工作。

资料夹

空乘人员的高品质服务

1. 敬业精神和工作热忱。

2. 娴熟的专业知识和业务技能。

3. 超前服务（人无我有，人有我精，人精我新）。

4. 感情服务（真情服务、人情味服务、家庭式服务、亲友式服务）。

5. 针对性服务（研究客人，了解客人的心理与喜好，有的放矢）。

6. 礼貌服务（彬彬有礼，落落大方）。

7. 细微服务（于细微处见精神，于细小处见真情）。

8. 主动服务（服务在先、动作在前）。

9. 个性服务（超值服务）。

10. 用心服务（爱心、细心、精心、专心、耐心、信心）。

11. 灵活服务（察颜观色、见机行事）。

12. 双语服务（普通话、外语）。

13. 及时服务（准确、恰当）。

14. 微笑服务（笑脸增友谊、微笑出效益）。

15. 整洁服务（整洁有序，清洁卫生）。

16. 全新服务（求新、求异、换口味）。

17. 快速服务（高效、快速、便捷）

18. 特色服务（独一无二，与众不同）。

19. 特别服务（客外服务）。

20. 文明用语。

21. 仪容仪表。

22. 声情并茂。

三、空乘服务基本流程

目前，国内各航空公司为了提高自身的竞争力，纷纷提出各自的服务理念，如国航提倡"四心"服务，即放心、顺心、舒心、动心；南航推出了"货运5000、商务2000、真诚9000"等热线电话；东航提出了"亲情家园"品牌服务，旨在为延误航班旅客提供温馨、周到、人性化的服务，协助旅客尽快成行。这些旅客服务理念的提出，是旅客服务工作性质所要求的。航空公司为旅客提供服务，实际上是一种人与人之间的交往关系、人际关系。做好服务工作的基础在于了解旅客心理，关心旅客，热爱旅客。不仅要为旅客想到的、提出的需要服务，还要领先一步，主动地为旅客没想到的或想不到的需要服务，这才叫真正体现了"顾客至上"的原则。真正提供了"高水准的服务"，才可以保证在今后日益激烈的竞争中立于不败之地。

要想提供好的服务，必须先要有对旅客进行服务的热情和真诚，同时还要充分了解旅客的心理。人们的心理活动可谓是丰富多彩、错综复杂的。作为一名空中乘务员，更应该从旅客的一言一行中了解旅客的心理，知道旅客的需要，做到眼勤、嘴勤、手勤、腿勤，尽量满足旅客提出的要求，让旅客真正有宾至如归的感觉。

资料夹

世界上第一位空姐的出现

1914 年 2 月，世界上就有了首次航班。1919 年 6 月 14 日至 15 日，进行了第一次洲际飞行。自 1919 年 8 月 25 日起，定期国际航班开始通航。但是，直到 1930 年，在长达 11 年的时间内，空乘服务工作一直是由副驾驶员兼任。1930 年 5 月，美国波音公司驻旧金山董事史蒂夫·斯廷帕森（S. A. Stimson）到一家医院看朋友，随后同该医院护士埃伦·丘奇小姐聊起天来。埃伦好奇地向他询问飞机上的有关情况，他遗憾地表示：旅客们对飞机的性能还不了解，为安全起见，他们大都喜欢坐火车而不愿坐飞机。即便在少量的乘客中，也是什么样的人都有，需要得到多种服务，副驾驶员一个人实在忙不过来。埃伦顿时联想到她所照料的病人，遂脱口而出："那么，你们为什么不雇用一些女乘务员来从事这些服务工作呢？凭着姑娘们的天性，是可以改变这种现状的！"史蒂夫听罢，先是一怔，继而连连拍手称妙。

随后，史蒂夫给波音公司主席的年轻助手帕特发了一封电报，提议招一些年轻貌美的姑娘担任服务员，并给她们起了好听的名字：空中小姐。公司主席很快采纳了他的意见，并授权他先招 8 位姑娘，建立一个服务机组。史蒂夫高兴地将这一消息告诉了埃伦小姐，埃伦又将这一消息转告给她的伙伴们。于是，不到 10 天，埃伦和另外 7 位护士便登上了民航飞机，并于当年 5 月 15 日飞行在旧金山至芝加哥的航线上，从而成了全世界第一批"空中小姐"。由于埃伦等 8 位姑娘年轻漂亮、聪明伶俐又热情勤快，乘坐那架飞机的客人都感到非常温馨，不但自己成了"回头客"，还为他们拉来了一大批客人。其他民航公司见此情势，也竞相效仿，招收了一批又一批的漂亮姑娘当"空中小姐"。这种做法很快风行世界各地，"空姐"也便很快发展为一种全球性的新职业。与此同时，许多顾客也转变了观念，增强了坐飞机的安全感。他们认为，少女们都敢在飞机上工作，自己哪能再怕坐飞机？于是，许多人放弃坐火车的习惯而改乘飞机。

摘自：中国劳动保障杂志，2005

空乘人员的工作有自身的特点，空乘服务主要由以下四个阶段构成：预先准备阶段、直接准备阶段、空中实施阶段、航后讲评阶段。

（一）预先准备阶段

1. 飞行前需要了解的信息

• 乘务员在接受航班任务后，应及时查看相关信息，复习航线知识、安全规章等相关内容；

• 了解起飞、准备、机组乘车时间，做好预先准备工作；

• 乘务员应于航班起飞前，按规定准时签到，并参加准备；

• 执行任务前，在个人的仪容、着装方面，基本要求有八个：即发必齐、须必剃、甲必剪、妆必淡、衣必雅、扣必系、帽必正、鞋必洁。

2. 在执行任务时必须携带的证件及物品

• 登机证、健康证、乘务员执照；

• 广播词、业务资料、服务用品等；

• 处于良好工作状态的手电筒和走时准确的手表。

（二）直接准备阶段

1. 乘务员登机后的工作

• 乘务员登机后首先按规定放置个人物品，然后依据《飞行乘务员手册》进行门区检查；

• 检查、核实所负责区域的应急设备，确定处于待用状态；

• 检查示范用的氧气面罩、救生衣、安全须知、安全带（包括婴儿安全带和加长安全带）；

• 客舱乘务员检查服务设备、客舱卫生并报告带班乘务长；

• 根据职责签收耳机及卫生用品，并负责卫生间物品的摆放；

• 厨房乘务员检查厨房设备，确保各种服务用具处于良好状态；

• 厨房乘务员检查、签收供应品、餐饮的种类、数量、质量并报告带班乘务长；

• 将所有需要冷藏的食品、饮料、酒类进行冷藏；

• 检查书报、杂志的配备数量和种类，摆放整齐；

• 乘务员做好最后的清舱工作，并报告乘务长；

• 地面各项检查、准备工作完成后，应向带班乘务长汇报。

2. 乘客登机服务

• 乘务员各就各位站在自己工作区域内，迎接乘客登机；

• 乘客登机时，客舱乘务员面带微笑主动问候，引导乘客就座并协助乘客安放行李；

• 主动帮助需要特殊照顾的乘客；

• 主动介绍机上服务设备、应急设备；

• 出口座位乘客的确认；

• 如发现有不符合规定的乘客、行李，及时通知地面；

• 在等待部分乘客登机时可为乘客提供书报、杂志；

• 检查行李箱内的物品是否安放稳妥，开关闭行李箱。

3. 机门关闭后的工作

• 听从带班乘务长的指令，按《各机型分离器操作程序检查单》操作滑梯预位；

• 进行安全演示；

• 客舱乘务员按《飞行乘务员手册》中安全规则部分进行客舱安全检查，厨房乘务员检查厨房物品是否已放置稳妥；

• 起飞前广播通知乘客再次确认系好安全带，乘务员自身系好安全带，等待起飞。

（三）空中实施阶段

1. 客舱服务

- 起飞后介绍航线及服务项目；
- 提供细微服务；
- 根据航线和服务标准，全程提供娱乐节目；
- 厨房乘务员根据各舱位服务标准做餐饮前的准备工作；
- 客舱乘务员可根据各航段、各舱位标准为乘客提供酒水服务；
- 根据各航段、各舱位供餐标准为乘客供餐，特餐优先提供；
- 整理客舱；
- 落地前准备工作；
- 回收或交接工作。

2. 细微服务

- 与乘客适时沟通；
- 保持客舱、卫生间干净、整洁；
- 遮光板服务；
- 及时处理乘客呼叫；
- 为需要摇篮的婴儿支起摇篮；
- 为乘客发放报纸、调节阅读灯；
- 对需要照顾的老、幼、病、残、孕等特殊乘客提供及时周到的服务；
- 夜航值班时，乘务员应注意客舱灯光、温度的调节，要经常巡视客舱，注意观察乘客的需求，提醒睡觉的乘客系好安全带，以防颠簸。乘务员工作时脚步要轻，以免影响乘客休息；
- 为乘客添加毛毯、小枕头等；
- 巡视客舱，随时观察乘客的需求；
- 长航线及时收回乘客用过的杯子，随时更换清洁袋；
- 帮助乘客调节视/音频系统。

3. 乘务组交接工作的要求

- 各号位按规定准确填写《交接单》；
- 各号位按各段配备数量，按规定预留机供品；
- 将厨房的服务用品、冰箱、储藏箱等清理干净，将物品按规定摆放整齐；
- 所有的备份箱、礼品车、酒水车需签封并填写签封号。

4. 落地前的工作

- 落地前 20 分钟进行下降广播；
- 客舱乘务员按《飞行乘务员手册》中安全规则部分进行客舱安全检查；
- 归还为乘客保管的衣物；
- 整理客舱，清理乘客用过的寝具、杂物等。

5. 落地后的工作

- 归还为乘客保管的行李等；
- 飞机停稳后，听从带班乘务长口令解除滑梯预位；
- 乘务员站在各自的位置上欢送乘客离机；
- 按《飞行乘务员手册》中安全规则部分进行客舱检查。

（四）航后讲评阶段

认真总结本次航班的服务工作，提出改进服务工作的意见。

▶ **经典案例**

细节决定成败——从一服务案例看服务的精致

香港旅客庄女士搭乘深圳至上海航班，因上机后行李架已满，随身携带的一黑色旅行袋无处安放，乘务员征得旅客同意后帮助旅客安排行李，将其袋子放了最后一排22F座上，旅客坐在16E。

飞机起飞后，坐在前舱的王小姐看到最后一排D、E均为空位，便在此处休息，且将头枕在了庄女士的旅行袋上。

飞机落地后，庄女士到后面拿行李时发现行李袋中的中药被压碎了。这些是她为女儿治病在香港配好的药样，想趁到上海探亲的机会照样配药（因价格便宜很多），而一些药被压碎无法辨认，因此十分气愤，与王小姐吵了起来，同时责备帮她放行李的乘务员。乘务员怕两位旅客继续吵架，让王小姐先下了飞机，庄女士情绪更加激动，并提出投诉、索赔……

在此案例中，乘务员帮助旅客安放行李本是好事，但因为考虑不周、工作不细留下了隐患。当发生了其他旅客损伤旅客行李的事件后，没有以"中间人"的角色进行调解，而先放走了负有直接损坏责任的旅客，造成行李受损旅客更大的不满和公司责任的增加。

旅客带上飞机的行李在责任界定上为"自理行李"，当由旅客自行照看，一般应放在旅客座位上方的行李架内。若因行李架满，旅客自理行李需由乘务员帮助安放到别处时，乘务员首先应当征得旅客同意，并询问旅客行李袋（箱包）中有无贵重或怕挤压、易碎损物品。若有，则建议旅客放置自己脚下；若没有，可以放到其他空位上，须告诉旅客放置的准确位置，最好能在旅客视线范围内，同时提醒旅客注意照看。

　　在该案例中，旅客座位在16E，而乘务员将其行李放到了22F，不便于旅客照看，也未对旅客做照看提醒。从旅客的投诉信上反映出：当乘务员把行李拿走后，以为就由乘务员负责照管，等飞机落地后，乘务员会把行李交还。而实际上，下机前，乘务员并没有把行李交回给旅客，而是旅客自己去找到的。

　　该案例中的投诉旅客是一位五十多岁的老人，当她与一年轻小姐争执时，本处于劣势，乘务员为怕旅客争吵而让王小姐先走的做法，在老人看来是乘务员向着"肇事者"，心理上更加不平衡，乘务员又一次"好心办坏事"。

　　服务工作不仅需要眼到、口到、手到，更重要的是要"心到"。只有用心分析旅客的需求，想得比旅客更周到，才能做到服务的严密无漏洞，为旅客提供满意的服务。旅客行李无处安放，乘务员帮助旅客安排，旅客本来是很感激的。旅客心想，乘务员肯定会把它放在安全妥当不受损害的地方。而乘务员并没有分析到旅客的这层心理，也没有考虑到将旅客行李放在无人坐的空位上的风险：一方面，乘务员因为忙于其他服务工作，不可能一直照看该行李；另一方面，平飞后有旅客自行调整到空位上休息乘务员也很难控制。由此可见，旅客的行李放在显眼的空位上确有被损害和丢失的危险。乘务员在帮旅客安排行李时应该考虑到这些因素，从而采取更妥当的安排办法。

　　一个微笑，一份热情、主动的服务行动，是我们良好服务的开端，但服务的结果怎样，取决于我们是否用心，是否考虑到了服务的每一个细节——细节决定成败！

作者：易娟　来源：深航服务质量监察室

四、空乘服务基本原则

作为服务活动的一种，空乘服务遵循五条基本原则。

（一）端正服务态度

所谓服务态度，主要是指服务人员对于服务工作的看法以及在为服务对象进行服务时的具体表现。一名服务人员的服务态度端正与否，直接影响到他为服务对象所提供的服务的好坏。无论是谋求一致意见、取得相互理解，还是采取行动，树立端正的态度是提供优质服务的首要的也是最重要的因素。它需要具备的信念是"我想帮助别人"、"我愿意改变自己"、"我要保持良好的、积极的心态"、"我时刻做好准备"、"我态度认真"、"我精力十足"、"我会适时地做个深呼吸，控制自己的反应"。

（二）了解乘客的需求

要明白乘客的需求，就不能想当然地以为乘客需要什么，而是要考虑他们的真正需求。这要求认真倾听乘客真正的想法，而不仅仅是他们的语言。

（三）清晰地和乘客交流

在同乘客进行交流沟通时，首先要尽可能用简单的词语，避免用术语；主题要鲜明，谈话要集中在对方感兴趣的问题上；要记住不切实际的承诺是危险的。

（四）与乘客达成一致意见

要做到这一点，必须多为乘客考虑。在出现问题时，要多方听取意见，权衡比较；积极寻求双赢的解决方案。这一点上金牌服务的要点就是要对自己完全坦诚，从而达到和谐；在适当的时候给出承诺并予以兑现。

（五）理解确认

要检查自己是否理解了乘客的需求，让乘客放心地知道你的解决方案能够满足他们的需求。这并不是说简单地复述问题，而是要再解释一遍有关费用、时间、服务程序等具体的解决步骤。确保乘客明白你提供的解决方案。

资料夹

如何做一名合格的空乘人员

飞机客舱服务是民航运输服务的重要组成部分，它直接反映了航空公司的服务质量。在激烈的航空市场竞争中，直接为旅客服务的空乘人员的形象和工作态度，对航空公司占领市场，赢得更多的回头客起着至关重要的作用。高雅、端庄、美丽、大方是人们对空乘人员的一致认同，但光有前面的标准是远远胜任不了这个工作的，空乘人员最重要的是要具有相当的职业道德。作为一名合格的空乘人员，需要的职业道德包括：

1. 热爱自己的本职工作。对空乘工作的热爱不是一时的，当自己理想中的美好的空乘生活被现实辛苦的工作打破后，还能一如既往地主动、热情、周到、有礼貌、认真负责、勤勤恳恳、任劳任怨做好工作。

2. 有较强的服务理念和服务意识。在激烈的市场竞争中，服务质量的高低决定了企业是否能够生存，市场竞争的核心实际上是服务的竞争。民航企业最关心的是旅客和货主，要想在市场竞争中赢得旅客，就必须提高服务意识和服务理念。服务意识是经过训练后逐渐形成的。意识是一种思想，是一种自觉的行动，是不能用规则来保持的，它必须融化在每个空乘人员的人生观里，成为一种自觉的思想。

3. 有吃苦耐劳的精神。空乘在人们的眼中是在空中飞来飞去的令人羡慕的职业，但在实际工作中却承担了人们所想不到的辛苦，飞远程航线时差的不同，飞国内航线各种旅客的不同，工作中遇到的困难和特殊情况随时都会发生，没有吃苦耐劳的精神，就承受不了工作的压力，做不好服务工作。

4. 热情开朗的性格。空乘的工作是一项与人直接打交道的工作，每天在飞机上要接触上千名旅客，所以随时需要与旅客进行沟通，没有一个开朗的性格就无法胜任此项工作。

5. 刻苦学习业务知识。作为一名空乘人员，在飞机上不仅仅是端茶送水，而是需要掌握许多的知识技能，比如我们的航班今天是飞往美国，我们的空乘人员首先要掌握美国的国家概况、人文地理、政治、经济，航线飞越的国家、城市、河流、山脉以及名胜古迹等。还要掌握飞机的设备、紧急情况的处置、飞行中的服务工作程序以及服务技巧等等。可以说，空乘人员上要懂天文地理、下要掌握各种服务技巧和服务理念，不但要有漂亮的外在美，也要有丰富的内在美。

6. 掌握说话的技巧。语言本身代表每一个人的属性，一个人的成长环境会影响每个人的说话习惯，作为一名乘务员要学会说话的艺术。不同的服务语言往往会得出不同的服务结果。一名空乘人员要掌握丰富的说话技巧，如：对老年旅客的说话技巧、对儿童旅客的说话技巧、对特殊旅客的说话技巧、对发脾气旅客的说话技巧、对重要旅客的说话技巧、对第一次乘飞机的旅客的说话技巧、对航班不正常时服务的说话技巧。在我们的服务中，往往由于一句话，会给我们的服务工作带来不同的结果。一句动听的语言，会给航空公司召来很多回头客；也可能由于你一句难听的话，旅客会永远不再乘坐这家航空公司的飞机；他可能还会将他的遭遇告诉其他旅客，所以得罪了一名旅客可能相当于得罪十名或上百名旅客。例如，在成都至北京的某航班上，乘务员发放餐食时，一位旅客提出为5岁小女儿要一份没有辣味的餐食，由于机上配有的两份清淡素菜餐食已被其他旅客选用，其余的餐食均为辣味，我们的空乘人员便说："都剩辣味餐了，只能吃辣味的了，下次你乘飞机前预先订好清淡餐食"。

其实细品乘务员的话也没有错，但如果乘务人员这样说："真对不起，您要的清淡餐食供应完了，但请您放心，我会给小朋友尽量解决"。这时你可到未发放的剩余餐食中，或到头等舱看是否有多余的餐食能提供旅客选用。把餐食配好后送到旅客面前，你可以这样说：我们又特别配制了一份餐食（头等舱餐食）提供给您，希望您喜欢，如果您下次乘机前需要特殊餐食可在购票时预定，我们航空公司会为您提供周到的服务。

同样的餐食，不同的话语，带给旅客的感受是迥然不同的。这就是说话的艺术，作为一名合格的空乘人员，说话真是太重要了。

第二节 空乘礼仪

空乘服务属于服务活动，空乘礼仪是一种服务礼仪。什么是服务礼仪，什么是空乘礼仪，空乘礼仪遵循哪些一般规律，这些问题是进一步学习空乘礼仪的基础。

一、什么是服务礼仪

服务礼仪，通常指的是礼仪在服务行业内的具体运用。一般而言，服务礼仪主要指服务人员在自己的工作岗位上严格遵守的行为规范。行为指的是人们受自己的思想意志的支配而表现在外的活动；规范指的是标准的、正确的做法。由此可见，行为规范是指人们在特定场合之内进行活动时标准的、正确的做法。服务礼仪的实际内涵，是指服务人员在自己的工作岗位上向服务对象提供服务时的标准的、正确的做法。

目前，在服务行业内普及、推广服务礼仪，具有多方面的重要意义。其一，有助于提高服务人员的个人素质。其二，有助于更好地尊重服务对象。其三，有助于进一步提高服务水平与服务质量。其四，有助于塑造并维护企业的整体形象。其五，有助于企业创造出更好的经济效益和社会效益。总而言之，在当前我国加速推行社会主义市场经济的时代潮流中，服务行业若是对于普及、推广服务礼仪疏于认识、不予重视、行动迟缓，很可能会为此而付出沉重的代价。

服务礼仪是一种实用性较强的礼仪。同其他类礼仪相比，服务礼仪的特点就是具有明显的规范性和较强的可操作性。具体来讲，服务礼仪主要以服务人员的仪容规范、仪态规范、服饰规范、语言规范和岗位规范为主要内容。在一些具体问题上，服务礼仪对于服务人员应该怎么做和不应该怎么做，都有比较详细的规定和特殊的要求。离开了这些由一系列具体做法所构成的基本内容，服务礼仪便无规范性与可操作性可言。在普及、推广服务礼仪的过程中，服务人员只有对服务过程中正确与不正确的做法有了明确的认识，才能够更好地提供服务。

在自己的本职岗位上，服务人员必须严格遵守有关的岗位规范。服务人员的岗位规范指的是服务人员在其工作岗位上面对服务对象时所必须遵守的以文明服务、礼貌服务、热情服务、优质服务为基本准则的各项有关的服务标准和服务要求。服务礼仪的核心内容，就是服务人员应该遵守的有关岗位规范。在为他人进行服务时，服务人员如果对有关的岗位规范一无所知，或者明知故犯，遵守服务礼仪就会变成一句空话。

服务人员的岗位规范，主要是由服务态度、服务知识与服务技能三大部分组成的。三者互相关联、相互依存，在实际的服务工作之中缺一不可。

服务态度，指的是服务人员在为他人服务时的主要表现。标准的、正确的服务态度应当是主动、热情、耐心、周到。服务知识，这里主要是指服务人员在服务过程中应该具备的专业技术知识。服务人员只有具备了一定的专业技术知识，服务质量才能有真正的提高。服务技能，一般指的是服务人员在为他人服务的过程中所运用的，具有一定的可操作性的技能与技巧。这种服务技能和技巧不仅与服务人员的服务知识有关，也可以体现出服务人员的服务态度、服务质量和服务水平。每一位服务人员只有在服务态度、服务知识、服务技能三个方面做得较好，才能达标。

对于广大服务人员而言，遵守服务规范与进行规范服务是同一个问题的两个不同侧面。不遵守有关的服务规范，就谈不上为服务对象提供规范化服务。不为服务对象提供规范化的服务，服务规范便会形同虚设。因此，服务人员在为他人服务的过程中，必须同时做到遵守服务规范与进行规范服务。

服务人员在工作岗位上遵守服务规范与进行规范服务，重点应做好以下三点：

第一点是提高自身的整体素质。只有思想素质、文化素质、业务素质得到全面提高，才有可能真正实现规范化服务。

第二点是增强个人的责任意识。有句话说得好，"责任心就是被浓缩的爱。"在工作中，服务人员必须提高自己的职业责任意识，有强烈的责任心，才能全心全意地对国家负责，对社会负责，对企业负责，对服务对象负责。

第三点是认真，尽职尽责。服务人员在工作中，要明确工作要求并尽职尽责地去执行这些要求，在执行的过程中要认真做事，认真做人。

二、什么是空乘礼仪

按照行业不同，服务礼仪可以分为酒店礼仪、商场礼仪、旅游礼仪、美容礼仪以及空乘礼仪等。所谓空乘礼仪，指的是与空乘人员的空乘服务有关的、必须遵守的行为规范。空乘礼仪不仅局限于直接在空乘工作中经常用到的礼仪规范，还包括空乘工作所需要的一些背景礼仪知识。这些知识在空乘服务中不会直接用到，但与空乘人员提高空乘服务质量有着间接的关系，因此也应该包含在空乘礼仪之中。从总体上看，空乘礼仪应该包括三个部分：一是空乘人员个人礼仪，即空乘人员日常基本礼仪规范，包括服饰仪容礼仪、言谈举止礼仪等。二是空乘人员服务礼仪，即与空乘服务有关的礼仪规范，主要包括接待礼仪、餐饮礼仪等。

三是空乘服务其他礼仪，即空乘服务中空乘人员必须了解的其他有关礼仪知识，比如涉外礼仪和习俗礼仪等。

总的说来，空乘人员属于服务人员，空乘礼仪属于服务礼仪。所以，空乘礼仪首先符合服务礼仪的一般规律。同时，由于航空业的特殊情况，空乘礼仪也有自身的具体特征。首先，航空业是对外交往的一个重要窗口，空乘服务中涉外情况非常多，因此，空乘礼仪重视涉外礼仪。其次，相对于公路、铁路和轮船，中国航空业的乘客其社会地位、文化知识以及个人素质更加优越，对服务的要求也比较高，因此，空乘礼仪比其他服务礼仪更为严格。再次，中国空乘人员以女性居多，因此，空乘礼仪有明显的女性特征。

三、空乘礼仪"白金法则"

在乘务服务工作中，广大乘务员亟待解决的一个重要理念问题是：乘务员应该如何摆正与乘客之间的位置，并如何端正自己对待乘客的态度。观念决定思路，思路决定出路。倘若这一理念问题不能认真解决，则乘务员在其具体工作中态度必受影响，工作必受牵制，自己的积极性、主动性难以获得发挥，生活与工作的实际质量甚至也会为此而大打折扣。对广大乘务员而言，解决这一问题的捷径，就是要认真领会、努力遵守服务行业里所通行的"白金法则"。

白金法则是美国著名学者亚历山德拉、奥康纳等人于 20 世纪 80 年代末期提出来的。白金法则的基本内容是：在人际交往中，尤其是在服务岗位上，若要获取成功，就必须做到把交往对象放在第一位，即交往对象需要什么，就应当在合法的条件下，努力去满足对方的需要。在服务行业包括空乘服务中，白金法则早已被人们普遍视为交际通则和服务基本定律。

就本质而言，白金法则的要点有两个：第一，在人际交往中必须自觉地知法、懂法、守法，行为必须合法。第二，交往成功的关键在于凡事以对方为中心。

具体来说，白金法则对广大乘务员的启迪也有两个方面：第一，必须摆正自己的位置。第二，必须端正自己的态度。

（一）摆正位置

在日常生活与工作中，每一个人都有自己的具体位置。了解自己所应占据的位置，不但可以使自己适得其所，而且还可以提高自身的工作生活质量。

这一点，对广大乘务员来说，其意义是不言而喻的。乘务员如果忽略了这一点，那可能就会干什么不像什么了，其个人心态与工作质量均会为此而大受影响。

具体而言，在工作中岗位上要求广大乘务员摆正位置，必须明确下述两点。

1. 服务于人

空乘人员必须明确地意识到：不论自己具体从事何种工作，其本质都是服务于人的。进而言之，空乘人员的工作性质，就是为乘客服务，为社会服务，为改革开放服务，为我国的社会主义事业服务。这一点，绝对不容乘务员有半点的怀疑。

服务的实质就是为别人工作。它要求时时处处以乘客为中心，时时有求必应、事事不厌其烦。认识不到这一点，恪尽职守、做好本职工作就无从谈起。

空乘人员要想做好服务工作，必须从以下两个方面入手。

（1）强调人际交往中的互动。过去，中国人长期生活在传统的农业社会中。农业社会的一大特点是，生活自给自足，交往自我中心。受农业社会的影响，很多中国人包括很多空乘人员在内，在其人际交往中大都推崇我行我素，往往喜欢自以为是，而不太在乎自身行为的实际效果，即不善于进行互动。

实际上，如果人际交往的具体效果不佳，交往本身往往就变得毫无意义。可以设想一下，假使赞美别人时用词不当、方式不好、表达不佳，在对方听来等于辱骂他一般，那么此种赞美还会起到赞美的效果吗？

（2）坚持以交往对象为中心。也就是不允许凡事都我行我素、自我中心。在人际交往中，尤其是在空乘服务中，如果不能够坚持做到凡事以乘客为中心，根本就不要指望可以做好其本职工作。

在服务岗位上，要求广大空乘人员凡事以乘客为中心，实际上就是进一步要求其明确自己的具体位置，就是要求其更好地、全心全意地做好自己的服务工作。

2. 换位思考

在日常性的具体工作中，每一名空乘人员都必须充分认识到：自己所面对的广大服务对象不仅男女有别、长幼有别、性格有别、教养有别、民族有别、宗教有别、职业有别、地位有别，不单单内外有别、中外有别、外外有别，而且人人有别、事事有别、时时有别、处处有别。因此，服务人员要打算提高自己所从事的服务工作的质量，就一定要善于进行换位思考。

日常生活与工作实践早已充分证明：一个人所处的时间、空间、地位不同时，其所作所为往往大相径庭。而具有不同性别、年龄、职业、教育、民族、宗教的人们处在同一时间、同一空间、同一位置时，其个人感受通常也难见"众口一词"。

既然人与人之间多有不同，既然做好服务工作的基本要求是交往以对方为中心，那么每一名空乘人员在其具体工作中，都必须积极主动地进行换位思考。换位思考的主要要求是：与他人打交道时，尤其是当服务于乘客时，必须主动而热情地接触对方，必须善于观察对方、了解对方、体谅对方，必须令自己认真站在对方的位置上来观察思考问题，从而真正全面而深入地了解对方的所思所想、所作所为，以求更好地与之进行互动。

（二）端正态度

广大乘务人员在其实际工作与生活中，要想真正地摆正自己与乘客之间的位置，首先必须认真解决的一个重要问题，是必须端正自己的态度。

在人际交往中，心态通常决定一切。每一个人有什么样的态度，就会有什么样的生活与工作。空乘人员的个人心态如果调整得不好，在其日常生活与工作中就不能真正地端正自己的态度，前面所要求的服务"以交往对象为中心"，根本就无从谈起。

具体而言，要求广大服务人员端正态度，需要关注如下三点：

1. 接受他人

空乘人员在其工作中，尤其是当其与乘客进行接触时，首先必须在内心里真心实意地接纳对方。这一点要是不明确或者做不到，"以交往对象为中心"的理念便难以获得真正实施。

所谓接受他人，就心态而言，主要是要求空乘人员在接触乘客时，尤其是在对乘客进行服务时，不要站在对方的对立面，不要有意无意地挑剔对方、捉弄对方、难为对方、排斥对方，不要不容忍对方，不要存心与对方过不去。简言之，就是要容纳对方，善待对方，而不是排斥对方。

实践证明：与其他人打交道时，接受对方是双方交往取得成功的重要前提。做不到此点，交往成功往往就是一种奢谈。

在乘务工作中，要求空乘人员必须明确：

（1）意在尊重。在服务岗位上，接受对方，意在表示我方对服务对象的高度尊重。服务礼仪强调"尊重为本"。在服务岗位上，尊重服务对象是服务礼仪对服务人员所提出的基本要求。就操作层面言之，在服务岗位上，要求服务人员尊重服务对象，实际上就是要求其尊重对方的一切合乎情理的选择，而不允许对其越俎代庖，横加干涉。

（2）宽以待人。在服务过程里，接受乘客，并非表示空乘人员需要完全认同自己的服务对象。在实际生活中，由于双方在社会地位、职业训练、文化素养、生活习惯、民族特征等方面多有差异，其世界观、人生观、价值观乃至思维方式、行事规则等等必然多有不同，因此二者的所作所为往往相去甚远。必须肯定的是，在服务岗位上，要求服务人员接受服务对象，并非要求对对方的一切百分之百地予以认同。

接受对方是出自一种正确而健康的心态。它的本意是要促进彼此之间的交往，做好自己的本职工作，而非厚此薄彼，自我否定。

接受对方是要求空乘人员宽以待人，尊重服务对象、善待服务对象。它并非要求空乘人员对乘客处处肯定。当乘客的所作所为有违法律道德、有辱国格人格、有损空乘利益、有害于企业形象时，空乘人员仍须对其据理力争，针锋相对，毫不退让。

2. 善待自我

毛泽东同志说过：世间一切事物中，人是第一个可宝贵的。因此，空乘人员在其繁重而艰辛的实际工作中，必须要善待自我。

善待自我的基本要求，是提醒每一名空乘人员在其生活与工作中，都要尊重自己并爱护自己。生活经验告诉我们：一个人如果不尊重自己，就不可能赢得他人真正的尊重。同样的道理，每一名空乘人员假如不懂得爱护自己，就不可能更好地为国家、为社会、为单位、为服务对象工作，就会辜负国家、社会和本单位对自己的殷切期望。

在日常的服务工作中，每一名空乘人员均应具有的健康心态是：善待自己，善待别人。二者实际上互为因果，往往缺一不可。一方面，空乘人员只有善待自己，才能够更好地善待别人。另一方面，服务人员善待别人，其实就是善待自己。

3. 和而不同

2002 年 10 月 23 日，国家主席江泽民在美国所发表的演说里，正式提出了"和而不同"的外交理念。"和而不同"外交理念的基本点是：必须维护世界的多样性，必须尊重世界上所客观存在的一切差别，必须承认世界各国相互依存。与此同时，还应当坚持每一个国家在其国际交往中求同存异，并倡导世界各国维护和平、共同发展。

在外交实践中行之有效的"和而不同"的科学理念，对广大空乘人员做好其服务工作，也具有十分重要的参考价值。在服务工作中要具体贯彻"和而不同"

的理念，主要需要广大服务人员做到以下两点：

（1）尊重多样性。世界是多样的。世界的多样性，本质上在于各国文明的多样性，认识到这一点是非常重要的，只有尊重世界的多样性，各个国家、各个民族、各种文明才能和谐相处，相互学习，相互借鉴，相得益彰。真正承认了这一点，乘务员就容易理解别人、尊重别人。

（2）承认相互依存。当今世界不仅是一个多样性的世界，而且还是一个相互依存的世界。世界是丰富多样的，各种文明和社会制度应该而且可以长期共存，在竞争比较中取长补短、在求同存异中共同发展。从本质上看，空乘人员与乘客自然也是相互依存的。如果服务人员不接受、不容忍乘客，非但其本职工作难以做好，而且其本人的工作与生活也会失去意义。

四、空乘礼仪"三Ａ法则"

根据服务礼仪的规范，空乘人员欲向乘客表达自己的尊敬之意时，需要善于运用"三Ａ法则"：第一个Ａ，接受对方（英文词：Accept）；第二个Ａ，重视对方（英文词：Appreciate）；第三个Ａ，赞美对方（英文词：Admire）。

在服务礼仪中，"三Ａ法则"主要是有关服务人员向服务对象表达敬重之意的一般规律。它提醒全体乘务员，欲向乘客表达自己的敬意，并且能够让对方真正地接受自己的敬意，关键是要在向对方提供服务之时，以自己的实际行动去接受对方、重视对方、赞美对方。

认识到服务礼仪的核心在于恰到好处地向服务对象表达自己的尊敬之意，对于广大乘务员改进服务作风、端正服务意识、提高服务质量，必将大有益处。

具体说来，在工作岗位上向乘客表达尊敬之意，必须借助于一系列约定俗成的惯例，也包括运用服务礼仪。从总体上讲，空乘人员在运用服务礼仪时，必须善于透过现象看本质，善于抓住重点环节，善于举一反三，针对具体问题进行具体分析。

在服务实践里，要真正做到对于乘客接受、重视与赞美，"三Ａ法则"具有一系列具体的规定和要求。

（一）接受乘客

"三Ａ法则"的第一条就是平等友善地接受乘客。

接受乘客，主要应当体现为乘务员对于乘客热情相迎。不仅不能怠慢乘客、冷落乘客、排斥乘客、挑剔乘客、为难乘客，更重要的是应当积极、热情、主动地接近乘客，淡化双方间的戒备、抵触和对立的情绪，恰到好处地向乘客表示亲近友好之意，将对方当做自己的朋友来看待。

现在，消费者选择的余地已经愈来愈大。在这种情况下，从广义上讲，消费者所要购买的往往不只是某一种商品，与此同时，他们也在购买服务，即对于服务质量越来越关注。有时，空乘人员服务质量的好坏，甚至成了消费者选择消费时的决定性因素。

服务质量，通常泛指服务人员的服务工作的好坏与服务水平的高低。具体而言，服务质量主要由服务态度与服务技能两大要素构成。在一般情况下，消费者对服务态度的重视程度，往往会高于对服务技能的重视程度。对于一般的乘客来说，空乘人员若能服务态度好，同时服务技能也不错，那就是最好的。即使是服务技能稍逊一筹，但服务态度很好，还是有情可原的。但如果空乘人员的服务技能尚可，但服务态度极差，则会引起乘客的厌恶。出现这种情况时，有些乘客可能会恼羞成怒，以偏概全，会认为在这家航空公司内，所有的乘务员都是这样，对整个航空公司形成一个很差的印象。

接受乘客，说到底是一个服务态度是否端正的问题。在服务岗位上尊重乘客，那就要尊重对方的选择。诚心诚意地意识到"消费者至上"这句话的含意，那么自然而然就应当认可对方，容纳对方，接近对方。在内心中必须确认：客人通常都是正确的。只有做到了这一点，才能真正地提高自己的服务质量。

在工作岗位中，空乘人员接受乘客，不仅仅是思想方法上的接受，而且还应当在实际行动上体现贯彻这样的理念。比如为乘客提供服务，切勿毫无任何缘由地上下、反复打量乘客，或者斜着眼睛、翻着眼睛注视乘客。这样的行为和眼神，显然不是接受乘客的表现。

同乘客进行交谈时，空乘人员一般不应当直接与乘客争辩、顶嘴或抬杠。即使见解与对方截然不同，也要尽可能地采用委婉的语气进行表达，而不宜直接与对方针锋相对。绝不要用"谁说的，我怎么不知道"、"真的吗"、"有这么一回事吗"、"骗谁呀"这一类的怀疑、排斥他人的话语去跟乘客讲话。更不要任意指出乘客的种种不足之处，特别是不应该明言对方生理上、衣着上的某些缺陷。否则，就等于是宣告自己不接受对方。

（二）重视乘客

"三A法则"要求乘务员真心实意地重视乘客。

重视乘客是空乘人员对于乘客表示敬重之意的具体化。它主要应当表现为认真对待乘客，主动关心乘客。总而言之就是要通过为乘客提供的服务，使乘客真切地体验到自己备受乘务员关注、看重，在乘务员眼中自己永远都是非常重要的。

乘务员在工作岗位上要真正做到重视乘客，首先应当做到目中有人，有求必应，有问必答，想对方之所想，急对方之所急，认真满足对方的要求，努力为其提供良好的服务。

与此同时，空乘人员还需注意：

1. 善用尊称

对于乘客表示尊敬的一种常规做法，就是采用尊称。乘务员在为乘客提供具体服务时对其采用尊称。

当需要采用尊称时而没有这样做，就不会让乘客感受到乘务员对自己的尊重。如将一位上了年纪的老先生称为"老头儿"，或者直接把自己的乘客唤作"哎"、"五号"、"下一个"等。

此外，乘务员还应注意的是，以尊称称呼乘客时，首先必须准确地对乘客进行角色定位，力求使自己对对方所使用的尊称能够为对方所接受。不然，即使采用了某种尊称去称呼对方，也不会令对方高兴。例如对于一位政府官员，用"师傅"来称呼他就很不合适，对于一位大学教授，用"老板"去称呼他也是不合适的，用"老先生"去称呼上了年纪的外籍男子也会造成他们的不愉快。所以，要根据乘客的身份采用恰如其分的称呼。

2. 注意倾听乘客的要求

有人曾问："听与说哪一个更重要一些？"有人回答"听比说更重要。"原因是什么呢？因为人只有一张嘴，却有两只耳朵。这种说法不一定有理论依据，但是却实实在在地告诉人们：在交往中，倾听的确是非常重要的。任何谈话，都表现为说与听之间的双向循环和听与说角色互换。要达到说话双方的真正沟通，光能说、会说还不行，还要能听、会听、善听。听，不仅是接受信息的主要手段，而且是反馈信息的必要渠道。有关语言交际资料表明：在人们日常的语言活动中，"听"占45%，"说"占30%，"读"占16%，"写"占9%。也就是说，人们有近一半的时间在听，可见"听"在日常交际活动中的重要地位。

乘务员要与乘客建立良好关系，就需要热情，而认真倾听乘客说话是表示友好热情的最好方式之一。在与乘客交谈中专注地听是在无声地告诉对方：你是一个值得我聆听你讲话的人。这样，也就在无形中表示出了自己对对方的尊重。对方受到你的尊重，就会对你产生好感，乐意与你交往。良好的倾听能力是服务成功的要素之一。现代社会要求我们在听话能力上做到：听得准、理解快、记得清。

倾听是指在他人阐述见解时，专心致志地认真听取。倾听的实质就是对于被倾听者最大的重视。当乘客提出某些具体要求时，乘务员的最得体的做法，是要对乘客的讲话认真倾听，并尽量予以满足。从某种意义上说，全神贯注地耐心倾听这本身就会使乘客在一定程度上感到满足。

"少说多听"，不但是常人必须知道的处世之道，而且对于空乘人员来说也是必须掌握的服务技巧。当乘客提出要求或意见时，乘务员耐心地加以倾听，除了可以表示对乘客比较重视之外，这也是空乘行业的工作性质对空乘人员所提出的一种基本要求。因为惟有耐心地、不厌其烦地倾听了乘客的要求或意见，才能充分理解乘客的所思所想，才能更好地为乘客服务。此时，乘务员任何三心二意的举动，都会让乘客感到不快。

空乘人员在倾听乘客的要求或意见时，切忌弄虚作假，敷衍了事。一般来讲，当乘客提出什么要求或意见时，服务人员应当暂停手中的工作，目视对方，并以眼神、笑容或点头来表示自己正在洗耳恭听。如有必要的话，空乘人员还可以主动地与对方进行交流。"说话听声，弹琴听音。"乘务员不仅必须懂得及重视倾听顾客的一言一语的重要性，而且不只用耳朵接收信息，还必须用心去理解，做出应有的反应。倾听要做到耐心、虚心和会心。

▶经典案例

国内一家航空公司的一架客机上来了一位很不好伺候的外籍客人。他在头等舱里一落座，就对空乘人员的服务挑三拣四，横加指责。他的这种表现，马上受到了乘务长的注意。乘务长走近该男子，先是倾听了对方对于配餐、报刊的种种不满后，紧接着诚心诚意地请教对方："先生，您见多识广，国外著名航空公司的班机，您肯定坐过不少。请教一下，您认为我们在其他方面还存在着哪些不足？我们一定会努力改正。"正是这种倾听、尊重和诚心诚意的请教，使得该男子不好意思再横加指责，因为乘务长对他非常尊重。

(三) 赞美乘客

"三A法则"要求空乘人员恰到好处地赞美乘客。

赞美乘客，其实质就是对乘客的接受与重视，也是对乘客的肯定。从某种意义上说，赞美他人实质上就是在赞美自己，就是在赞美自己的虚心、开明、宽厚与容人。从心理上来讲，正常人都希望自己能够得到别人的欣赏与肯定，而且别人对自己的欣赏与肯定最好是多多益善。获得他人的赞美，就是对自己最大的欣赏与肯定。一个人在获得他人中肯的恰如其分的赞美时内心的愉悦程度，常常是任何物质享受都难以比拟的。

赞美乘客，具体来说就是要求空乘人员在向乘客提供具体服务的过程之中，要善于发现对方之所长，并且及时地、恰到好处地对其表示欣赏、肯定、称赞与钦佩。这种做法的最大好处，是可以争取乘客的合作，使空乘人员与乘客彼此双方在整个服务过程中和睦友善地相处。

有些时候，即使空乘人员需要婉转地批评一下乘客，或者是需要否定乘客的见解时，适当地辅以一些对于对方的赞美之词，可能会收到较好的效果，要注意"进行七分批评，也要加上三分赞美。"

乘务人员在赞美乘客时，要注意以下三点：

1. 赞美乘客要适可而止

虽说赞美被视为服务过程中的一种有效的人际关系润滑剂，但是服务人员在具体对其运用时，必须有所控制，并限量使用。若是服务人员对服务对象所讲的每一句话都是赞美之词，使赞美充斥于整个服务过程之中，不但会令人觉得肉麻，而且也会使赞美本身贬值，令其毫无实际的意义。

空乘人员对于乘客的赞美，不可以一点儿没有，也不可以过度泛滥。恰如其分、点到为止是空乘人员赞美乘客时必须认真加以把握的重要分寸。

2. 实事求是地赞美乘客

空乘人员必须明确：赞美不是吹捧，赞美和吹捧是有所区别的，真正的赞美是建立在实事求是的基础上的，是对于他人所长之处的一种实事求是的肯定与认同。吹捧则不然，吹捧是指无中生有或夸大其词地对别人进行恭维和奉承，目的是讨他人欢心。因此，对乘客的赞美如果背离了实事求是这一基础，就从根本上背离了服务行业"诚实无欺"的原则。这种情况发展到了极端，就是哄人、骗人、蒙人，因此绝对不可取。

3. 恰如其分地赞美乘客

对乘客的赞美要想被对方所接受，就一定要了解对方的情况，赞美对方确有所长的地方。例如赞美一位皮肤的确保养得不错的女士时，说她"深谙护肤之道"，一定会让她非常高兴。可要是用这句话去赞美一位皮肤黯然失色的女士，那就可能适得其反了。

乘务员尤其要注意，切勿自以为是地用他人不爱听的话语去对其进行赞美。例如赞美一位学者口才好，可以说他"妙语连珠"，"十分幽默"。但要是说他"能侃"，"讲话跟说相声一样"，这就很可能使对方听起来不那么舒服，让乘客感觉你是在讽刺他。

五、空乘礼仪中的首轮效应

◗ 经典案例

20世纪90年代中期，在某城市的西北部出现了一座巨型商厦。商厦中不仅各类商品琳琅满目，内部装修十分华美，就连那里的全体营业员也显得与众不同：他们年纪轻，形象好，文化程度都在大专以上。可是，它的初期营业却不尽如人意。因为人们觉得那里的商品种类确实很多，装修也很不错，但是商品的价格有点高，人们普遍感觉难以承受。因此，人们对该商厦的评价就是："那里的东西太贵了。"实事求是地说，这家商厦同其他档次相近的大型商厦相比，商品并不见得贵到哪儿去。相反，它所出售的不少商品反倒比别的地方相对便宜一点儿。然而人们却似乎对此视若不见，依旧固执己见，不断地传说："那里的东西太贵。"这样一传十，十传百……就连外地人都知道了此事。很多年以后，尽管该商厦不断地进行各种旨在吸引顾客光顾的公关活动，但依旧未能改变其在人们心目中的形象，许多人好像仍然在对它实行"抵制"。这就是一个比较典型的首轮效应。

首轮效应，有时也称首因效应。它主要是指一个人或一个单位留给他人的客观印象是如何形成的问题。换言之，首轮效应就是一种有关个人形象、单位形象的成因及其塑造的理论。因此，空乘人员应当对这一理论和现象引起足够的重视。

从总体上讲，首轮效应理论的核心内容是：人们在日常生活中初次接触某人、某物、某事时所产生的即刻印象，通常会在对该人、该物、该事的认知方面发挥明显的、甚至是举足轻重的作用。对于人际交往而言，这种认知往往直接制约着双方的关系。

具体来说，首轮效应主要包括三个方面。

(一) 第一印象

在人际交往中，或者是在平时对某一事件的接触过程中，人们对于交往对象或者所接触的事物形成的印象，特别是在与对方初次交往或者初次接触时所形成的对于该人、该事物的第一印象，通常至关重要。这种印象，尤其是第一印象的好坏，往往不但会直接左右着人们对于自己的交往对象或者所接触的事物的评价，而且还会在很大的程度上决定着人际交往中双方之间关系的好坏，或者人们对于某一事物的接受与否。

总之，首轮效应理论的第一个观点就是认为给人的第一印象至关重要，第一印象甚至会决定一切。这一观点是首轮效应理论中最重要的观点。所以，有人据此将首轮效应称为第一印象效应，并且进而将首轮效应理论直接叫做"第一印象决定论"。

上文案例提到的那家大商厦被人们认定为"那里的东西太贵"，其实是事出有因的。该商厦在开业之初，为了提高自己的声望，同时也是为了吸引厂商与顾客，举办了一系列的世界一流名牌商品的展示活动。顾客一进门，就能看到上百元一只的杯子，上千元一条的领带，上万元一只的手包。于是，人们便自然而然地产生了这家商厦"东西太贵"的第一印象。后来，尽管该商厦所销售的商品并未以世界一流品牌为主，并且屡屡开展各种形式的公关活动，然而"那里的东西太贵"的第一印象依然在人们头脑中作祟，迄今为止，它的客流量一直未见明显的增长。说白了，那家大商厦之所以有今天，关键就在于人们对它的第一印象不佳。

所谓第一印象，实际上往往可与人们的第一眼印象画上等号。也就是说，人们平日对于某人、某物、某事所产生的第一印象，大都是在看到或听到对方之后的一刹那之间形成的。心理学实验证明，人们在接触某人、某物、某事之时，大都少不了会对对方产生第一眼印象。这种瞬间形成的第一眼印象，通常只需要大约30秒钟左右的时间。对于不少人来说，他们对于某人、某物、某事的第一印象的形成，甚至只需要3秒钟左右的时间。这就是说，很多人的第一印象与第一眼印象是重合的。

首轮效应理论的这一观点对于空乘人员的重要启示至少有两条。第一条，在乘客登上飞机舱门时，必须注意认真地全方位地策划好自己的"初次亮相"，以求乘客对自己形成良好的第一印象，并且予以认同。第二条，在客舱进行服务时，应力求使对方对自己产生较好的第一印象。惟其如此，双方才会和睦相处，避免摩擦，乘客也会对乘务人员在以后所提供的各项服务舒心满意，而不至于处处对其进行刁难，甚至吹毛求疵。

（二）心理定势

在一般情况下，人们对于某人、某物、某事所形成的第一印象，大致上都属于非理性的。从某种程度上讲，人们对于某人、某物、某事所产生的第一印象，主要基于对方在双方相逢之初的具体表现以及自己根据已往的生活经验对其进行的即刻判断。这种即刻判断往往能够扩散出一种相当迅速的反应和一种纯粹个人的感觉，这种反应或感觉可能并不一定需要循规蹈矩地进行什么复杂的理性思维或逻辑推论。因此，有人曾经说："在人际交往当中，一个人对另外一个人的印象，常常都受其主观感觉所支配，并且事实上大都是在凭着个人的感觉行事。"

在实际生活当中，人们多多少少都会有过这样的经验，自己对于某人、某物、某事的看法和评价，主要都是在与对方初次接触时所产生的。对于对方的看法、评价不论好坏，往往与其他方面的情况，如对方既往的表现、外界对对方已有的看法与评价、对方当时所进行的自我介绍等有关系，但这种关系不是直接的因果关系。这种"跟着感觉走"的第一印象，其实未必百分之百地全面、客观、正确，但是它在人际交往中的客观存在与实际作用，却是每个空乘人员必须充分重视的。

第一印象的非理性特征还表现为人们对于某人、某物、某事形成的第一印象，这种印象一旦形成，通常都很难逆转。这就是说，第一印象形成后，往往会使人们产生某种心理定势。

从总体上看，在人们与某人、某物、某事接触之初形成的第一印象，对于双方彼此之间的交往或认同发挥着一定的指导作用或影响。虽然从本质上说，第一印象仅仅是一种较为初步的了解和判断，但就是这样的一个初步了解或判断，在实际生活当中却往往起着使人际交往继续或停止，使人们对于某物、某事接受抑或排斥、否定的重要作用。

在日常生活里，人们对于某人、某物、某事的第一印象，经常会对双方的交际态度产生影响。如果人们对于某人、某物、某事的第一印象比较好的话，那么对此后与之交往、接触中所感知到的某些负面的因素，往往会不怎么介意，或不太计较，有时甚至还会完全将其忽略。这就是说，即使后来对于对方的了解与认识同第一印象存在着一定的差距，人们仍然会自觉或不自觉地服从于自己的第一印象。

例如一个人认可了某一品牌之后，往往就会主动替它说好话。即使有人对其进行非议，也会不以为然，甚至根本不能接受。同样，如果一个人不喜欢另外一个人，对他的第一印象欠佳的话，不管那个人后来的实际表现如何，他人对其所作的评价如何，恐怕一时半会儿都难以说服前者。

实践证明，人们的第一印象很多都是比较准确、比较可靠的。第一印象形成之后，要想再去改变它，通常都非常麻烦，如果做得不好，反而会弄巧成拙，适得其反，越想改变人们对自己的第一印象就越是改变不了。所以，广大的空乘人员都必须意识到：要努力留给外界一个良好的第一印象。这样做比形成不太理想的第一印象后再去想方设法地采取补救性措施，肯定要容易得多。

（三）制约因素

首轮效应理论认为，人们对于某人、某物、某事所形成的第一印象，主要来自于在彼此双方交往、接触之初所获取的某些重要信息，以及据此对对方的基本特征所作出的即刻判断。在这里，那些人们在与某人、某物、某事交往或接触之初所获取的某些重要信息，即为形成第一印象的主要制约因素。

从根本上来说，既然第一印象的形成主要取决于某些制约因素，那么想要在日常生活之中给他人留下良好的第一印象，就主要对于那些发挥关键作用的制约因素有深刻的认识，并相应地采取一切可能的、有效的措施，促使那些制约因素发挥积极作用。

具体而言，在日常生活中，一个人或一种事物在留给他人的第一印象之中所发挥制约作用的主要因素，通常是各不相同的。

1. 个人方面

对于个人来说，直接影响到外界对他的第一印象的制约因素，主要有如下五个方面：

（1）仪容。指人的相貌与外观。一个人如果仪容整洁，神采奕奕，相貌端正，往往会给人以好感。可是，要是脏乎乎的、满面晦气、外形丑陋的话，自然就不会为他人所欣赏。

（2）仪态。包括人们的举止与表情。它犹如人们的一种"身体语言"，同样也能够向外界传递一个人的思想、情感与态度。在许多情况下，人们的"身体语言"所传递的信息，较之于口头语言与书面语言，通常会更为真实，更为准确。

（3）服饰。服饰就是人的穿着打扮。在现实生活中，一个人的服饰，不仅仅是其遮羞、御寒之物，更重要的是，通过服饰可以体现出一个人的个人修养、生活阅历和审美品位。

（4）语言。在人际交往中，语言是一种最重要的交际工具。语言除了可以传递信息之外，也可以向交往对象表现自己对其尊重与否。所以，对一个成年人来说，重要的不是会不会说话，而是如何把话说好。

（5）应酬。无论是在工作交往中还是在私人交往中，人们都不可避免地要接触其他人，并且与对方进行一定程度的交际应酬。应酬就是待人接物。应酬时的态度、表现，往往会留给交往对象以极其深刻的印象。

2. 事物方面

对于一种事物来说，直接影响到外界对它的第一印象的制约因素，主要包括以下几个方面：

（1）观感。观感是指人在接触某一事物时，对其外观所产生的直观的感受。它包括该事物的形态、体积、大小、色彩、质地、质量等。这些观感，通常对于人们形成该事物的第一印象起到的作用很大。在空乘服务中的观感则是指营业厅、候机大厅、客舱内陈设的形状、体积、质地等。

（2）氛围。氛围一般指的是在某种特定的环境中给人以某种强烈感觉的现场景象、特殊情调或精神表现。在此，主要是指某一事物所处的具体环境，以及它在外景与情调方面所带给人们的特别的感受。不可否认，某一事物所处的具体氛围，往往会直接左右着人们对它所产生的第一印象的好坏。

（3）传播。这里具体指的是与某一事物直接或间接相关的信息散布与交流。就传播渠道而言，常见的三种传播渠道有大众传播、群体传播与个体传播。对常人来讲，有关某一事物的各种形式的传播，特别是在其接触该事物之前所接受的与其有关的各种形式的传播，常常会先入为主地直接或间接地影响到对于它的整体看法与评价。

（4）人员。在现实生活中，人们在接触某一事物的同时，往往遇到一些与该事物存在着某种关系的人。在空乘服务中，人员或者是候机厅的人员，或者是安检人员，或者是服务人员等。毫无疑问，这些有关人员的表现尤其是他们在涉及该事物时的所作所为，对于外人对该事物第一印象的形成有很重要的关系。

应当注意的是，对一个人或一种事物所产生的第一印象的制约因素虽然不尽相同，它们在实际上往往又各自发挥着不同的作用，但是，如果想让外人对自己或某一事物产生良好的第一印象，就必须分别从以上几个方面着手。不然的话，就很有可能会使自己的努力方向出现偏差，徒劳无功。

从根本上说，首轮效应理论实质上是一种有关形象塑造的理论。在人际交往中，之所以强调第一印象十分重要，目的就在于要塑造好形象，维护好形象。

广大的空乘人员都必须明确，不论是自己的个人形象，还是本单位的企业形象，都是自己为乘客所提供的服务的有机组成部分。

形象是一种服务。个人形象、企业形象被塑造好了，不仅会使乘客感受到应有的尊重，而且还会使乘客在享受服务时感到赏心悦目，轻松舒畅。

形象是一种宣传。在服务行业里，个人形象、企业形象被塑造好了，就会使广大消费者交口称道，并且广为传播，进而为自己吸引来更为众多的消费者。

形象是一种品牌。人人皆知，在市场经济的条件之下，拥有一种乃至数种知名品牌至关重要。从某种意义上说，任何一家具有市场意识的航空公司都须充分认识到：它所销售的不仅仅是商品或服务，而是自身的形象。在任何一个航空公司里，如果全体员工的个人形象与整个企业的形象真正为社会所认同，久而久之，就会形成一种同样难能可贵的"形象品牌"。

形象是一种效益。对于形象塑造来说，投入与产出肯定是会成正比的。一家航空公司的员工形象与企业形象被塑造好了，自然使其获得一定的社会效益与经济效益。

空乘人员在学习首轮效应理论时，有两个问题是至关重要的：一是要真正地认识到，在人际交往中留给他人良好的第一印象是非常重要的。二是要充分注意到，在人际交往中想给别人留下良好的第一印象，需要从哪些具体的细节问题上着手。

六、空乘礼仪中的亲和效应

社会心理学家发现，心理定势在人际交往和认知过程里是普遍存在的。在人们的日常交往和认知过程中，每个人都具有一定的心理定势。

心理定势在有些情况下也被叫做心向。它是指一个人在一定的时间内所形成的一种具有一定倾向性的心理趋势。即一个人在过去已有经验的影响下，心理上通常会处于一种准备的状态，从而对其认识问题、解决问题产生一定的倾向性与专注性的影响。

一般说来，在人际交往和认知的过程中，人们的心理定势大体上可以分为肯定与否定两种形式。肯定式的心理定势，主要表现为对于交往对象产生好感和积极评价。否定式的心理定势，则主要表现为对于交往对象产生反感和消极评价。

人们在人际交往和认知过程中，往往存在一种倾向，就是对于自己较为亲近的对象，会更加乐于接近。人际交往与认知过程里的较为亲近的对象，俗称"自己人"。所谓"自己人"，大体上是指那些与自己存在着某些共同之处的人。这种共同之处，可以是血缘、地缘、学缘、业缘关系，可以是志向、兴趣、爱好、利益，也可以是彼此共处于同一团体或同一组织。在现实生活里，人们往往更喜欢把那些与自己志向相同、利益一致，或者同属于某一团体、组织的人，视为"自己人"。

在其他条件大体相同的条件下，与"自己人"之间的交往效果一般会更为明显，其相互之间的影响通常也会更大。

在与"自己人"的交往过程中，对交往对象属于"自己人"的这一认识本身，大都会让人们形成肯定式的心理定势，从而对对方表现得更为亲近和友好，并且在此特定的情境之中，更加容易发现和确认对方值得自己肯定和引起自己好感的事实。所有这一切，反过来又会进一步加深并固化自己对对方的原有的积极性评价。在这一心理定势的作用下，"自己人"之间的相互交往与认知在交往的深度、广度、动机、效果上，都会超过非自己人之间的交往与认知。由此可见，人们在与"自己人"的交往、认知之中，肯定式的心理定势发挥着一定的作用。

以上阐述给我们的启迪是，为了更好地、恰如其分地向乘客提供良好的服务，为了使自己的热情服务获得乘客的正面评价，有必要在服务过程之中积极创造条件，努力找到双方的共同点，从而使双方都处于"自己人"的情境之中。

所谓亲和效应，就是人们在交际交往中，往往会因为彼此之间存在某些共同之处或近似之处，从而感到相互之间更加容易接近。交往对象由接近而亲密、由亲密而进一步接近的这种相互作用，有时被人们称为亲和力。

亲和效应理论，是服务礼仪的基础理论之一。对于广大空乘人员而言，学习、掌握并能运用这一理论，可以从以下三个方面入手：

（一）近似性

亲和效应是以交往对象之间存在着某些相同之处或近似之处为基础的。离开了这一基础，交往双方往往会难以感觉到亲近进而相互认同。相反，交往对象之间的共同之处或近似之处越多，双方便更加易于感觉接近，并相互认同。

世间一切事物都存在着个体差异，所以有人才说："世界上不存在完全相同的两片树叶。"人和人之间也是存在很多差异的，然而人与人之间所存在的这种差异，并不意味着人们彼此之间毫无共同之处可言。实际上，人与人之间在存在着一定差异的同时也存在着不少的共同之处或相似点。

生活在同一地域的人，在语言、饮食、服饰、性情乃至职业方面，大都有着许多相近之处。中国有一句老话，叫"老乡见老乡，俩眼泪汪汪"。这就说明老乡和老乡是自己人，有共同之处，能谈得来，所以，才互相接受。从理论上来讲，人与人之间的相近点，会给交际关系的建立提供极大的方便，并且会给其双方之间的正常交往带来积极的促进作用。

在日常生活中，交际双方一定的相近点，能够积极地促进人际交往。这主要来自人们交际情感的有规律的变化。在一般情况下，人们大都喜欢与那些与自己情趣、志向等相近似的人交往。有时，人们还会有意无意地夸大交往对象与自己的相似之处，借以增强自己对对方的信任感和安全感。相反，人们往往不喜欢与那些与自己情趣、志向等等相反的人相处。同样，有时人们也会夸大交往对象与自己的相反之处，借以表示自己对对方的信任危机与不安全感。这是因为，在自己信任的人或是自己产生了好感的人面前，人们往往更容易放松自己，并且与对方主动接近，甚至进行更加深入的交往或合作。

▶经典案例

一次，某家航空公司执行专机接待任务，负责接待外国的一位王室成员。据说这位王室成员举止轻浮，对女性毫不尊重。一时间，让不少执行这次航班任务的空乘人员忧心忡忡。后来，这家航空公司了解到：这位王室成员酷爱诗歌，并正式出版过两部诗集。于是，公司派专人买来一些他的诗集，而且还特意安排两名外语优秀、爱好诗歌的空乘人员，在那位王室成员登机后闲暇时间内，虚心向其讨教诗歌，并且请他在他出版的诗集上签名留念。结果，大家原本担心可能出现不愉快的情况根本未曾出现，双方不但相安无事，而且那位王室成员在为他服务的空乘人员面前也彬彬有礼，颇有绅士风度。

在这一案例中，不容否认，航空公司主动创造了一个双方的相似之处，那就是——爱好诗歌，并且虚心讨教，给了对方充分的尊重，才使得那位举止轻浮的王室成员改变了自己的举止。

（二）间隔性

亲和效应是在人际交往的过程中逐渐形成的，而不是在人际交往的起始阶段就产生的。所以，有专家指出，亲和效应实际上是在首轮效应产生之后，人们对于交往对象所形成的一种更加深入的印象。

亲和效应主要以交往对象之间存在着某些共同之处或近似之处为基础，而这种共同之处或近似之处，如果交往双方没有一定时间的接触和了解，是很难发现或感觉到这种相似之处的。换句话说，人们在与他人初次交往时，在双方见面的一刹那间，是不大有可能发现、感觉到彼此之间的共同之处或近似之处的，需要一段时间的了解和交往才能发现、感觉到彼此之间的共同之处或近似之处。亲和效应的这一特征，被称为间隔性。

总之，亲和效应是人们在与自己的交往对象经过了一定时间的交际实践之后才有可能出现的。由于它以在双方不断深入接触的过程中所获取的信息、情报、知识为依据，加上在交往过程中个人亲历亲为，获得对方的信息也多为第一手资料，而且经过了由浅入深、去粗取精的分析后，故而使自己作出的判断更为全面、准确。

由于种种原因，在人际交往中，人们对于交往对象所产生的初始印象，总会存在某些片面、偏颇和不足之处，况且这一印象通常还需要进一步深化或加强，所以相对于首轮效应而言，亲和效应有时会更为全面，并且往往更加令人信服。

但是，亲和效应与首轮效应实际上是同一问题的两个不同方面。它们只是一种相对的关系，并非是截然对立的。在人际交往之中，就交往双方之间的相互认识而言，不单首轮效应是重要的，而且亲和效应也同样重要。在一般情况下，首轮效应多见于初交者之间，它往往先入为主，甚至使人对交往对象产生终生的印象，因此它是人际交往的重要的基础。而产生于人际交往过程之中，并且持续发挥作用的亲和效应，则主要在熟识者之间的持续交往中发挥作用，它不但可以补充人们对于交往对象的第一印象，有时还会对其进行修改。了解到亲和效应与首轮效应之间的这种辩证关系，就必须在人际交往中对于二者同等重视，不可偏废其一。

在为乘客进行服务的过程中，力争创造一个良好的开端、争取为服务对象留下一个良好的第一印象，固然十分重要。即使做不到这一点，在服务工作的开端表现得未必尽如人意，比如说，因为自己的服务方式不为服务对象所接受，或者自己的服务确有欠妥之处，也并非回天乏术，绝不可将错就错，破罐子破摔。

◊ 经典案例

　　飞机起飞前，一位乘客请求空乘人员给他倒一杯水吃药。空乘人员很有礼貌地说："先生，为了您的安全，请稍等片刻，等飞机进入平稳飞行后，我会立刻把水给您送过来，好吗？"15分钟后，飞机早已进入了平稳飞行状态。突然，乘客服务铃急促地响了起来，空乘人员猛然意识到：糟了，由于太忙，她忘记给那位乘客倒水了！当空乘人员来到客舱，看见按响服务铃的果然是刚才那位乘客。她小心翼翼地把水送到那位乘客跟前，面带微笑地说："先生，实在对不起，由于我的疏忽，延误了您吃药的时间，我感到非常抱歉。"这位乘客抬起左手，指着手表说道："怎么回事，有你这样服务的吗？"空乘人员手里端着水，心里感到很委屈，但是，无论她怎么解释，这位挑剔的乘客都不肯原谅她的疏忽。接下来的飞行途中，为了补偿自己的过失，每次去客舱给乘客服务时，空乘人员都会特意走到那位乘客面前，面带微笑地询问他是否需要水，或者别的什么帮助。然而，那位乘客余怒未消，摆出一副不合作的样子，并不理会空乘人员。

　　临到目的地前，那位乘客要求空乘人员把留言本给他送过去，很显然，他要投诉这名空乘人员。此时，空乘人员心里虽然很委屈，但仍然不失职业道德，显得非常有礼貌，而且面带微笑地说道："先生，请允许我再次向您表示真诚的歉意，无论你提出什么意见，我都将欣然接受您的批评！"那位乘客脸色一紧，嘴巴准备说什么，可是却没有开口，他接过留言本，开始在本子上写了起来。等到飞机安全降落，所有的乘客离开后，空乘人员本以为这下完了，没想到，等她打开留言本，却惊奇地发现，那位乘客在本子上写下的并不是投诉信，相反，这是一封热情洋溢的表扬信。是什么使得这位挑剔的乘客最终放弃了投诉呢？这就是说虽然空乘人员的服务工作开端做得不是很好，但她没有放弃，始终都积极地改变自己在这位乘客心中的印象，并最终获得成功。

　　考虑到在人际交往的过程中人们对于交往对象的初始印象还有被补充、修改的可能，因此一旦发觉自己的服务存在问题之后，及时地采取必要的补救性措施，同样也可以挽回乘客对空乘人员的不良印象。不仅如此，在接下来的服务之中，只要将功补过，还是大有希望为服务对象所接受的。俗话说"不打不成交"，说的就是人们因此冰释前嫌，反而成为朋友。对此，我们不能不承认亲和效应发挥着一定的作用。

（三）亲和力

亲和效应在人际交往的过程中逐渐形成后，往往在交往对象之间产生一种无形的凝聚力和向心力。这种交往对象因亲和效应而产生的凝聚力和向心力，就是人们平常所提及的亲和力。通常这种亲和力具有重大的作用，它既可以促使交往对象之间进一步实现相互理解、相互接受，而且还可以促使交往对象之间相互支持、相互帮助，并且还有可能同甘共苦、风雨同舟。

▶ 经典案例

20世纪80年代末期，北京的某报纸曾报道说，有一位家住京郊的退休老工人，每天早上都要换上三次车、跑上十几公里的路，赶到城里的一家经营不景气的国有老字号餐馆，吃上一顿早点。老工人说他这样做的原因有三个：一是为了怀旧，二是自己"就好这一口"，三是想尽自己的绵薄之力帮上那家餐馆一把。原来，这位退休老工人以前就住在那家餐馆附近。在20世纪60年代初的三年自然灾害中，那家餐馆曾不时地接济过生活极度困难的他以及他的邻里们。现在这家餐馆不景气，老工人要通过自己的实际行动来支持这家餐馆。

这位退休老工人的朴素做法，实际上就是亲和力在发挥作用。他所能做的，虽然仅仅是跑上很远的路程去吃上一顿那家餐馆的早点，但是这一举动却体现着那家餐馆已经赢得了民心。对于服务行业的经营者、管理者们来说，这一条才是最难办到的。靠着这一条，那家餐馆是有望自己走出困境的。事实上，它后来也确实做到了这一点。

服务企业与服务对象，尤其是常来常往的服务对象彼此之间形成一定亲和力，无疑是非常有必要的。要做到形成一定的亲和力，需要在以下三个方面引起注意：

第一，待人如待己。在一般情况下，人们通常都会优先考虑自己的处境。爱护自己、保护自己、善待自己，是人类的一种共性。在服务岗位上，服务人员要使服务对象真正地感受到自己在服务工作中所表现出来的亲和力，就必须要做到待人如待己。也就是说，在接待服务对象，为其提供服务时，要像对待自己一样，而不是将其视为与自己毫不相干的人。

第二，服务出自真心。在为乘客进行服务时，乘务员必须认真注意，自己对乘客的友善之意要出于自己的真心，要实心实意，切勿以假乱真、虚情假意，利用对方对自己的信任去欺骗、愚弄乘客。那样做，即使可以一时得逞，但终有一天会真相大白，而遭人唾弃，自毁信誉，得不偿失。

第三，服务不图回报。从经营的角度来说，服务行业应该是注重投入与产出比，但是这是从总体经营角度来说的。具体到乘务员的每一项日常行为，比如出自真心的热情服务，都不能用金钱来衡量的。否则，它自身便失去了存在的价值。

七、空乘礼仪中的末轮效应

中国人在为人处世方面，有一句为大家所熟知的至理名言，即"善始善终"。乘务员在为乘客进行服务时，同样要注意到这一点。但是，目前国内的一些服务行业和个别的服务人员，在服务的善始善终问题上，往往会出现一些疏漏，甚至由此而因小失大。

个别乘务员在为乘客进行服务时，往往也存在这种有始无终的不良现象。当乘客登上机舱时，他们大都会表现得非常热情。不仅会主动问候对方，而且会主动帮助乘客安排行李。但是，在乘客准备下机时，工作一路的乘务人员会略带倦意，忘了和乘客热情告别，因此表现得不能令乘客满意。诸如此类有始无终的问题在空乘服务中之所以存在，除去个别特殊的原因，从本质上讲，主要在于空乘人员对于末轮效应理论理解得不深，掌握得不够。

末轮效应理论也是服务礼仪的一种重要的基础理论。在这里，"末轮"一词，是相对于首轮效应理论之中的"首轮"一词而言的。末轮效应理论的主要内容是，在人际交往之中，人们所留给交往对象的最后印象通常也是非常重要的。它往往是一个单位或某一个人所留给交往对象的整体印象的重要组成部分。有时，它甚至直接决定着该单位或个人的整体形象是否完美，以及完美的整体形象能否继续得以维持。

末轮效应理论的核心理念是要求人们在塑造单位或个人的整体形象时，必须有始有终，善始善终，始终如一。首轮效应强调第一印象，而末轮效应强调"终"字。一个单位或个人在有意识地塑造自己良好的整体形象时一定要有始有终。如果有始无终，便往往有可能将原来的良好形象丧失殆尽，徒劳无益。所以，它特别主张在人际交往的最后环节，争取给自己的交往对象最后留下一个尽可能完美的印象。

由于"最后印象"距离下一次交往的距离最近，而且直接影响到交往对象在下一次交往中的心理感受，所以，有学者又将末轮效应理论称之为近因效应理论。

在人们相互认知与彼此交往的整个过程之中，第一印象至关重要，但最后印象也同样发挥着关键性的作用。因此，首轮效应理论与末轮效应理论也是同一个过程中的两个不同侧面。二者同等重要，绝不能重此忽彼，偏废其一。

根据人际交往的一般规律，在人们与其他人或其他事物的初次接触、交往中，非常重视第一印象。但是，当人们与其他人或其他事物接触、交往过一段时间后，则对最后印象尤为看重。所以，空乘人员要特别注意，在为服务对象进行服务的整个过程之中。欲给对方留下完美的印象，不仅要注意给对方留下良好的第一印象，而且也要注意给对方留下良好的最后印象。二者缺一，就很难树立起完美的印象。

在服务过程之中，得体而周全地运用末轮效应的理论，对于空乘人员有三个好处：

第一，有助于航空公司与空乘人员始终如一地在乘客面前维护好自己的完美形象。

第二，有助于航空公司与空乘人员为乘客热情服务的善意真正地获得乘客的认可，并且被乘客愉快地接受。

第三，有助于航空公司与空乘人员在服务过程中克服短期行为与近视眼光，从而赢得乘客的真心，并因此逐渐地提高航空公司的社会效益与经济效益。

空乘人员在掌握并运用末轮效应理论时，应当关注如下两个方面的问题：

(一) 严格抓好最后环节

应当用心抓好服务过程的最后环节。在服务工作的一系列过程里，既然认识到空乘人员及其所提供的服务留给乘客的最后印象在整个服务工作中具有举足轻重的作用，那么空乘人员都必须从各自不同的角度出发，抓好在整个服务过程里处于收尾阶段的最后一个环节。也就是说，最后印象往往来自服务过程的最后环节，要想给乘客留下完美的最后印象，就不能够对服务过程的最后环节有丝毫的松懈或忽略。

对空乘人员来说，要抓好服务过程的最后环节，主要是应该使自己在乘客面前始终如一，保持"全心全意为人民服务"的高度热情。

在整个服务过程里，对乘客不但要在初始之时笑脸相迎，而且还要自觉做到在收尾之时笑脸相送。千万不要忘记，这些均为热情待客的应有之意。在整个服务过程里，如果缺少了笑脸相送这个重要的一环，无论存在何种客观原因，都不会让服务对象感到舒心，而只会让对方认定空乘人员所提供的所谓"热情服务"，是分量不足、偷工减料的。

特别需要注意的是，在最后环节上，为全体乘客所提供的热情服务，应当是绝对公平、一视同仁的。切勿使自己的服务，对于熟人与生人不一样，成人与孩子不一样，异性与同性不一样，外宾与内宾不一样，城里人与乡下人不一样，有钱人与没钱人不一样，消费多的人与消费少的人不一样，已消费的人与未消费的人不一样。否则这种有亲有疏的对待某一部分服务对象的歧视性做法，会无形之中给乘客留下非常不好的印象。

(二) 着眼两个效益

在服务工作中，提倡空乘人员为乘客进行热情服务，从根本上自然是着眼于航空公司的社会效益与经济效益。在强调热情服务、推广热情的同时，完全不讲任何经济效益，不但毫无必要，而且也是不现实的。

但是，在为乘客进行热情服务时绝不能只讲经济效益，空乘人员的热情服务不能一味惟利是图，无利不为。在服务岗位上接待乘客时，尤其需要牢记这一点。

思考题

[1] 什么是服务？

[2] 简述服务的基本特征。

[3] 空乘人员的基本工作流程是什么？

[4] 空乘人员在上岗前应做哪些准备？

[5] 合格的空乘人员需要具备哪些职业道德？

[6] 服务礼仪中的"白金法则"是什么？

[7] 服务礼仪中的"三A法则"是什么？

[8] 简述首轮效应。

[9] 何谓亲和效应？

[10] 何谓末轮效应？

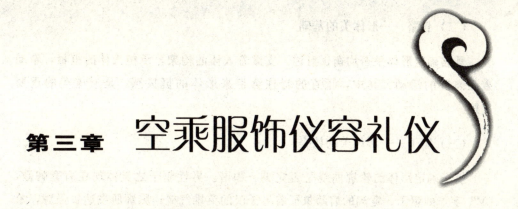

第三章　空乘服饰仪容礼仪

第一节　形体

形体是人际交往中形成初始印象的首要要素。形体美是自然美的高级形态，是人类尊严的标志，也是空乘人员的首要要求。

一、什么是形体

形体是指人体的外部形态，它包括体型、骨骼、躯干和四肢。

（一）体型——形体美的外在表现

体型是人体结构的类型。它是由骨骼、躯干、四肢、肌肉、脂肪等共同形成的整体特征。体型分为肥胖型、运动员型和瘦长型三种，其中运动员型休现了人体形态的美感，符合青春、力量、和谐、统一的规律。见图3-1。

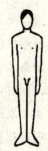

肥胖形　　　　　　运动员型　　　　　　瘦长型

图 3-1

（二）骨骼——形体美的基础

骨骼确定形体是否均衡、对称，支撑着人体的构架，承担人体的重量，牵动着肌肉群的活动。其中，正直的脊柱会带来形体的挺拔感，是形体美的重要支柱。

（三）躯干——形体美的核心

躯干确定形体的轮廓曲线是否完美、和谐。男性躯干之美体现在肩宽胸健，"V"字形的躯干、宽阔的肩膀象征着男子汉的英雄气概；胸廓肌发达、强健，象征着男子汉的阳刚之气和博大胸襟。女子躯干之美体现在"S"形的身材，丰满的胸部、纤细结实的腰部和富有弹性的臀部，比例适中的三围尺寸最能体现窈窕淑女的阴柔之美。

（四）四肢——形体美的重要组成

四肢确定体形是否协调、适当，是人体的活动器官。其美在于四肢长度是否与身体成比例发展，四肢过短，显得粗笨；四肢过长，显得多余。男子多大手大脚，女子多小手小脚。

二、形体美

形体美是指人的形体的几个组成部分和谐、对称、均衡、协调，给人以赏心悦目的感受。具体来讲，形体美有以下两个方面。

（一）和谐对称

除了先天的基因以外，人体和谐统一的结构主要还是人体在不断适应自然和社会的过程中而逐渐形成的一种功能美的形式和结果。从猿到人类的过渡是人类与各种自然环境不断奋斗、拼搏，并连续调节自己、控制自己的过程，因而，人是自然塑造的产物。同时，人的形体美更是人类适应社会、创造美感的结晶。人类在适应自然的过程中发现自己身体的审美价值，逐渐学会运用各种方式创造形体之美，并通过发现自我存在的社会价值感悟生命意义，因此人也是社会塑造的产物。从生物学角度来看，人体的局部与整体、局部与局部、机体与环境、躯体与心理等对应关系都是十分和谐而完美的。

人体是均匀对称的形体。它以脊柱为中轴线，形成左右对称的结构形式，给审美主体一种整体、沉静的感受。这种和谐与对称再加上主次分明、协调优美的动作，使人体产生直观的感性魅力，更带来安定、愉悦的享受感。

（二）均衡协调

均衡协调是形象主体审美的一个标准。均衡是指人体各部位的布局和每个部位分布得均匀、平衡；协调是人体结构的各个部分比例适中、恰当。一定的比例对人体之所以重要，是因为它适应于生存和生活的实践，能使人获得美感均衡的形体，构成自然形体美的基本轮廓。它是人的外形美的基本条件，体现了人体作为自然美的形象特征。形体美的均衡协调发挥着整体效应，就是把各部分属性结合成一体，并渗透到各个局部中去，但并不是各部分之间机械的相加，而是通过多种统一关系的有机组合所构成的内在和谐，是人的形体结构、生理功能和心理功能的和谐、对称、均衡、协调，只有这样完美无缺地结合，形体才具有无与伦比的生命力。

三、空乘人员的形体标准

（一）人类对形体美的认识

1. 人的形体美是自然美的高级形式

原始人对美的认识来源于大自然，从害怕自然、抵御自然侵袭到后来的顺应自然、与自然和谐相处的过程中，才慢慢发现并认识到大自然的神秘力量之美，并逐渐把这种美的感受转移到自身的形体之上。在千姿百态的美中，人是自然生命进化的最高产物，人的形体美是自然美的最高形式。男性躯干强壮的阳刚之美和女性曲线流畅的阴柔之美历来为人类所追求并成为艺术世界的核心。

2. 人类对美的认识随时空的演变而不断变化

绝对美的标准是不存在的，只有相对美的标准。美受遗传、种族、年龄及时代观念的影响而不同。远古的先民们以"丰满肥硕"为美；清代张潮在《幽梦影》中描述道："所谓美人，以花为貌，以鸟为声，以月为神，以柳为态，以冰雪为肤，以秋水为姿，以诗词为心。"不同民族的心态文化形成了对人体美的不同认识。西方自古希腊开始就一直以结实、健康、富有曲线的人体为美。中国古代以"三寸金莲"为美，不惜用布条长年紧裹在脚上"缠足"，而造成脚部畸形发育。在大洋洲、非洲等国的原始部落以肥胖、粗腰、短脖为美，还流行着"催肥待嫁"的风俗习惯。缅甸中部山区的勃叨族以长脖为美，不顾疼痛用铜圈长年紧箍在脖子上，而造成畸形发育。澳洲土著人以穿鼻、镶唇、毁齿为美而不顾毁损某一器官而造成终生痛苦。

（二）形体美理想的先天标准

根据我国的实际情况，参照国内外最新资料，我国形体美的先天定性标准为：

1. 骨骼发育正常，关节不粗大凸出，这是决定形体的基础。

2. 肌肉发达匀称，皮下脂肪适中，这是决定形体的轮廓，是力的表现和美的源泉。

3. 五官端正，与头部配合协调。

4. 双肩膀对称、平直，男宽女圆。

5. 正视时脊柱为垂直，侧视时脊柱曲度正常。

6. 胸部隆起，正背面略呈"V"字形，女性胸廓丰满且有明显的曲线，侧面呈"S"形。

7. 腰部细而结实，微呈圆柱形。

8. 腹部扁平，没有赘肉。

9. 腿部修长，线条柔和。

10. 臀部圆满适度，富有弹性。

（三）形体美的理想定量标准

古希腊人提出了人体各主要部分呈黄金分割的比例。意大利著名画家达·芬奇通过解剖实验，研究出人的形体美的标准：头长是身长的1/8，肩宽为身高的1/4，平伸双臂等于身长，两腋宽度与臀宽相同，乳部与肩胛骨下端在同一水平面上，大腿的正面宽度等于脸宽，人体跪姿时高度减少1/4，卧倒时仅剩1/9……达·芬奇的理论为人们研究形体美提供了重要依据。

资料夹

中国女性健美的测量标准

1. 以肚脐为界，上下身的比例应为5∶8（接近黄金分割）。

2. 平伸双臂，两中指指尖之间的距离等于身高。

3. 头高应等于身高的 1/8。

4. 颈围等于小腿围。

5. 乳部与肩胛骨下端在同一水平线上。

6. 大腿正面的宽度应等于脸宽。

7. 人跪下时的高度比身高矮 1/4。

8. 胸围是身高的 1/2。

9. 腰围是胸围减 20cm。

10. 臀围是胸围加 4cm。

11. 大腿围是腰围减 10cm。

12. 小腿围应等于大腿围减 20cm。

13. 足颈围应等于 1/2 小腿围减 10cm。

14. 大臂围应等于 1/2 的大腿围。

15. 前臂围等于大臂围减 5cm。

16. 手腕围等于大臂围减 10cm。

17. 肩宽等于身高的 1/4 减 4cm。

此外，体重也是形体美的重要内容。标准体重和肥胖度的计算方法为：

男子标准体重＝50＋[身高(cm)－150]×0.75＋(年龄－21)÷5

女子标准体重＝50＋[身高(cm)－150]×0.32＋(年龄－21)÷5

肥胖度＝实际体重－标准体重/标准体重×100%

正常人的体重波动范围可在 10% 左右，如果实际的体重超过标准体重的 20% 为轻度肥胖，超过 35% 为中度肥胖，超过 50% 为重度肥胖。

第二节 服饰

服饰，从字面上看，指的是服装和饰物。实际上，服饰包含着丰富而深刻的内涵。一方面，它表现为有形的器物，如衣、裙、冠、履、饰物等，具有物质形态和使用价值，是人类社会的物质文明成果。另一方面，它表现为无形的文化，如人类的知识、经验、信仰、风俗、习惯、审美情趣等，具有非物质化和隐性的价值，是人类社会精神文明的成果。

　　服饰，是一种流动的艺术、走动的文化，代表着时代的进步和观念的更新。服饰标志着一个国家和民族政治、经济、文化的发展水平。服饰，是一种外在语言，是一个人向外界传达重要信息的媒介，它反映着人的生活品味和审美能力。

　　穿着什么样的服饰参加活动，不仅表明了自己的人格和自尊，也表现出对参加活动的他人的尊重。美国一项形象设计调查表明：76％的人根据外表判断一个人的内涵，60％的人认为外表和服装反映了一个人的社会地位。可见，得体的服饰不仅可以帮助个人建立自信，更有助于在人际交往中形成良好的印象。服务行业的服饰属于职业服饰，它不仅是自身审美的需要，而且是被服务者审美的需求，更是企业提高知名度、美誉度，树立美好形象的需要。

一、服饰源流

　　服饰是人类社会生产力和生产关系发展的产物。历史上对服饰的起源有种种论述，比如"羞耻说"、"身体保护说"、"共性说"、"特殊说"、"纽衣说"、"装饰说，"等等。总的说来，人们对服饰美的追求则是人们物质需求和精神需求共同作用的结果。服饰的起源与发展经历了原始装饰、古代服饰、近代服饰和现代服饰四个阶段。

（一）原始装饰

原始装饰可分为固定装饰和活动装饰。

1. 固定装饰

　　画身是人们最原始、最朴素的装饰。在日常生活中，原始人只在颊边、肩上和胸部画上几笔就够了，但在宴会期间就要涂遍全身。他们常用的色彩为红、黄、白、黑等，红色是生命和胜利的象征；黄色同样具有装饰、审美的性质；白色、黑色是对比分明或忧伤情绪的象征。常见的图案是摹兽类的，一般是代表其氏族部落的保护神。由于画身难以保存持久，后来便被蠡痕和刺纹等所取代。

　　蠡痕就是用燧石、贝壳或原始小刀，在人体不同的部位刻画，或留下疤痕，或刺出图案并涂抹颜色使之保存永久。这些刻画出点、直线、曲线、半月形等线条的图谱却意义深刻。它是氏族部落的标记和宗教信仰的象征，标明了一个人的自然归属和精神归属；它也是原始人成人仪式的一部分，是权利和义务在人体上的雕饰；它是勇气和耐力的标志，使人们远离惧怕、胆怯。大多数情况下，它具有纯粹的装饰意义，是人类最早、最强烈的原始欲求的表现。

2. 活动装饰

活动装饰是暂时系到身体上的一些活动的饰品。最重要、最常用的活动装饰是头饰，主要由树叶、袋鼠筋或植物纤维等制成。最华美的头饰是一簇簇五彩缤纷的动物羽毛，可以约束头发，可以携带飞镖、箭或其他小用具，其主要功能还是装饰。

最丰富、最精美的装饰是颈饰。它主要是由兽牙、贝壳、海蚶、石珠、鱼骨等穿孔串联而成，可以用来藏放药物和烟叶，也可以用来避邪，但主要也是为了装饰。这些东西最初是作为勇敢、灵巧和有力的标记而佩带的，只是到后来，也正是由于它们是勇敢、灵巧和有力的标记，所以开始引起审美的感觉，归入到装饰品的范畴。

最有意义、最有趣味的是腰饰。它主要由树叶、兽皮、纤维等编制而成，其主要功能是蔽体、遮羞、保温、御寒。有学者认为，原始腰饰首先而且重要的意义并非一种衣着，而是一种装饰品，是为了帮助装饰的人得到异性的喜爱；因而遮丑衣服的起源不能归于羞耻的感情，而羞耻感情的起源倒是穿衣服这个习惯的结果。

四肢的装饰主要是由树叶、带子、绳子等制成，即使在文化最低级阶段上，丰富的人体装饰，其真正的含义除了实用以外，大多具有双重功能，即"引人"和"惧人"，引人主要是吸引异性的青睐，"惧人"主要是使敌人惧怕。

（二）古代服饰

远古时代的服饰相对简洁实用，体现了当时人们崇尚自然的审美情趣。随着生产力和人类社会生活的发展，服装开始由简到繁，并逐渐体现出上下尊卑、等级差别，也逐步地形成一种制度或约定俗成的习惯。服制的形成是影响古代服饰发展的重要因素，它是区别不同社会等级、不同场合服饰所定的规范或规定，所谓"宫室有度，衣服有制"。封建社会各朝代沿袭了这种体现社会等级制度的服制。

1. 常服

常服，即人们日常所穿的衣服。即使是常服，贵族与平民、官吏与百姓也是不一样的。先秦时，平民百姓只能裹巾，到了汉代平民百姓只能单着帻，且颜色有区别。清代帽顶为贵族有品级的官员专用，平民百姓帽上不准用绒缨打结。在面料选择上，统治者大都用锦、绣、绮、罗等制地精良、花纹绚丽的丝织品，平民百姓只能着布袍、褐衣。在服装颜色上，秦代以黑色为上；汉代以红色为上；

唐代以后各朝代以黄色为上，庶民不准用上色。在纹饰上，图案都是为阶级和等级服务的，如在明代，文官一至九品的纹饰为：仙鹤、锦鸡、孔雀、云雁、白鹇、鹭鸶、鸂、黄鹂、鹌鹑等；武官一至九品所饰猛兽为"狮子（一、二品）、虎豹（三、四品）、熊罴（五品）、彪（六、七品）、犀牛（八品）、海马（九品）。平常百姓的常服都是朴实无华的。在佩饰上，金、玉、银、犀皆为贵族所用，平民百姓禁用。

2. 礼服

礼服，是国家制定的官服制度，主要是为官者所用。它分为朝服和公服两种，凡礼重者用朝服，礼轻者用公服，鲜明地体现了官场的贵贱尊卑和社会的等级关系。冕服和深衣是最典型的服制代表。冕服，是礼服中最尊贵的，是统治者的服装，是皇帝、大臣、诸侯及卿大夫参加祭祀典礼时的服饰，因颜色、图案不同而具有严格的等级差别。冕服制度自西周确立以后各朝代沿袭直到民国初年，延绵二千余年。它是以繁缛赘饰掩盖人体的典型的封闭服式，有明显的封建性。深衣是春秋战国时期出现的一种新的服制，把上衣和下裳合并成一体，颇似今日的连衣裙。古代男女都可穿着，它对我国古代妇女的服饰有深远的影响，后世的长衫、旗袍及今日的连衣裙都是深衣的遗制。

此外，氏族社会末期的部落间战争之中产生了军服。随着生产力水平提高，特别是兵器的发展，要求将士有坚硬的甲胄护身，于是盔和铠甲成为最主要的军式服饰。此后，战袄、战袍、军帽、肩章、领章、袖章等都体现严格的等级制度。丧服是人们悼念去世的人而穿戴的服饰。

丧服制度是依据生者与死者关系的亲疏尊卑贵贱而制定的一套严格的丧葬等级制度，包括亲属间的丧服、政治等级间的丧服和一般关系间的丧服之类。

此外，少数民族因地域不同，风俗习惯不同，服饰也不同。

（三）近代服饰

近代服饰是中国传统服装和西方服装不断融合的结果，服饰的变革朝着由繁入简，向多样化、个性化的方向发展。辛亥革命以后，封建王朝被推翻，封建时代的种种等级观念被抛弃，人们追求适体、方便和美感的服饰。这时候的服饰虽然保存了礼服之制，但已不再反映等级观念，制式较为简便。人们日常的服饰，男子较常穿着的有西装、中山装和长袍马褂，女子服饰有上衣下裙、旗袍和连衣裙等。尤其是随着等级观念的消失及其与世界交往的扩大，追求多样色彩，追求适合个人气质与特征的服饰成为影响近代服饰发展的重要特征。

（四）现代服饰

随着经济的发展和人们审美观念的完善，现代服饰日益呈现出多元化、高档化、流行化的特点。20 世纪 50～70 年代末，由于受到物质条件的影响和思想观念的限制，人们的服饰以廉价、耐穿为首选目的，色调局限于蓝、灰等几种，样式也只有中山装、工作服和军便装等老样式。80 年代，改革开放后，服饰界出现了"一窝蜂"现象，"街上流行红裙子"体现的就是当时盲目的"赶时髦"的情景。90 年代，服饰出现了表现自我、塑造自我的个性意识，追求与众不同的服饰风格。随之而来的"名牌效应"、"雅俗共赏"的文化效应等使中国服饰逐步由简单模仿到个性创造，由幼稚到成熟，由无序到有序的顺利过渡。审美的、心理的、观念的、文化的东西越来越附着于服饰，使服饰成为人类审美心理的物化表现，成为人类文化素质的表征，也成为人类观念表达的符号。

二、服装种类

服装分类的标准很多，按年龄可分为成人、青年、儿童服装；按性别分为男装、女装；按季节分为春夏秋冬装。从礼仪的角度，服装可按其用途和场合标准进行划分；

（一）礼服

礼服是西方社会交往场合穿着的传统服装。它包括常礼服、小礼服和大礼服。

1. 常礼服

也称晨礼服。男子上装为灰、黑色，后摆为圆尾形，下衣为深灰色底，黑条裤、灰领带、黑皮鞋、黑礼帽等；女子为质地、颜色相同的上衣与裙子，可以戴帽子和手套。它穿的时间是在早上 6 点到 11 点，适用于国家重大庆典、接待外宾 、婚礼等。如图 3-2 所示。

2. 小礼服

也称晚礼服。男子上衣为黑色西装上衣，衣领镶有缎面，腰间仅有一钮扣，配套马甲或宽腰带，下衣两侧从上到下镶有相同颜色缎子边，白衬衣、围裙领结、黑皮鞋。女子

图 3-2　常礼服

小礼服为长至脚背而不拖地的露背式单色连衣裙。
听音乐会、婚礼、晚宴或是当主婚人等重要场合适
用。本来在国际礼仪规定，穿小礼服是晚上 6 点后
才可以穿，因为时代脚步快速变迁，小礼服提早到
下午 4 点可以穿着。小礼服有四种款式：1. 丝瓜
领；2. 剑领；3. 双排扣；4. 西装领。由缎面所制
成，裤子的裤缝要车礼服带。如图 3-3 所示。

3. 大礼服

也称燕尾服。男子上衣为黑色或深蓝色，前摆
齐腰剪平，后摆剪成燕尾状，到膝盖后面，翻领镶
有缎面，下衣同色配有缎带、白马甲、白衬衣、白

图 3-3　晚礼服

领结、白手套；女子为袒胸露背的单色拖地连衣裙，配有颜色相同的帽子、长纱

手套及各种首饰。大礼服适用于参加晚上举行
的各种隆重的、正式的大型典礼活动。如图
3-4所示。

（二）西装

西装是一种国际性服装，是现代社会交往
场合的常用装。"西装七分在做，三分在穿"。
一套完整的西装，体现出一股权威之美和庄重
之美，使穿者潇洒大方、风度翩翩。穿着西装
讲究"五配套"，即：上下配套、领带配套、

图 3-4　燕尾服

衬衣配套、鞋袜配套、色彩配套等。西装可分为工作用的西装、礼仪用的西装、
休闲用的西装等。正式交际场合的礼服，色调应比较深，最好用毛料制作；在半
正式交际场合，如在办公室参加一般性的会见，可穿色调比较浅一些的西装；在
非正式场合，如外出游玩、购物等，需穿西装，最好是穿单件的上装，配以其他
色调和面料的裤子。

1. 上下配套

（1）标志

穿西装前，务必要将位于上衣左袖口上的商标、纯羊毛标志等拆除。

（2）质料

西装的料子要考究，以毛料为好且熨烫平整，干净利落，否则皱巴歪扭会降

低身份，有失礼仪。

（3）规格

男子西装有二件套、三件套之分。正式场合应穿着同一面料、同一颜色套装为好。三件套西装，正式场合不可以脱下外衣。按国际惯例，西装里面一般不加毛背心或毛衣，否则会破坏西装的线条美。

（4）纽扣

西装有单排扣和双排扣之分。双排扣的西装要把扣子全部系上以示庄重；单排扣的西装原则上站立时要全部系好以示郑重，坐下时可以解开上衣下扣以防走样。单排扣有一粒、二粒和三粒扣之分，通常一粒扣应扣上，二粒扣应扣上面的那一粒，三粒扣应扣中间的那一粒。西装马甲最下边的扣可以不扣。

（5）口袋

西装上衣两侧的口袋只是一种装饰，不可以装饰品。尤其不能装发出声响的东西，如钥匙、硬币等，这不仅易使上衣变形，而且有失礼节。西装上衣左胸部的外面口袋可放折叠好的装饰手帕，可折成细长方形、三尖峰形、三角形、任意形等，使用得当就会起到画龙点睛、锦上添花的效果。西装内侧衣袋可以装名片、票夹、小日记本等物品。

（6）下衣

男子以裤装为主，女子以裙装为主；男子的西裤之美在裤线，裤兜也与上衣袋一样，不可装物品，以求臀位合适，裤形美观。尤其是不可以装名片，以免失礼；女子西装套裙长度在膝盖上下，其他裙装在膝盖以下，一步裙、筒式裙款式端庄、线条优美；百折裙、旗袍裙、开衩裙、A字裙等飘逸洒脱、高雅漂亮。

（7）做工

西装的做工很重要，主要看其衬里是否外露，衣袋是否对称，纽扣是否缝牢，表面是否起泡，针脚是否均匀，外观是否平整等。讲究袖口缝头宽裕、领子和后颈部分缝制服帖，领子与肩相连之处无皱褶，肩和前胸线条挺直，裤子中折线和两侧缝线笔直，裤裆缝线牢固。

2. 领带配套

领带是西装的灵魂，对西装起着画龙点睛的作用。穿西装不系领带往往会使西装黯然失色。领带是男性饰物中最具有男子汉气概的饰物，是男性身上惟一可以变换色彩的饰物，因而，学会系好领带是男性生活中最严肃、最重要的一步。选择领带意味着一个男人开始建立自我个性，开始参与社会交往，并力图在人际交往中获得他人认可。通常在上班、办公、开会或走访等执行公务的正式场合以打领带为好；在参加宴会、舞会、音乐会时也可以打领带，在休闲场合则不必打领带。

（1）领带的选择

选择领带不应以自己的喜好为主，而应考虑领带的面料、色彩和图案等，是否与个人的年龄、身份一致，是否与西服、衬衫的色彩相协调等。搭配协调，会起到交相辉映的效果。

① 面料

领带最高档、最正宗的面料是真丝领带。棉布、麻料、羊毛、皮革、珍珠等面料的领带不适合正式场合。

② 色彩

单色领带适合于公务活动和隆重的社交场合，以紫红、蓝、灰、黑、棕色最受欢迎。多色领带不宜超过三种色彩，要少打浅色或艳色领带。领带的色彩有一定的含义：金色代表雍容华贵，红色代表喜庆热烈，蓝色代表宽容冷静，黑色代表坚定庄重，白色代表圣洁纯真。

③ 图案

正式场合应选择规则、传统的图案，如横、竖或斜条、圆点、方格、规则的碎花。图案通常有一定寓意：小巧而浓密的花朵或圆点表示温柔和欢喜，斜纹表示决断和勇敢，垂直线条表示和谐安静，横条花纹表示高雅稳重。印有人物、动物、景观、怪异神秘图案的领带，适用于非正式场合；印有广告、组织标识徽记的领带，最好不要乱用。

④ 质量

领带要平整、无跳线、无疵点、无线头，衬里不变形，下垂感较强。

（2）领带的打法

领带打得是否好看，关键在于三点：

① 形状

即领带结的形状要端正、挺括，外观上呈倒三角形，且有立体感；可以在收拾领结时，有意在其下压出一个窝或一条沟来，使其看起来美观、自然。

② 形式

领带结的大小要与衬衫领子的大小成正比，值得说明的是穿立领衬衫时不宜打领带，穿翼领衬衫时适合打蝴蝶结。

③ 长度

领带打好后，其标准长度要外侧略长于内侧，且下端正好触及腰带扣的上端，这样可以避免领带下端露出衣襟。长于腰带，会显得不太精干利落；短于腰带之上会显得小气、不大方。成人日常所用的领带，通常长约 130—150 厘米，正式场合不选用难以调节长度的"一拉得"或"一套得"领带。

（3）领带的佩饰

① 一般情况下，系领带不必使用任何佩饰。

② 有时为了减少领带在行动时任意飘动带来的不便，也可酌情使用配饰。领带佩饰的基本作用是固定领带，其次才是装饰。

③ 常见的领带佩饰有三种：领带夹、领带针和领带棒。

④ 选择佩饰时应注重质地，多选用高档的金属制品，素色为佳，且形状与图案要雅致、简洁。

⑤ 领带夹通常位于领带打好后的"黄金分割点"上，即在衬衫自上而下第四到第五粒钮扣之间，要含而不露。

⑥ 领带针通常别在衬衫自上而下第三粒钮扣的领带正中央，图案一面在领带外，另一面细链要避免外露。

⑦ 领带棒用于穿着扣领衬衫时，穿过领带，将其固定于衬衫领口处。

资料夹

领带的六种打法

1. 亚伯特王子结。适用于浪漫扣领及尖领系列衬衫，搭配浪漫质料柔软的细款领带，正确打法是在宽边先预留较长的空间，并在绕第二圈时尽量贴合在一起，即可完成。如图 3-5 所示。

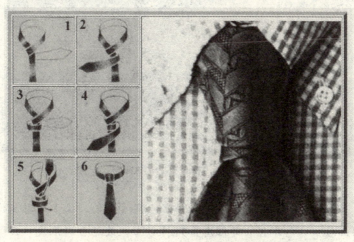

图 3-5　亚伯特王子结（**THE PRINCE ALBERT**）完成图

2. 四手结（单结）。是所有领结中最容易上手的，适用于各种款式的浪漫系列衬衫及领带。如图3-6所示。

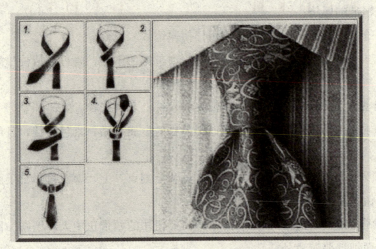

图3-6 四手结（单结）（THE FOUR－IN-HAND）完成图

3. 浪漫结。这是一种完美的结型，故适合用于各种浪漫系列的领口及衬衫，完成后将领结下方之宽边压以皱褶可缩小其结型，窄边亦可将它往左右移动使其小部分出现于宽边领带旁。如图3-7所示。

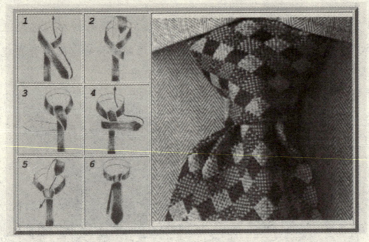

图3-7 浪漫结（THE TREND KNOT）完成图

4. 温莎结。此种结型因其宽度较一般结型宽，故十分适合使用在意大利式领口（八字领）的浪漫系列衬衫上，最适合与浪漫细致的丝质领带相互搭配。如图 3-8 所示。

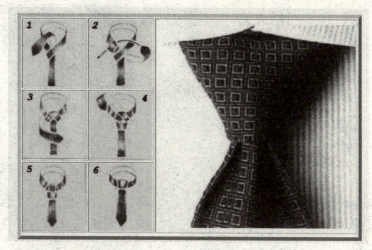

图 3-8 温莎结（THE WINDSOR）完成图

5. 简式结（马车夫结）。适用于质料较厚的领带，最适合打在标准式及扣式领口之衬衫，将其宽边以 180 度由上往下翻转，并将折叠处隐藏于后方，待完成后可再调整其领带长度，是最常见的一种结型。如图 3-9 所示。

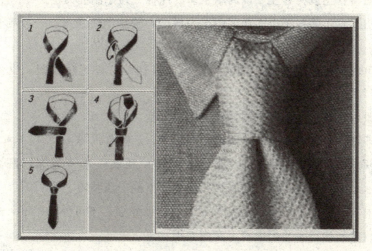

图 3-9 简式结（马车夫结）完成图

6. 十字结（半温莎结）。此款结型十分优雅及罕见，其打法亦较复杂，使用细款领带较容易上手，最适合搭配在浪漫的尖领及标准式领口系列衬衫。如图 3-10 所示。

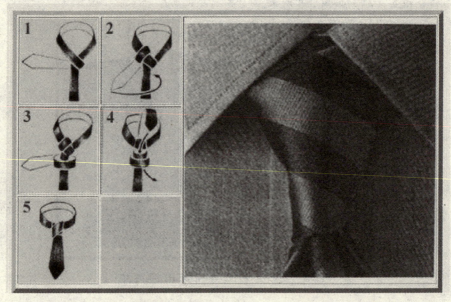

图 3-10　十字结（半温莎结）完成图

3. 衬衫配套

（1）面料：正装衬衫主要以高织精纺的纯棉、纯毛制品为主。

（2）图案：正装衬衫以无任何图案为最佳，较细的竖条衬衫一般场合下可以穿着。

（3）色彩：衬衫要与西装配套，白色为最佳，可以近色搭配，也可以反差搭配。

（4）质地：要选择硬质衬衫，领头硬实挺括。

（5）下摆：衬衫不易过长，要塞在裤子里以示利落。

（6）领口及衣袖：要稍长于西装上衣的领口和衣袖1—2厘米，既美观又干净，并显示出穿着的层次感，通常衬衫的领子不翻于西装领之外。

（7）内衣：要大小适中，浅色为宜，且不可外穿、不可外露、不可外透；切忌衬衫的领口和袖口显露出内衣，有伤大雅。

（8）领口：若不系领带，衬衫的领口应敞开。

（9）注意事项：短袖衬衫不可与西服搭配；如果天气较冷，可以穿一件紧身毛衫，但要低于西装领口，穿得过多会影响西装的线条美。

4. 鞋袜配套

（1）鞋子的搭配

俗话说："鞋袜半身衣"。可见鞋袜只有与西装配套才算完美。

① 质地：穿西装时一定要穿皮鞋，一般牛皮鞋与西装最为般配，羊皮鞋、猪皮鞋不大合适。不能穿旅游鞋、轻便鞋、布鞋、凉鞋和雨鞋。

② 色彩：以黑色为宜，款式要庄重而正统，系带皮鞋为最佳之选。

③ 清洁：鞋面要光亮、整洁、无尘，否则会令人怀疑你工作时的勤奋程度。

④ 鞋跟：要高低适中，男子鞋跟以平跟为宜，一般不超过三厘米；女子鞋跟以中跟为宜，一般不超过四厘米。女子忌穿"松糕鞋"、"厚底鞋"等。鞋跟无钉，鞋底无泥。

⑤ 大小：要适中，走路不拖沓、跺脚，以免制造噪音，影响他人。

⑥ 鞋带：利落。

⑦ 卫生：定期换鞋，防止异味。

⑧ 注意事项：上班时或正式场合，不宜穿拖鞋。拖鞋除了浴池、游泳池等极少数场合外，不适合于任何其他场合。夏天不赤足穿凉鞋；除进入专门场合需要脱鞋外，不可当众脱鞋、系鞋带等。

（2）袜子的搭配

① 忌穿白色袜子（白西装例外）。男袜讲究穿深色、单色且不带图案，质料以棉袜或毛袜为主，忌穿色彩鲜艳、半透明的尼龙袜或涤纶丝袜。一般而言，袜子要与裤子同色。

② 女子袜讲究袜子边不能低于裙子边，因而裙装要与长筒袜或连裤袜配套。

③ 女子不允许将健美裤、九分裤等裤装当成袜子来穿。

④ 女子袜子颜色以肉色为佳且不能出现破裂、抽丝、缝补粘合等现象。

⑤ 在正式场合女子尤其不能穿带暗花图案或网格图案的袜子。

⑥ 袜子要成双、合脚；经常换洗，避免异味。

5. 色彩配套

西装上衣与下衣要整套着装，通常两套西装不拆开搭配。如需搭配，以近色搭配或反差搭配为宜，且鞋袜色彩要接近。一般来说，西装正装色彩以深蓝色、灰色、中性色彩为佳。在国际商务交往中，棕色被认为是低品位的表现，黑色西服只适合于婚葬，燕尾服也可为黑色；衬衫以白色为最佳，男子的公文包、腰带、鞋子要讲究"三一律"，即色彩一致，以黑色为好。男裤以深色、单色为宜，女袜以肉色为宜。

（三）制服

制服是绝对统一的规范服装，是由航空公司或某些机构特别制作供特殊人群穿着的服装。它是标志一个人从事某种职业的服装，也称为岗位识别服。服务行业工作人员穿上醒目、统一的制服不仅是对宾客的尊重，便于宾客辨认，同时也使穿者产生职业的自豪感、责任感，是敬业、乐业在服饰上的具体表现。它也使宾客产生信赖感和安全感，甚至是宾客再次光顾的影响因素之一。

穿制服要注意以下几点：

1. 整齐

（1）制服穿着忌乱，必须合体，尤其要讲究"四长"，即袖至手腕、衣至虎口、裤至脚面、裙到膝盖。

（2）还要讲究"四围"，即领围以插入一指大小为宜，上衣的胸围、腰围及裤裙的臀围以穿一套羊毛衣裤的松紧为宜。

（3）制服的领口要系好钮扣，不袒胸露怀、不漏扣、不掉扣。

（4）袖口与裤角不卷起。

（5）工号或工牌要佩带在左胸的正上方。

（6）有些岗位还要戴好手套与帽子。

2. 清洁

（1）制服穿着忌脏，要洁净无油渍、污垢、皱褶、异味等。

（2）领口与袖口保持干净，要定期或不定期进行换洗。

（3）制服一旦出现开线、破洞等情况，要立即更换。

3. 挺括

（1）制服穿着忌皱，要线条笔直，穿前烫平，穿后应当挂好或叠好，做到上衣平整、裤线笔挺。

（2）洗后的制服，要熨烫或上浆。

（3）穿制服时，不乱倚、靠、坐等。

4. 大方

（1）款式简练、高雅，线条自然、流畅。

（2）穿着制服时，要按规定要求与其配套使用服饰，服饰色彩最好是本单位的标志性色彩，以表现组织的自身特色。

（3）除本单位标志外，制服上不宜有任何其他图案或饰物。

（四）便装

人们在公务活动之外或在公共场合穿着的服装为便装。如居家、健身、旅游、娱乐、购物等场合可穿着家居服、休闲装、牛仔装、运动装等。便装的基本要求是：舒适、方便、自然。

1. 家居装是在家庭生活范围内穿用的服装。轻松随意、不刻板、不拘谨。它分为日常生活服、家庭会客服、睡衣和晨服。日常生活装以方便人体动作为主要功能，因而造型宽松，色彩可艳或素，面料以中低档为宜；家庭会客装总的要求是男装要简洁大方，女装要柔和优美，面料以中档为宜；睡衣是卧室内穿用的服装，因而要色彩温和明朗，面料细腻柔软，不宜会客时穿用；晨服是早起后进行户外活动时的服装，因而要宽松舒适，易于穿脱，色彩明亮。

2. 休闲装是人们外出旅游或体育运动时的着装，轻松随便，活动方便，色彩艳丽，对比强烈，款式活泼，常同旅游鞋、运动鞋及各式凉鞋配套穿着，使人看起来充满朝气和动跃感。

3. 牛仔装是郊游、野餐、劳动和外出旅行等场合穿着的服装。其布料坚固耐用，穿着潇洒挺拔，精明灵活，常与旅游鞋、运动鞋、平跟鞋等搭配。穿牛仔服时要注意上下配套，切忌不与正装搭配；体型缺陷比较突出的人，如臀部过大、腰部过粗、上身过短等体型不宜穿牛仔装。女子要注意各种饰物的协调配套，最好选择粗犷豪放的、贴近大自然的铜饰物而不是金银珠宝等饰物。

（五）涉外服装

人们在参加外事活动时所穿着的服装为涉外服装。男子以裤装为宜，可穿西装或民族服装，如中山装；女子以裙装为宜，可穿西装套裙或民族服装，如旗袍等。

1. 中山装的造型特点端庄威严、浑厚整齐，具有典型的民族情调，体现着东方人的含蓄和稳健；它的面料高、中档皆可，色彩冷、暖皆可；穿着简便，免去打领带及佩饰环节；着装搭配时可以上下一套，也可以是独穿一件上衣，配西式长裤。深灰、中灰、浅灰或银灰的中山装，色彩高雅、严谨端庄，一直是我国早期领导人经常穿着的服装。穿中山装要注意上衣领口处的风纪扣务必要扣上，不可以挽起袖和裤管，口袋不装太多的东西，上衣衣袋的盖子要放在衣袋的外面。

2. 旗袍造型特点雅致流畅、典雅高贵，具有中国女装的传统特色，体现了东方女性的形体美和神韵美；它的布料高、中、低档皆可；春夏秋冬四季皆可。穿旗袍时要注意鞋子、饰物、发型的协调配套，鞋子宜与旗袍颜色相同或相近的高跟或半高跟皮鞋搭配，款式以轻巧透气为好；饰物讲究高档、精细；发型要长发挽起，干净利落；举止要高雅大方，站立或坐下时两腿不可分开、不可弯腰驼背、不可穿旗袍骑自行车等。

三、着装原则

20 世纪 60 年代，日本人提出了场合着装的"TPO（Time、Place、Object 的缩写）"原则，其基本含义就是穿衣打扮要有章法，搞清楚穿衣的时间、地点及目的。目前，各国人士在着装时基本都遵循这一基本规则。

穿着整洁　你可能只准备了两三套供接待或旅行之用的服装，而且它们难入高档华贵之列，但只要保持清洁，并熨烫平整，穿起来就能给人以衣冠楚楚、庄重大方的感觉。整洁并不完全为了自己，更是尊重他人的需要，因此这是良好仪态的第一要件。

着装要与身份、年龄相符　在社交场合，如果忽略自己的社会角色而着装不当，很容易造成别人对你的错误判断，甚至会引来误解。比如艺术家和作家，即使在正式场合着装也可以尽显自己的独特风格，在选择衬衫和领带的色彩上可以不拘一格，而官方人员代表国家出席某些正规场合，就应该穿得传统或保守些，以示庄重。

注意衣着与场合的协调　无论穿戴多么亮丽，如果不考虑场合，也会被人耻笑。如果大家都穿便装，你却穿礼服就欠妥当。在正式的场合以及参加公私仪式时，要顾及传统和习惯，顺应各国一般的风俗。去教堂或寺庙等场所，不能穿过露或过短的服装，而听音乐会或看芭蕾舞，则应按当地习俗着正装。

遵守不同时段着装的规则　这对女士尤其重要。男士出席各类活动有一套质地上乘的深色西装或中山装足矣，而女士的着装则要随一天时间的变化而变换。出席白天活动时，女士一般可着职业正装，而出席晚 5 点到 7 点的鸡尾酒会就须多加一些修饰，如换一双高跟鞋，戴上有光泽的佩饰，围一条漂亮的丝巾。出席晚 7 点以后的正式晚宴等，则应穿中国的传统旗袍或西方的晚礼服——长裙。

穿着服装首先要打破自身的心理障碍。一个人的服饰形象有两个：一个是理想的自我形象，即想象中的自己穿着心爱服装的美好形象；另一个是现实的自我形象，即自己的服饰形象在他人心中的实际印象。两者之间总是存在着一定的差距。这就提醒我们着装时不要以自己的喜好挑选服装，而是以适合自己的形象为标准。

（一）与色彩和谐相一致

人际交往的第一印象首先来自于知觉。在服装构成的三大要素中，服装色彩给人的刺激最快速、最深刻、最强烈，因此，被称为"服装的第一可视物"。颜色可以使你显得年轻，也可以使你显得衰老；可以使你显得肥胖，也可以使您显得纤瘦；可以使您显得邋遢，也可以使您显得潇洒。同时色彩具有冷暖、轻重、软硬、缩扩之分，使人的形体视觉随之发生相应的变化。在着装方面，要注意以下几点：

1. 遵从"三色原则"

即一个人服装及饰物的色彩在总体上要以少为宜，以精为妙，最好控制在三种颜色以内。使服装总体效果简洁、和谐、规范，给人以视觉上的舒适感；否则，当服装搭配超过三种色彩时，会给人以繁杂、低俗之感。

2. 讲究服装本身色彩的和谐

俗话说："没有不美的色彩，只有不美的搭配。"色彩搭配有以下几类搭配的方法：近色搭配是同一色系按深浅不同程度进行搭配以创造和谐之美，适合于正式场合的着装配色；反差搭配是运用互相排斥的色彩进行组合搭配以突出个性之美，适用于各种场合的服装配色；点缀搭配是同一色系中在某个局部小范围选用不同色彩进行搭配以增加点睛之美，适用于工作场合；呼应搭配是某些相关部位采用同一色彩使之遥相呼应以产生协调之美，适合于各类场合。此外，还可选用流行色彩进行时尚搭配。由于浅色有上升感、轻飘感，深色有下垂感、收缩感，因而日常服装适用于上浅下深搭配。

3. 个性与色彩的协调

色彩本身具有内在的个性。暖色、鲜明色、强对比色、淡色等具有活泼鲜明的个性；而冷色、杂色、近色等具有含蓄、文雅的个性。人自身也具有个性，体现在色彩上，即通过色彩表现个人魅力或与众不同之处，在这方面并不是以个人对色彩的喜好来决定的，而是以适合个人肤色为最美。所谓个性色彩就是穿着这种色彩的服装使人看起来比穿着其他色彩的服装更显得精神。每个人都会有1—2个色系为自己的个性色彩系，以此来搭配服装，是体现个性的基础。据说，法国女性根据自己眼睛的颜色来选择服装的颜色；而东方女性肤色与西方不同，不适宜穿原色调的服饰，经过调和过的颜色搭配效果会更佳。

（二）与年龄和体型相协调

年龄与色彩有不解之缘。一般说来，20—30岁之间的女性喜欢色彩鲜明亮丽的服装，充分展示其朝气蓬勃的青春气息；30—40岁之间的女性多喜欢中性的过渡色彩的服装，以配合其成熟稳重、事业发展的含蓄、典雅的气息；40岁以上的女性在喜欢素色、单色服装的同时，也会重新喜欢色彩鲜艳的服装，表现出强烈的青春的怀念思绪。

1. 从色彩上看，浅色服装会产生扩张作用，使瘦人看起来更丰满；深色服装会产生收缩感，可使人看起来更瘦小些。

2. 从线条上看，垂直线条会增加形体的高度，水平线条能增加体形的宽度，斜线条使人的体形显得修长魁伟，曲线条会使形体加宽。

3. 从款式上看，衣服的结构和设计线条会使体型的比例发生变化。通常将上下身比例通过 3∶5 的水平线进行分割，可以创造出令人愉快的匀称身体比例。

4. 对于过于高大或高且瘦的体形，要选择线条流畅的服装。但不宜用垂直线条，也不宜用高卷的发型或高耸的帽子；要避免窄小、紧身的衣服；要避免使用黑色、暗色等。只有用鲜艳或淡色调做点缀时才考虑使用黑色；最好从腰间将颜色搭配打破，用明色或对比色的腰带将上下分开。

5. 对于矮且小的体形，可以用垂直线条增加身高，避免使用水平线条；避免宽阔的折边和方正的肩线等；避免大或粗笨、宽松悬垂的款式。要选用单色组合，最好选择鞋、袜、裤或裙等均为同一颜色；避免使用对比色的腰带和衣裤来分割身体的高度。

6. 对于偏瘦的体形，要选择质地较粗硬的面料，设计上加以多层次技术处理，以增加宽度；不使用垂直线条，在颈线、腰线等处加水平线。选用合体的衣服，不可穿宽大的服装，不可暴露锁骨；避免暗色，使用较浅的颜色，以使体形加宽。

7. 对于较方的形体，要选择剪裁流畅、柔和流线的衣服；避免使用任何不完整的直线条或是水平线条；不要选择贴身或宽大的服装；选择素淡不艳的颜色；焦点要提高到面部附近，把注意力引离腰部和臀部，可以运用对比色；可用暗色、狭窄的腰带，要避免有马鞍形或波状轮廓的腰带。

8. 对于窄肩宽臀的体形，上身的服装可选用水平的横条纹，下身可选择带竖条纹的面料和款式；腰部以上部分需要多层次，使胸部和肩部显得丰满而与宽臀比例得当；可使用围巾、首饰和设计细节等造成腰线以上的色彩焦点；穿宽松的衣服效果较好。下身宜用颜色比较暗的色彩，可在颈部附近营造出一个色彩的焦点。

9. 对于宽肩窄臀的体形，要选择垂直的线条和装饰，对腰部以下进行设计装饰，增加丰满度；腰部以上避免使用夸张的设计，以免增加鼓胀之感，焦点应该放在臀部或腿部；上衣宜选择比较暗的色彩。

（三）与职业和身份相适应

服饰本身一开始并不具有职业属性，但当从事某一职业的人们形成一种穿着习惯或规律时，便赋予了服饰的职业属性和社会属性。你想成为什么样的人，就先在服饰上把自己装扮成什么样的人，让人首先看起来就像那样的人，久而久之你就会成为理想中期待的形象。在社会生活中，每个人都扮演着不同的社会角色，不同的社会角色又有着不同的社会行为规范，服饰是体现社会行为规范的重要内容。尤其是一个人在工作岗位时，他的形象往往不仅仅代表自身的个人形象，更多地是代表其所在组织的形象。职业女性的服装配色通常以中性颜色、纯色为主，如浅褐、灰蓝、栗色、芥末色等色彩不大鲜艳的作为上班服装，款式以方便、简洁、大方为主，质料比较高档，多以套装为主。

职业服装要努力做到文明着装，即要求着装文明大方，符合社会的道德传统和常规做法。它的具体要求是：

1. 忌穿过露的服装

一般而言，凡可以展示性特征、个人姿色的身体部位，或者令人反感、有碍观瞻的身体隐私部位，均不得在身着正装时有意暴露。胸部、腹部、腋下、大腿，是公认的身着正装时不准外露的四大禁区。在特别正式的场合，脚趾与脚跟同样也不得裸露；在大庭广众之下赤膊，更在禁止之列。

2. 忌穿过短的衣服

不能为了标新立异而穿着小一号的服装，更不能在正式场合穿着短裤、超短裙、露脐装等过短的衣服，这不仅会使自己行动不方便，而且也失敬于人，给他人带来不便和不舒适感。

3. 忌穿过紧的衣服

它使瘦人看起来更单薄、憔悴，使胖人看起来更肥胖，为了展示自己的线条而有意选择过于紧身的服装，把自己打扮得如同"性感女郎"一般，会使别人过于注意自己的性别形象而忽视了自己的职业形象。更不能不修边幅，使自己的内衣、内裤轮廓在过紧的服装之外隐约出现。

4. 忌穿过透的衣服

这种薄纱面料的服装给人以若隐若现的感觉，弄不好就会让自己的内衣甚至是身体的隐私部位"公布于众"，使人十分难堪，容易产生错觉。从心理学的角度来看，它容易引起异性的"道德犯罪感"，令人产生轻薄、浮躁之感。

办公室工作人员不宜穿拖鞋上班，它给人以拖沓、不利落的感觉，尤其是近年来夏天女子的凉鞋有"拖鞋化"的发展趋势，因此更应注重拖鞋的穿着场合。

（四）与环境和场合相匹配

人们穿着的服装与环境和场合一致时，不仅令人看起来非常舒服，而且也体现了对来到这个场合的其他人的敬意。正式场合宜穿礼服、西装、裙装等；公务场合宜穿西装、上班制服等；休闲场合宜穿便装等。

四、空乘服装基本要求

现在各航空公司都有自己的制服，而且都是花费很大精力千挑万选精心制作的，无论是色彩、款式还是质量，都是非常好的，空乘人员着制服，能反映出良好的个人职业形象和令人振奋的精神面貌。

制服也体现了航空公司的形象。客人看着穿制服的工作人员也就是在看公司，因为你就是公司的代表。因此，在穿着制服的时候，要特别注意自己的仪容仪表，使自己的形象、举止符合于制服应表现出的形象。

航空公司发的制服是在飞行中或其他一些特殊情况时穿着。因为制服是经过特殊设计的，所以不允许以任何方式进行修改。由于体重增加或减少，需要对制服大小进行修改的，应把制服送到公司指定裁缝那里。制服必须保持整洁，应干洗制服，保持制服干净如初。不要用手洗或机器洗制服，以防褪色和看起来陈旧。每次航班前，应熨烫衣服，以防有褶。同时检查制服有无损坏、污渍、掉扣、开线等情况，如果发现拉链坏了、扣子掉了或其他问题，应立即进行修理补救。

总体来说，空乘穿着制服要做到整齐、清洁、美观、大方、挺括、得体。穿衬衫时要将衬衫的下部束在长裤、裙里面，在穿长袖衫时，不能将衣袖口卷起，裤子也不能向上卷起，衬衣内必须佩穿白色或肉色文胸；穿制服风衣、大衣时要戴帽子，帽子戴在眉上方1—2指处。注意穿风衣、大衣时系好纽扣和腰带；领带、领结、飘带与衬衫领口的吻合要紧凑且不系歪，工号牌要佩戴在左胸的正上方。

空乘人员的鞋袜要求干净、光亮。女性穿着肉色无破损的丝袜，穿裙子时，袜口不能低于裙子的底边（穿着西裙、短裙时宜穿裤袜，防止松掉下来）。男性应穿与裤子、鞋同类颜色或较深色的袜子。袜子的尺寸要适当，不得有跳线和松弛现象。

每家航空公司的制服都不相同，对着装的规定也各不相同，但相同的要求是规范、整洁。

任何人都有被服务的体会，去一家餐馆吃饭，如果服务人员的衣着干净整洁，会令人自然产生食物也相对干净的概念，越高档次的宾馆餐厅，服务人员的着装就越整齐挺括。

一个小小的细节，会暴露一个人的生存状态或一个企业的管理理念。20 世纪 80 年代初，长筒袜刚刚流行，中国孩子眼中的"街上流行破袜子"，让很多爱美的女士反思，孩子的童言无忌，让人们看到了事情真实的一面，自以为是的美，恰恰成了丑陋。

在航空公司收到的投诉中，旅客有时也会提到乘务员的着装、化妆问题，甚至是"鞋子上蒙了一层灰"、"口红都不抹"、"围裙上都是污渍"等细节问题，服装仪表问题成了佐证旅客认为服务好与坏的有力证据。

第三节　仪表

仪表是一个人的精神面貌、内在气质的外在表现。好的仪表是搞好服务工作的基础。航空业是外国人接触中国的第一窗口，空乘人员更应该重视自身仪表，展现出礼仪之邦人民的风采。

一、空乘仪表基本要求

对空乘人员仪表美的总体要求是：仪容整洁，举止大方，端庄稳重，不卑不亢，态度诚恳，待人亲切，服饰整洁，打扮得体，彬彬有礼。具体要求可以概括为以下方面。

（一）具有良好的个人卫生

勤洗澡，勤换衣袜，勤漱口，身上不能留有汗味或异味。执行航班任务前不能喝酒，忌吃葱、蒜、韭菜、洋葱等有刺激性气味的食物，保持牙齿清洁口气清新。此外，还应注意小节，保持指甲清洁，指甲不要留有黑边，大拇指、小拇指指甲均应剪短；衣领、衣袖要干净；头发清洁，不能有头皮屑，适时梳理；男子的鼻毛应剪短、不留胡子；女子不要穿破损的袜子；要保持鞋子干净、光亮、无破损。

（二）整体效果美观

仪表美应当是整体的美，强调的是整体效果。皮肤白皙，五官端正，令人赞叹；身材修长、线条优美，更是让人羡慕。但仪表美不能仅限于此，仪表美应该是各方面因素的和谐统一，局部的美不等于仪表美。如果抛弃自身的特点去模仿别人，就会俗不可耐。同时还要注意和自己的言行举止、个人修养等应与自己的职业、身份、年龄、性格、体形相称，与周围环境场合相协调，讲究整体和谐效果。

（三）追求秀外慧中

仪表美必须是内在美与外在美的和谐统一，要有美的仪表，必须从提高个人的内在素质入手，"诚于中而形于外"。如果没有文明礼貌、文化修养、知识才能这些内在素质作基础，所有外在的容貌、服饰、打扮、举止，都会让人感到矫揉造作，很不舒服。在个人道德、情操、智慧、志向、风度等方面大打折扣，这样只能让人感到"金玉其外，败絮其中"。

二、空乘仪表具体内容

有些人认为化妆是一种人工美，不够自然。其实，化妆原本的目的就在于强调脸部的优点、掩饰缺点。这就如同有客人来家中拜访时，你一定会把家里打扫得干干净净。同样的，出门时你也应该以经过修饰的美丽的脸孔来面对他人，化妆是很自然的事情。

有人认为女性高明的化妆技巧显露出的只是外表，与女性所具有的内涵和其自身的能力无关，但事实上，化妆也是展现女性生活和工作能力的手段之一，因此切不可掉以轻心。

比如在涂基础化妆水时，应该连发际都涂到。如果涂得不匀，那就是大而化之的作风，这种女人在工作中很自然也会给人粗心大意的印象。当然，以化妆的好坏来评论女人能力的高下，确实有失偏颇，但女性的妆容也确实能从一个侧面透露出女人的个性信息，相信没有女性会愿意被别人视为邋遢不整的女性，所以还是在化妆上下点工夫为好。

在有暖气设备的办公室，或有寒气及紫外线侵袭的地方，女性尤其应当注意，因为寒气、干燥及紫外线照射等因素都是皮肤的大敌。皮肤受到伤害后会产生黑斑、雀斑，因此千万不要疏忽了皮肤的保养工作。

要保养好自己的皮肤，女性首先应该注意化妆，因为它可以保护你的皮肤。使用油性的化妆水，可以防止水分的蒸发及紫外线的直接照射，如果你必须时常与阳光接触，就更应时常予以涂抹，这样才能防止皮肤变黑及出现雀斑。

女性化妆时应注意的几个方面：

1. 化妆应与自己的身份、精神面貌相协调，这样才有助于塑造和维护良好的个人形象。不要脱离自己的社会角色定位，不要专门追求荒诞、怪异、神秘的妆容，或者有意让自己的化妆出位，而产生令人咋舌的效果。

2. 化妆不仅应随季节的变化有所不同，而且白天和晚上也应该有所不同。白天，在自然光下，一般女性略施粉黛即可，职业女性的工作妆也应以淡雅、清新、自然为宜。参加晚间娱乐活动的女士则宜化浓妆，用一切科学的化妆手段，使容貌明艳靓丽、光彩照人，这也是尊重宾客的表现。

3. 化妆时要保持心情愉快稳定，才不至于出错。如果你能怀着一种享受而愉快的心情来化妆，必定会达到极好的效果。

具体来说，女性在化妆时要注意从以下几个方面着手。

（一）化妆要从"头"开始

空乘人员的头发要常洗常梳理，正常情况下 2—3 天洗一次头发，油性头发每天都要清洗。使用一些护发素，能保持头发的柔软、易梳理。如果发质干燥、变黄，可以通过焗油来使头发增加营养素。空乘人员的发型要大方得体，适合自己的脸型、制服的款式、颜色以及个人的风度，不能留奇异、新潮的发型，更不准染异色头发。女性不留披肩发，并要注意头发不遮脸，前额的刘海可以卷曲也可以是直发，但不能长过眉毛，如果头发比较长，应扎起或盘起，发饰的颜色也要选用深色，并与头发的颜色保持一致，此外还要注意发饰不要用在明处，不要使用可能伤人的硬性发饰，应用发网等软性发饰。男性鬓发不盖过耳部（不得留鬓角），背面头发不能触及后衣领，不留长发，但也不要留光头，也不得烫发。

衣服是女性的脸面，头发是女人的心情，衣服的好坏有时只是虚荣的表现，头发的面貌却是女人生活态度的反应。

发型是女人的标识，因为发型能表达出女性的特性，是女性心灵和行为的指向。女性选择发型最重要的目的不是美丽，而是一种需求。作为女性要明白你现在最需要什么样的形象，最需要表达什么样的特性，然后去选择你需要的发型。

有人说：形象设计从"头"开始。发型变了，女人的形象标识会随之改变。

选择发型时，要考虑与个人的气质、服饰、年龄相协调。另外，脸型轮廓和你的职业特点是特别需要考虑的，切忌盲目模仿所谓的流行发型，有时即使是很时尚的发型也会和你的职业不协调。

一般来说，人的脸型主要分为4种：圆形、椭圆形、长形和方形。无论属于其中哪种脸型，都会有一种适合的发型。不管头发是弯的还是直的、还是介于两者之间，对其进行适当的修剪和卷烫，都能在一定程度上弥补脸型和身材的不足，达到预想不到的效果。

圆脸型的人，可以采用6：4比例的偏分发型，这样可以使脸型看上去显得窄一些。

长脸型的人，可以采用7：3比例的偏分发型，或者还可以更偏一点，两侧的发卷尽量柔软蓬松，使脸型看上去显得宽一点、短一点。

脸型偏方的人，可以选择中分或4：6偏分发型，头部正面的头发尽量松软些，以露出耳朵以下的面部轮廓。

女性改变自身形象、精神面貌的直接方式是改变发型，变换发型也是女性达到塑造自身新形象的一条捷径。

头发就像化妆一样，对全身的整体效果来讲，是整体效果的一个重要点缀，要想让发型成为点睛之笔，就要让头发的风格与你的形象一致。

选择发型时应注意：

1. 头发的长度与年龄成反比。当年龄增加、职位升高后，你的头发要相应地剪短。清爽干练的短发会令你更加具有职业女性的风采。

2. 找好的发型师给你做头，不要怕花钱。低档、廉价的发廊里不可能找到手艺高超的师傅。

3. 如果你已经开始有白发，要染色。灰白的头发在男性那里，是魅力、高贵的象征，但在女性这里，却赢不到任何的赞美。

（二）用粉底修正脸型

在很多人看来，鹅蛋脸应该是比较标准的美女脸型。可是，每个人的脸型各有不同，而拥有标准的鹅蛋脸型的女人更是少之又少。因此，女性化妆的时候需要有针对性地修正自己的脸型。修正脸型，就是通过面部各个部位的化妆修饰呈现出一个较为完美脸型，用粉底修正脸型是其中最有效的方式。

用粉底修正脸型就是用几种颜色深浅不同的粉底，来制造出面部立体的阴影。一般在修正脸型的过程中需要用到三种最基本的粉底颜色：肤色、浅色、深色。

肤色，就是人体皮肤本身的颜色，或是你用在脸上打底的最基本的粉底的颜色。

浅色，比皮肤或是打底的粉底色浅1到2号的颜色，用在想要掩饰凹陷的地方。

深色，比皮肤或是打底的粉底色深1到2号的颜色，用在想要掩饰凸出的地方时。

人们的脸型一般分为7大类，针对这7类脸型有不同的修饰方法。

标准脸型。这种脸型又叫鹅蛋脸，其特征是额头比较饱满，颧骨不明显，脸型长短宽窄都适宜，由上额至下巴可以等分为3部分：发际下至眉头；眉头下至鼻头；鼻头下至下巴。

标准脸型修正起来最简单，只需要在面颊部稍微加上深色的粉底并在鼻梁和额头上稍微加上一些浅色粉底，便能增加脸型的立体效果，使脸型更明显，轮廓更完美。

圆脸型。中国的女性中最为常见的脸型就是圆脸型，圆脸型的特征是下巴和发际线都呈椭圆形，面部给人扁平感。这种脸型太宽太圆，不具有立体感。虽然能给人可爱的感觉，但没有成熟感。对于这种脸型的修正重点在于腮部和额头两边。用深色粉底在这两个部位纵向打底，而下巴和额头中间用浅色粉底修正，使其感觉修长一些，也显得有立体感。

方脸型。这种脸型的线条较直，上额宽大，面颊也宽大，下巴却显得短小。看起来方方正正的，缺乏女性的温柔感。修正这种脸型可以在宽大的腮部和上下额两边用深色粉底打底，额头中间和下巴加浅色粉底，将脸型修正为椭圆形脸型，这样显得脸型修长，也能表现出女性温柔的一面。

长脸型。长脸型也就是通常所说的"目"字脸型。其特征是脸部比较狭长，上额头与下额等宽，有的表现为额头长，有的表现为下巴长。给人的感觉是宽窄不明显，不够柔和。修正这种脸型，应该在额头和下巴部位加深色粉底，在腮部用浅色粉底，修正脸型的长度，使其变得适中，这样使女性看起来会秀气一些。

正三角脸型。这种脸型的特点就是像个三角形，上窄下宽，额头狭小，腮部却宽大，这种脸型比较少见。为了弥补这类脸型的缺陷，应该在腮部较宽的地方用深色粉底打底，使之看起来有凹陷感，达到收缩视觉的效果。再在狭窄的额头和下巴部位上浅色粉底，使之饱满突出。修正后的脸型会变得柔和。

倒三角脸型。也就瓜子脸，这种脸型具有上宽下窄的特点，额头宽，下巴尖，下半部分脸显得较瘦，整体显得比较尖。这种脸型往往给人以忧伤的感觉，也显得柔弱，楚楚动人。修正这种脸型应该在额头、下巴、颧骨以上的部位用深色的粉底，颧骨以下部位、腮部消瘦的地方用浅色的粉底，使整个面部看起来较为丰满、明朗，显得秀美。

菱形脸。这是一种很有特点的脸型，额头窄小，腮部消瘦，颧骨较高，下巴较尖。整个脸型显得尖锐。修正这种脸型的重点在于，用深色的粉底颜色掩饰过高的颧骨和过尖的下巴，并在额头和腮部用浅色的粉底，使之显得丰满。这样，整个面部看起来就会比较柔和。

在修正脸部的时候应该注意：

脸部的 T 区域，鼻尖容易出油，粉底应少涂些。鼻梁处的粉底要涂厚些，这样会使脸部更富立体感。鼻子周围，特别是鼻翼附近，因为油脂分泌旺盛，涂粉底的时候应该特别注意。另外，注意不要忽视眼睑、鬓角、发际、耳朵以及脖子部位。

注意上粉底的时候应该逆着汗毛生长的方向，才会显得均匀。不要试图用较浅的颜色来改变肤色，那样会令皮肤显得很不自然。使用亮度、明度较高的接近自己肤色的粉底，可以使皮肤显得白皙透明。如果不是肤色特差或是化晚妆，尽量不要在整个脸上用粉底。

初学化妆的人手指动作不太熟练，可以借助化妆海绵。上完粉底以后可以用喷雾把海绵喷湿，然后轻拍除了 T 区以外的整个面部，这样会使整个粉底更加均匀、服帖。

要学会至少用两种以上的颜色打粉底，这样才能使面部显得有立体感，也能更好地修正脸型上的不足。

（三）眉毛的修饰

眉毛就像是整个眼妆的灵魂，决定着整个妆容的成败，但许多女性不善于对眉毛进行化妆。其实，只要把握诀窍，每个女性都可以轻松修出亮眼的眉毛。

不要吝啬在修眉工具上的投资，修眉之前应该先选一副好用的修眉钳，然后用眉梳把眉毛向下一边梳理，再向上一边梳理，同时除去不齐的眉毛，然后再次把眉毛梳理成型。双眉之间的小细毛要拔掉，但千万不要拔眉毛上面的杂毛。拔眉时把皮肤拉平，然后一根一根地拔眉毛，用眉钳夹紧眉毛的根部，朝着眉毛的生长方向拔，这样才不会把眉骨上的皮肤拉松。

下一步的工作是决定眉峰的位置：用直尺垂直放在眼前，瞳孔外侧的上方应该是眉峰，这样位置应该是最完美的。长脸型女性，可从眉毛的上方拔，避免眉毛太弯；圆脸型女性，则宜先用浅色的遮瑕笔画出眉型，然后再拔。修眉的时间最好在睡觉之前，如果修眉后的皮肤有些发红的话，睡一觉，第二天就没事了。

如果你想加深眉毛的颜色，也要用与你头发本色相似的颜色来画眉，这样画出来的眉毛才自然、不做作。用眉笔画眉毛的时候，要像画羽毛似的一小笔一小笔地画，每一笔都不该长于你自然的眉毛。从眉头的部分开始向眉梢画，然后用小刷子或者手指把颜色分开。另外，也可以用海绵头化妆棒沾上与你头发本色相似的颜色，沿着眉毛的形状对眉毛上颜色。

眉型对于女人的美貌可说是有着举足轻重的影响力，选对了眉型，能立刻弥补脸型的缺点，让人眼前为之一亮。如果你对自己的脸型不太满意，建议你换个发型、修饰一下眉型，马上就会气象一新。

对于方脸型的女性而言，如果要想修饰眉毛，不妨试试上扬眉。上扬眉属于强调弧度的高挑眉型，刚好掩饰了方脸型人稍嫌严肃的缺点，这个眉型能将方脸型的脸变圆了。

这种脸型画眉的诀窍是，从眉峰描画到眉尾时，必须将线条慢慢地减细，并且顺着眉型微微上扬。最重要的眉峰部分，用眉笔将眉峰的弧度勾勒出来，让眉型的曲线更立体。要注意的是，两眉之间最好保持一点距离，两眉距离太接近会使五官显得太集中，这时可以拔去少部分眉头的眉毛，以增加两眉之间的距离。

对于长脸型的女性而言，一字眉是最佳的眉型选择。

两道一字眉横在脸上，直直的线条仿佛能将脸分成上下两半似的，使长脸型的女性看起来脸不那么长，两颊也因此显得圆润一些。而那种高挑眉，虽然时尚，但却会使长脸型人的脸看起来更长。

对于倒三角脸型的女性来说。自然眉就是最好的选择。

下巴比较尖的倒三角脸型是所有问题脸型里最幸运的了，因为可以选择的眉型相对较多。不过因为倒三角脸型线条较直削，采用上扬眉型会使这类脸型的女子脸部线条感觉过于刚毅，给人不容易亲近的感觉。因此，对这类脸型的女性一定要避免将眉型修成上扬眉，而略带弯度的自然眉型，可以缓和脸部的线条，使脸部显得柔和，非常适合倒三角脸型的女性。

所谓的自然眉型就是整个眉从眉头到眉毛，呈现缓和的自然弧度。因为眉型没有突兀的眉峰或是上扬的首尾，因此画时只要顺着眉毛生长的形状描绘，就能将眉型自然地轻易画出。

对于圆脸型的女性来说，高挑眉会让脸变长，一字眉会让脸显得更圆。弓型的高挑眉最适合圆脸型的女性，它高挑的弧度恰好在圆脸上拉出适当的距离，让圆脸型人脸部的五官不那么集中，也使得脸显得被拉长了，整个脸型也更具立体感。

本身眉型就很高的女孩，只要顺着自己原来的眉型稍微描画就很完美。如果你没有天生的弯曲眉，将眉毛后半部分完全剔除，靠着手工技巧，也可以画出让你自傲的时尚眉型。

在修饰眉毛时有一些小窍门：

拔眉前可用温水敷眉，让毛孔张开，可减轻拔眉的痛楚，使眉毛较易拔出。拔眉后，可用手指按压已拔掉眉毛的位置10—15秒。

外出前最好避免拔眉，因为拔眉后可能会出现轻微的红印。如果眉毛太长，可用眉剪来略为削短，也可用透明睫毛液或眉毛定型液来定型。

线条硬朗的眉毛会令人误会你难以相处，在画眉时由下到上的动作会使整个眉毛的效果看起来更柔和。

眉粉比眉笔容易控制，适宜新手用。

无须买特别贵的专业产品。把滋润液、秀发美容液或者滋润唇油梳在眉毛上，那些立起的眉毛就服帖了。不要丢掉用完的旧睫毛膏棒，清洗干净后可用来梳理修好的眉毛。

（四）关注眼睛的化妆

每个人眼睛大小各异，又有单双眼皮之分，不同的眼型有不同的画眼妆的方法。

眼睛比较大的人在画眼妆时，为了不使眼睛显得过大，眼影的颜色一定要涂得越淡越好。上眼皮沿着眼圈淡淡地抹一层眼影膏，画到眼角为止；下眼皮颜色要涂得比上眼皮更淡。平常不必描画眼线，只需要淡淡地擦一层眼影，不可以描黑眉毛。这样的化妆十分自然柔美，上班或外出旅游都很合适。如果赴宴或是特殊场合，可在眼睛两端，描画两条极细的眼线，就会十分美丽动人。

眼睛较小的人在化妆时，可以用绿色系、茶色系的眼影膏，在眼圈外侧浓浓厚厚地涂上一层，使眼睛显出一种朦胧美，切不可涂用太过鲜亮的眼影膏。为了使眼睛显得较大，应特别描画眼线，眼线的长度应超过眼尾，色宜粗浓，眼角部分稍稍描高。

眼睛有些浮肿的人在画眼妆时，可以用经常色系、茶色系的深色眼影膏，很明显地抹在眼圈四周，将眼皮中央部分涂得特别深，特别浓，再向外侧慢慢抹淡涂匀。上眼皮的眼线要从离眼角三分之一左右的地方开始描画，下眼皮则只留眼头三分之一的地方不画，其他地方到眼角为止，可描一道深浓的眼线。

对于凤眼型的女性来说，凤眼本来就很迷人，因此不用涂抹太深浓的眼影膏，只要在上眼皮的中央浓浓地擦拭一层，然后向外侧抹匀即可。眼头及眼角部分不必描画眼线，中央部分只要沿着眼皮上仔细地画上两条眼线即可。

对于双眼皮型的女性来说，在画眼妆时要先在上眼皮的最低层抹上一层黑色的眼影，中央部分再涂上茶色系的眼影膏，在眉角的上下部分，涂上黄、白、粉红、象牙等鲜亮颜色的眼影。在上眼皮处，轻淡地描出一条眼线，下眼皮留三分之一部分不画。上眼圈画黑色眼线，下面抹出淡茶色、短细的一条眼线。

对于单眼皮型女性来说，如果特意画成双眼皮，看起来反而不自然。如果在暗黑色的眼影上，再涂上一层茶色系的眼影，眉毛擦上一些鲜亮色彩的眼膏，就会非常美丽迷人。下眼皮的中央部分涂上一条深浓的眼线，会使眼睛看起来格外大而明亮，上眼皮在距眼睛三分之一左右的地方，描画眼线，眼角可微微提高。眼妆必须修饰得有阴影层次，夜间涂眼影膏时，不妨使用较浓的颜色。

涂眼影注意事项：

涂眼影要注意色彩要均匀、左右眼要对称，新手可先从基本的本色及画法开始练习，等到得心应手后，就可以根据场合的不同以及自己的心情尝试使用各种不同的画法了。

画眼线时要尽量使长度接近睫毛尾端。注意不要把整个眼睛都画上眼线，这么做不但会让眼睛看起来小，给人的感觉也会比较沉闷。

不要买一款和你眼睛颜色一样的眼影。只有对比，才会让你的眼睛看起来更有神采。

女性最好选择有很多小块颜色的眼影盒，因为这样的眼影盒可以让女性有更多的选择。

对于东方女性而言，抹眼影时可以在内眼角用浅色，外眼角用深色；内眼角从下向上抹，外眼角从上向下抹，这样可以增加眼部的立体感。

（五）学会涂口红

女人要花时间打理自己，把最美的形象展示给别人。女人总是以美丽的内心和外表为荣，只要懂得自我欣赏，就会花时间让自己看起来更漂亮。对于一些女性而言，如果早上起得太晚没有时间化妆，实在是一件很糟糕的事情。

对于女性来说，没有化妆就上班，等于还没有做好上班的心理准备；一张无精打采的脸，也会让周围的同事感觉不愉快。所以，女性要想给人留下好的印象，就要始终注意自己的化妆。如果没有时间进行化妆，那至少也该涂上口红，因为只要口红一涂上去，人看起来就会精神许多。口红是每个女人都应该随身携带的化妆品，它让女人瞬间就变得容光焕发。而对于不懂化妆的男人来说，当他们一看见女人涂了口红，便会认为这个女人化了妆，而你就可以蒙混过关。

建议女性在涂口红时要注意以下几点：

如果服装的颜色是两种以上的颜色组合而成，那么与之相配的口红颜色应与主要色调保持一致，这样可加强色彩的整体感与感染力。另外，在多数情况下，口红的颜色在冷暖色调上也要与服装保持一致。

为了避免喝水之后口红粘在杯沿上，可以在涂过口红后，使用纸巾在嘴唇上面轻压或在还没有喝水以前，稍微以舌头舔一下嘴唇，就不会把口红粘在杯沿上了。

女性外出归来后应立即洗掉口红，并在嘴唇上涂上油质，因为过度使用口红会引起唇部皮肤粗糙。双唇的皮脂分泌本来就比较少，在干燥的冬天使用口红更容易引起唇部皮肤粗糙，所以，要注意为唇部补充油质。

在口红的颜色选择上，粉红色的口红是最佳选择，因为从古到今，人们一直都喜欢粉红色的有如婴儿般鲜嫩的红唇。同时，若以男性的审美眼光来看，粉红色的嘴唇更是表现女性魅力的理想颜色。因此，要表现年轻的气息，粉红色可以称得上是口红颜色的最佳选择。

（六）保护好双手

空乘人员在为乘客服务时经常需要用手和乘客接触，因此，空乘人员的双手和指甲都应该保持清洁、卫生。指甲要注意经常修剪与洗染，保持指甲的清洁和美观，不得留长指甲。一般情况下，指甲的长度以从手心看不长过指尖2毫米为宜，过长指甲容易断裂。可以对指甲染色，染色指甲的长度不超过手指尖5毫米。指甲油的颜色要与所用化妆品和制服的颜色搭配协调。乘务人员如有吸烟的习惯，要避免手指上沾有尼古丁的痕迹。

空乘人员要常洗手，洗手后要注意使用护手霜或护肤液，以保护双手皮肤的润滑和美观。

空乘人员可以带手表，但手表设计应保守简单，表带是银色、金色的金属或皮制表带，颜色限制在黑棕、棕褐、蓝、灰等色。

戒指可戴两枚，设计简单，镶嵌物直径不超过 5 毫米。

耳针只能戴一付，式样和形式相对保守，镶嵌物直径不超过 5 毫米。

无论女人的面容保养得多么好，当她露出一双粗糙的手时，自然而然地就泄露出女人的生活品位和生存状态。

那么如何保护好自己的双手呢？一般来说，在美容院里有两种产品，即复合素手膜和手蜡。复合素手膜由于含有丰富的维生素，所以，可以在滋润肌肤的同时起到美白作用。而手蜡滋润效果也很明显，它会使双手感觉温暖湿润，最适合在寒冷干燥的冬天使用。如果你在家里，可以用柠檬汁、蜂蜜、蛋清按照 1∶1∶1 的比例调和成糊状，然后把它敷在手上 10～15 分钟，再用温水洗净。这些东西有漂白和收紧皮肤的作用，长期坚持下去，一样会让你的双手白皙嫩滑。

在日常生活中，要使双手漂亮，洗手的时候就应该用冷热水交替使用的方法。这里说的热水应该是温水，因为过热的水会使皮肤缺水而干燥，过凉的水又不能完全洗净手上的污垢。冷热水交替，既可洗干净手，又可以收缩手部毛孔，加强手部皮肤弹性。

人手背上只有很少的皮脂腺，由于皮脂腺较少，因此手背肌肤很容易变得很干燥，一个聪明的女人身边会常备护手霜的，每次洗手后都要涂上护手霜，及时补充水分和养分。市场上常见的高品质的护手产品，你都可以放心选择使用。如果手背紧绷，出现了小细纹，就要选择性质温和的产品，比如含有甘油、矿物油、羊毛脂等滋润成分的产品。如果发现双手出现瘙痒、脱皮现象，就要选择那些含有薄荷、黄春菊等舒缓成分以及含有矿物质、甘油等滋润成分的产品。对手部进行护理的最佳时间是在晚上，睡前涂上护手霜，然后带上一副薄薄的塑料手套，更有益于肌肤对营养成分的吸收。

在保护手部的同时，不要忘了漂亮的甲妆。虽然甲妆有时只是陪衬整体造型、搭配唇彩，成为相互辉映的配角，但有时它却能对整个妆容起到很好的作用。

指甲油的颜色选择要根据服装及口红的颜色来选择，一定要选同一色系的，否则会令你整体妆容不够协调自然。但是如果你服装的颜色经常换，那么建议你选用浅色、金属色或米色系的指甲油。如果你手的颜色比较暗，可以选择较深的颜色来衬托肤色。

指甲油能使手部美丽，但许多人也都担心指甲油所带来的伤害。那么如何恰当地运用指甲油呢？下面是一些涂指甲油的小窍门。

在涂指甲油前，最好先涂一层护甲底油，以保护指甲的健康，同时也可以让指甲油更容易上色，此外，还可以使指甲油在指甲上停留较长时间。

指甲油的颜色越深，对指甲的伤害也越大，更容易使指甲变黄，所以最好每涂抹 2～5 天，就让指甲休息两天。

涂指甲油的技巧是先涂指甲幅面的中间，从指甲底部涂一道指甲油到指甲尖，然后再涂两边，这样可以避免一般最常发生的厚薄问题与不必要的修改。

涂指甲油可增添女性的美感，但同时也会给指甲带来一定程度的伤害，所以当你选购指甲油时，不要贪图价格便宜。选择低质产品，更要避免选用含甲醛成分的指甲油。

卸指甲油的卸甲水，也是伤害指甲的元凶之一，它所含的丙酮成分，会让指甲的角质层因干燥而变得粗糙及脆弱，所以当你卸完指甲油时，记得一定要擦保湿乳，以维持指甲的健康。

由于仿真指甲的整个制作过程较为复杂，若制作中稍有不慎使器械消毒不彻底，便容易使指甲感染细菌、病毒，也有的人对人工指甲的材料过敏。不仅如此，长期粘贴、使用仿真指甲还会影响自然指甲的正常呼吸及生长，使指甲变薄、强度减弱，所以从保健的角度考虑，还是少做仿真指甲为妙。

生活中如何注意手部的保养？

手部接触洗洁精、皂液等碱性物质后，可以用几滴柠檬水或食醋涂抹在手上，用以去除残留在肌肤表面上的碱性物质，然后再抹上护手霜。

根据手部皮肤的不同，选用不同类别的护手霜。如含甘油、矿物质的润手霜，适合干燥肤质；含天然胶原及维生素 E 的护手霜，适合因劳作而粗糙的肤质。

不要用面霜代替护手霜。因为手比脸需要更多的滋润，面霜虽能被快速吸收，但可能无法对双手形成有效的保护膜。

看电视或是双手休息的时候经常做做手指操和手部按摩。可以模仿弹钢琴的动作，让手指一屈一张反复活动，如此反复做下来，既可让手部的关节变得灵活，又能使手型看上去很美。

人的身体一旦缺钙或是缺铜，指甲立刻会失去光泽、脆弱、容易折断，而奶类、豆类制品、海产品和绿色蔬果中含有丰富的钙，动物肝脏、贝类、坚果类、豆制品和深色的蔬果则含有丰富的铜，女性要注意多吃这些食物。

（七）关注自己的表情

多数的女性在对着镜子检查妆容时，总是一本正经、非常仔细地去看。用这样的表情来检查自己化妆化的效果是很不恰当的做法。

因为你与别人接触时，一般不是一副一本正经的表情。当你与人交谈时，不仅眼睛要动，嘴巴也要动，别人眼中的你也不该是总板着脸的你。所以，如果以比较正统的表情来检查化妆，显然是不合适也不恰当的。所以，当你化完妆后，不妨对着镜子说说话，看看自己的表情，这时，你也许会发现自己眉毛的动作似乎很奇怪，或者是明明画好的唇型，在说话时却变得扭曲了，甚至于在笑的时候，眼角还出现了很深的皱纹等，所以，在化完妆后，如果能在距离镜前 5 米的地方外审视自己，就如同看到他人眼中的你，这才是检查自己化妆好坏的最佳方法。同时，距离较远一些，对于脸部妆容整体的平衡也能作出较正确的判断。

这个道理与发型判断是相一致的，只有站在远处，你才能看出发型与身体的比例是否均衡、协调。

（八）注意补妆

女性化妆要有始有终，要注意维护妆容的完整性。化妆后要常做检查，特别是休息、用餐、饮水、出汗、更衣之后，要及时自我检查妆容；如果发现妆容残缺，要及时抽身补妆，切莫以残妆示人。

同时，如果不是淋了倾盆大雨而使化妆全部脱落，或者是在布满灰尘的仓库里工作而非洗脸不可，否则实在没有完全卸妆、重新化妆的必要。那些在学习或工作中常常跑到化妆间补妆的女性，即使能整天保持一张美丽的脸孔，也不能称为称职的职员。

一般而言，油性皮肤比干性皮肤更容易脱妆，所以补妆的次数也要因人而异。不过，通常还是以早上化好了妆，中午、傍晚补两次妆为最好。当然，补妆并非要把脸部的妆全部洗掉，重新再化一次，而是用吸油纸轻轻地把浮在脸上的油脂吸掉，再扑粉、涂口红即可。至于花费的时间，也就在 1 分钟左右。

若是脸上的妆并未完全脱落，补妆的工作自然就较为省事。傍晚补妆时要注意，因为要掩盖工作后的疲劳，故需要涂上腮红，这样使人看起来更具有年轻的活力。

一般认为，化妆属于个人私事，只能在无人在场的情况下悄悄进行。修饰时要避人，这是一条重要的礼仪原则。所谓修饰避人，是指维护仪容仪表的全部工作应在"幕后"进行。在公共场合化妆，会显得缺乏修养，是既不自信也不尊重他人的表现。

一般而言，较易脱妆的部位是额头与鼻子的 T 形区。另外，双眼皮人的上眼睑，泪腺发达的人，或是眼角有鱼尾纹的人，都要格外注意这些部位是否有脱妆现象发生。

（九）注意防晒

女人美容的首要秘密是防晒。不管是冬天还是夏天，也不管是晴天还是雨天，女性每天都要注意防晒，涂防晒霜应该成为女性的第二天性。要注意在自己的手袋中、办公室抽屉中、汽车内备有防晒霜。所有的女人都不要忘了手背、脖颈、前胸以及腿后部等部位的防晒，这些地方最可能暴露在阳光下，又最容易被忽略。许多女士认为不必一年到头天天用防晒霜，实际上这种认为是错误的，女性应该天天用防晒霜，即使是冬天或阴天也要用。

要是阳光非常强烈，千万不要忘了把衣袖拉下来遮住双手，提醒自己戴帽子和墨镜。

把皮肤晒成棕褐色虽然能潇洒一时，但是皮肤却因此受到了损伤。待褐色褪去后，皮肤受到的伤害依旧存留，到头来可能令皮肤未老先衰或更惨——造成皮肤癌。随着女人一天天成熟，你要想尽办法说服自己用防晒品。如果不注意，当你人到中年的时候，尤其在充足的阳光下生活了几年之后，你就会知道阳光对女人皮肤有多么大的伤害。

对于防晒品的选择，最好选择了解皮肤保护知识和有多年研究开发经验的公司的产品。另外，根据个人肤质不同，选择防晒产品时也要有所区分。油性肌肤宜选择渗透力较强的水性防晒用品，千万不要使用防晒油、隔离霜类的防晒用品；干性肌肤宜霜状的防晒用品；中性皮肤则无严格规定。

防晒霜要每隔 2—3 小时涂抹一次，游泳或出汗后防晒霜的涂抹次数要多一些。

不要太吝啬防晒霜。出门之前 30 分钟，提前涂抹防晒霜，要将面部、脖颈、双手都涂上防晒霜。

要挑选既防紫外线长波 UVA 又防紫外线中波 UVB 的"广谱"防晒品。UVA 是使皮肤衰老的光线，导致皱纹与早衰。UVB 是"灼烤"光线，会伤害人的皮肤，造成皮肤癌。

要学会查看防晒品的成分。比如不含锌氧化物或 parsol 1789 就不能恰当地保护你的皮肤。

有色防晒品可有效显示被你忽略的部位。

别用去年夏天的防晒品。防晒品一旦打开，保质期只有 6—8 个月。

夏天至少用防晒系数 SPF 值为 30 或以上的防晒霜。

（十）如何使粗大的毛孔变细

女性美丽的肌肤细嫩光滑，几乎看不见毛孔。但很多女人面对镜子梳妆打扮时，看到的却是一张像月球表面似的凹凸不平的脸，这时真不知道是该咒骂镜子还是该迁怒于自己的这张脸。

毛孔是皮肤上细小的开口，里面含有毛囊、汗腺及皮脂腺，这个开口就等于是皮肤的分泌排泄管道，它的作用就是分泌油脂。面部、鼻子、脸颊、下巴处的皮脂腺较为发达，这些地方的毛孔较大，如果这个开口不够大，皮脂腺无法良好地分泌而被堵塞在毛孔里，就会引起痤疮和其他皮肤问题。

对于很多女性来说，毛孔粗大是她们的心头之痛，总会想方设法地使毛孔变细，但很多女性采用的方法不恰当，反而给肌肤造成损害。

虽说遗传是造成毛孔粗大的原因之一，但是从肌肤变化的角度考虑，后天利用有效措施正确处理毛孔问题更显得尤为重要。

千万不要挤黑头、痤疮，这样会使毛囊破裂，导致因毛孔变大而留下永久疤痕。要避免日晒，阳光造成的伤害会形成黑头、痤疮，使毛孔变大，而日晒造成皮肤老化也会体现在毛孔上，所以要养成涂防晒霜的习惯。痤疮会使毛孔看起来更加明显，所以女人要注意保持肌肤清洁，选用适当的洁面用品。不要过于频繁地去角质，那样会刺激皮肤产生更多的油脂，皮脂腺分泌增多，会使毛孔变得越来越粗大。使用一些泥状面膜可清除脸上一些油脂，让皮肤变得清爽，也会让毛孔暂时变得小一点。

由医生实施美容治疗，包括清除黑头粉刺，是清除毛孔堵塞物的一个选择；由医生使用乙醇酸来进行轻微脱皮处理，可清除堵塞毛孔的无用物质，让毛孔看起来小一点儿。

如果这些方法还不能让毛孔变小，那只能想方设法来掩饰毛孔，用正确的化妆方法就可以产生这种神奇效果。

使用较湿润或半湿润的化妆品会反射光线，使你的毛孔看起来更明显。所以应选用不发亮、粉质的化妆品，不易反光，让毛孔看起来也不会太明显。

毛孔较大的女性应选用水性的滋润用品。如果滋润品太浓，将难以把粉底涂匀，会显露毛孔粗大的缺陷。可用水性的粉底霜，用海绵扑吸去多余的油脂，让粉底平滑、持久。

对毛孔粗大的人来说，若总是用很热的蒸汽来蒸面，会使皮脂腺分泌亢进，增加罹患痤疮的机会，毛孔有可能变得更大。

频繁地做面膜，会使肌肤变得干涩。面膜可以一周做一次，而且要根据自己的肤质（是干性、油性还是混合性）来选择合适的产品，如果是敏感性肌肤，最好还是少做面膜为宜。

收缩水并不能从根本上解决毛孔粗大的问题，它只能暂时收缩毛孔。所以，只适宜在少数重要的场合（如约会、拜访、参加派对等）使用收缩水。反复使用收缩水只会使皮肤变得干燥、脱皮，显得衰老。

（十一）皮肤的护理

空乘人员经常在较高海拔上空进行长时间飞行，会受到危险水平的太阳电磁辐射，因此更应该注意皮肤的护理和保养，在皮肤护理时，要进行如下步骤：

1. 确定自己肤质

了解自己皮肤的特点是进行科学有效的皮肤护理的第一步。皮肤一般分为中性、干性和油性三种性质，皮肤的性质可以自己测定，测试方法是晚上睡觉前用中性洗面奶清洁皮肤，洗后不使用任何化妆品，在第二天清晨用面纸巾擦拭前额及鼻部，若纸巾上有大片油迹，即为油性皮肤；若只有一点点油迹，即为干性皮肤；介于两者之间的为中性皮肤。

2. 选择适当的化妆品

选择适当的化妆品，不仅要根据自己皮肤的性质来选择，还要注意选用正规渠道生产销售的名牌化妆品，使用前要先进行过敏试验。过敏实验的方法是取一点化妆品涂在前臂内侧，每天两次，连续涂三天没有异常说明对该化妆品不过敏。一旦确定适合自己的化妆品后注意不要频繁更换品种；在使用化妆品时要顺着皮肤的构造涂抹，即需要渗透入皮肤细胞的营养性化妆品，应当自下而上均匀涂抹，同时加以按摩；而只需附于皮肤表面的粉底和胭脂，则应自上而下涂抹，否则就容易长痤疮。

3. 皮肤保养八要诀

注意皮肤的平时保养是皮肤护理中最重要的部分。皮肤保养要注意以下几个方面：一是让自己拥有和保持乐观的情绪状态，不管是忧愁困惑、工作不顺，还是身体不适、人际关系不畅，都要想方设法让自己微笑，让自己高兴。心情好才是真正的好，心情好了，皮肤也就好了；二是保证充足良好的睡眠，睡前要把脸洗干净，保持卧室的良好环境，要注意经常变换睡觉姿势；三是多喝水，每天至少2000毫升，使皮肤保持充分的水分；四是合理安排饮食，多吃富含维生素和微量元素的蔬菜，如黄瓜、西红柿等；五是注意防晒，防止紫外线对皮肤的破坏，其保护方法因人而异；六是每天坚持"放松"10 分钟，即平静地躺在床上，让脚的位置高于头的位置，全身放松，可以听听音乐，不思考问题，这样可以增加面部血液供应，加速新陈代谢，从而达到美容的效果；七是坚持每天一次的冷水浸透脸部（或用水花喷在脸上），每次浸透约 20 分钟；八是每周使用一次面膜。

4. 去除不良习惯

保护皮肤，要注意去除一些不良习惯。如偏食，偏食会造成营养不均衡。同时也要注意一些细微的不良习惯，如偏嚼、舔唇和抓耳挠腮、挖鼻孔、咬手指、吹口哨、扬单眉、蹙眉或咂嘴等习惯，这些不良习惯不仅让人感觉难看，也会造成脸部皮肤的损害。

正常人体皮肤的角质层通常含有 10%—20% 的水分，以维持皮肤的弹性和柔软性。皮肤自身是如何保持这些水分的呢？早在 20 世纪 50 年代，科学家们就发现皮肤表面存在着能吸湿的物质和天然保湿因子，它是由氨基酸类、吡咯烷酮羧酸盐—PCA、乳酸盐及其他糖类所组成的。它除了能吸收水分外，还具有防止水分发散，控制水分渗透的能力。天然保湿因子经常会由于内外环境条件的变化而难以发挥正常功能，影响皮肤的健康，因此就需要人为地来纠正这些条件，保护皮肤的健康。

5. 随时随地为肌肤补水

由于环境、年龄、营养、健康等因素，当人体皮肤角质层水分含量低于 10% 时，皮肤就会失去柔性、弹性，变得粗糙、干燥，出现各种皮肤异常现象，若长期得不到纠正，皮肤就容易老化。因此，要保持皮肤的健康美丽，首先就要保证角质层水分含量高于 10%，当天然保湿因子不能完全满足人体皮肤健康的需要时，就必须通过其他手段来增强它的天然保湿的功能。如果方法科学合理，就可纠正皮肤的不良状况，将角质层水分提高至 10% 以上，并可排除皮肤的各种障碍，发挥其正常的生理功能，所以说，呵护皮肤的关键是保持角质层的水分，也就是"保湿"。

补水保湿是护肤最重要的功课。这不是喝几杯水那么简单的。首先，你需要有一瓶专用补水剂，而不是一瓶普通的矿泉水。有很多人以为往脸上喷矿泉水，既补充了水分，又补充了矿物质，事实上，纯粹的水由于没有添加营养剂和渗透剂，当它喷到脸上的时候，不但不会被皮肤吸收，反而会在蒸发的同时带走皮肤自身的一部分水分，效果适得其反。所以，你如果想喂皮肤"喝水"，就必须购置一瓶真正的补水剂。随身常备一瓶保湿喷雾，随时滋润干渴的肌肤：在空调室、飞机上、日晒后都可随时随地进行护理。

为肌肤补水要多喝水，每天至少喝 8 杯水。

在干燥的春季，要使用保湿精华液来护肤：先涂上精华液再抹乳液，这样，乳液就如同帽子一般，把精华液紧紧地覆盖在肌肤表层，延迟了水分蒸发的时间。

当皮肤出现脱皮现象时，每周要做 2—3 次保湿面膜的护理，每次 10—15 分钟，注意要敷得足够厚。在浴室敷保湿面膜效果会更佳，洗完澡后利用浴室内的热蒸汽，马上敷保湿面膜。

涂抹婴儿用的乳液，可缓解膝盖、肘部、嘴角的脱皮现象。

不要用皂性的洗面乳，改用中性洁面乳。选择中性洗面产品，可以保护表皮层的水分。

浴前、浴后喝一杯水，会让肌肤更滋润。

洗热水澡的时间不宜过长，沐浴后必须擦身体润肤露。

屋内种盆绿色植物，如吊兰、发财树、绿萝、水竹，既鲜活你的环境，又能让自己感受到清新的气息。

（十二）恰当地利用香水

女性的美丽不只是一脸的靓丽、一身的优雅，同时也体现在对女人的气质外衣——香水——恰到好处的运用上。一个全身弥漫着呛人香味的女人，即使再漂亮，也无法让人感到愉悦，和"优雅"一词更是不搭边了。

香水是女人的气质外衣，远远地便会释放出一股吸引人的能量，让人无法无动于衷。但是，女人在使用香水时如果不注意一些细节，反而会起到相反的效果，使美丽大打折扣。

很多女性，在一米开外的地方就能闻到强烈的刺鼻的香水味，这令很多人都无法忍受。如果再配上一身的浓妆，那就更令人难以接受了。中国女性不像西方女性，身体基本上没有异味，因此没有必要像西方人那样使用香味很浓的香水，以花香型为主的香水会比较适合，浓淡之间，挥发自然。

在工作场所中，应使用淡雅清新的香水，这样才不会给人以唐突的感觉；在运动旅游的场合，则应用各香水品牌中标有 Sport 字样的运动香水。

在时间上，白天和夏季应以清淡的香水为主，比如古龙水和淡香水；晚上和冬季由于温度低，香水应相应增加浓度，用 Parfum 或 Eau de parfum 比较合适。

此外，若想香味更持久一点，可以用同系列沐浴用品，然后喷上淡香水，最后在脉搏部位点上浓度最高的香水或香精，这样，香味可久久萦绕不散。

千万不要在全身各部位都抹上香水，仿佛刚洗过香水浴似的。原则上香水要喷在衣服看不见的部分，或是身上体温较高的部位，例如胸前、腋下、膝后的部位。但是如果你想使别人能更清楚地闻到你的香味，涂在耳后会更能达到这种效果。此外，因为涂抹过香水的肌肤，在经过紫外线的照射后容易产生黑斑，所以涂了香水之后，应尽量避免阳光的直射。

在使用香水的时候，应距离身体 10—20 厘米，使喷出的香水成雾状；若担心喷洒得太多，可以将香水往空中喷洒，然后走进香雾里，让香水粒子自然均匀地落在身上。

把香水喷在衣服上时，最好喷在上衣或裙子的下摆，因为香味会由下往上飘浮，如此维持的时间更持久。

最好不要等到要出门时才想起喷洒香水，因为香水刚刚喷出的时候即便是淡香型香水，气味也会十分香浓。出门前 20 分钟喷洒香水为宜，这样香水 20—30 分钟后所散发出的香味最好闻。

切忌将两种以上的香水混合使用，以避免各种不同的香味之间发生冲突，从而发生一些意想不到的味道的变化，而且这种混合而成的气味儿通常是不大好闻的。

人的身体上有一些部位不适合涂香水，如面部、腋下的汗腺、易被太阳晒到的暴露部位，易过敏的皮肤部位，以及有伤口甚至发炎的部位。

（十三）男空乘的面部化妆

男空乘也要像女空乘那样注意适当的化妆，但要简单易行。

首先，要保持面部皮肤的清洁。男性皮肤多为油性、且经常进行大运动量活动，皮肤容易受外界物理、化学、光线等因素刺激，污染较大，因此更应注意面部清洁及护理，面部清洁护理的基本方式是洗脸（清洁、紧肤、润肤）、刮脸、按摩（男性皮肤粗糙，容易产生皱纹，因此要注意脸部按摩）。选用符合自己肤型的化妆品，主要是护肤品。男性化妆品要以清香型为主，可伴有如草香、烟草香，增添男性特点。为保护嘴唇，可以涂用唇膏，防止干裂，颜色以浅色或无色为好。注意修眉、理须。男性眉毛应当真实、大方，不能出现修饰之痕。工作期间不许留小胡子和络腮胡子，最好天天剃须。

思考题

[1] 形体包括哪些方面?

[2] 如何理解形体美?

[3] 我国形体美的先天定性标准是什么?

[4] 服装有哪些种类?

[5] 领带的选择如何与西装配套?

[6] 打领带要注意哪三点?

[7] 衬衫如何与西装配套?

[8] 女士在袜子的搭配上需要注意什么?

[9] 穿制服需要注意什么?

[10] 服装着装的主要原则有哪些?

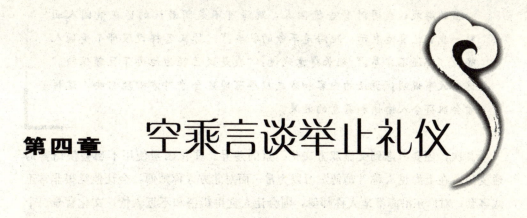

第四章 空乘言谈举止礼仪

第一节 空乘人员的言谈

交谈是空乘服务工作中的主体，是占时间最多的一个阶段。如果空乘工作中没有了交谈，空乘工作也就失去了意义。通过交谈可以传递信息、交流情况、沟通情感、加深友谊，进而达到某种业务交往的目的。

一、基本言谈礼仪

成功、有效的语言，能使交流双方获得心理认同，给对方以一种满足或愉悦，达到心理相悦、心灵相近的目的。空乘人员必须要掌握语言技巧，尤其是口语的表达能力，才能更好地和乘客沟通，为乘客提供优质服务。

首先，在运用语言进行交流时，应尽量合乎交流双方的特点，诸如性格、心理、年龄、身份、知识面、习惯等。

▶经典案例

在一只游艇上，来自各国的一些企业家正在开会。突然，船出事了，开始慢慢下沉。船长命令大副："赶快通知大家，穿上救生衣，马上从甲板上跳海。"几分钟后，大副回来报告："真急人，谁都不肯往下跳。"于是，船长只好亲自出马。说来也怪，没多久，这些企业家们都顺从地跳下海去。"您是怎样说服他们的呀？"大副请教船长。船长说："我告诉英国人，跳海是一项运动；对法国人，我就说跳海是一种别出心裁的游戏；我同时警告德国人，跳海可不是闹着玩的！在俄国人面前，我就认真地表示：跳海是革命的壮举。""你又怎样说服那个美国人呢？""那还不容易，"船长得意地说："我是说已经为他办了巨额保险。"这个故事说明：说话的内容和方式应尽可能地合乎对方心理需要，这样才会取得令人愉快和满意的效果。

其次，还要考虑到交流双方文化因素的差异。文化因素使用不当会使语言沟通受阻，在上海见人称"师傅"习以为常；而对北方人称师傅，会让他觉得非常正式客套；对广东沿海等地人称师傅，则会让人觉得粗俗和不近人情。文化背景、个人资历、阅历等都会影响到语言的交流。而对知识层次较高的人语无伦次，漫天闲聊，也会使对方听而生厌，无所适从。只有明确交谈的联系与差异，才能找到共同的话题，并由此萌发交往欲望，拓宽交流的内容范围，并逐步深入。

再次，要注意语言的心理调节作用。在我们的日常生活中，把劳教所中的囚犯称作"触犯了法律的朋友们"等，都可以收到意想不到的效果，显示了说话者高雅、诚挚、宽容的生活情趣和教养。"您是否需要鸡蛋？"和"您要几个鸡蛋，一个还是两个？"显然是两种不同的产品推销方式，后者把心理引导术结合在推销艺术中，其结果可想而知。

此外，为了时时处处体现"礼"的内涵，还要以谦虚和谨慎自律，语言条理清楚，目的简洁明确，适应不同对象的理解程度，且三思而后言，避免"祸从口出"，有意识地控制语言的力度、情绪和节奏。

◐ 经典案例

某航班普通舱正在进行送餐服务，乘务长在左通道，年轻的乘务员在右通道，右通道的一位乘客忽然叫住刚要过去的年轻乘务员，火气有些大，问到"怎么没我的饭？"年轻的乘务员忙解释说"看您刚才睡着了，就没给您送。"乘客不太理解。"怎么着，睡着了就不给饭吃。"乘务员一下子僵在了那里，一时不知说什么，但脸上的表情已经很尴尬，挤出的几句话，都被乘客顶了回来，左通道的乘务长听到事情原委，赶紧忙完自己手头工作，急匆匆地过来，脸上带着笑，询问乘客的第一句话是"我是本区域的乘务长，您是不是刚才睡着了？"乘客火气不但没有消散反而被这句话拱得更高。"你什么意思！乘务长过来帮着打架呀！"从要站起来的姿态和瞪圆的眼睛表明事情已经火药味十足了。

前面的对话可以说由于乘务员年轻，没能更好地把握住谈话。但后面的事情发生在一个有经验的乘务长身上，就有些不应该了。由于个人身份，经历的不同，对同样的事情会有不同的反应，但是不论怎样的旅客，都是被乘务员服务的对象，再大的问题只要不涉及原则问题，就要学会宽容对待，毫无怨言地接受自己的旅客，毕竟乘客给公司带来了经济效益。上述案例中，乘务长的加入本应使事情解决掉，但不当的发问，反而使问题恶化，如果此时手中端着热腾腾餐食，加上一杯饮料，然后一句真诚的"对不起，让您久等了，您看牛肉米饭是否合您胃口"或者"先生，您消消火，乘务员年轻，工作有疏漏，您多多见谅"可能旅客就会调整一下自己的情绪。给旅客一个台阶，就是给自己一个台阶。

二、创造谈话氛围

（一）必要的寒暄

在空乘服务中，最初的彼此寒暄有助于打破陌生感，缩短双方的感情距离，能调解气氛，增进友谊，为下面的工作的开展创造一个良好的开端。

（二）真诚的态度

交谈时，要以真诚的态度平等待人。这样，能增加人们的信任感，有助于加深了解，增进情谊。虚情假意、矫揉造作、夸夸其谈、外交辞令，只能让人生厌，甚至从此失去进一步交往的机会。

（三）专注的神情

交谈时，要以专注的神情注视着对方。特别是在与初交者交谈时，目光应该注视对方，在整个交谈过程中，目光与对方接触应该累计达到全部交谈过程的60％－70％。交谈时目光呆滞、漠然，东张西望、心不在焉，或翻看书报、看表、打呵欠、伸懒腰等举动，都是对对方的不恭。

三、交谈语言

在空乘服务中，交谈中的语言运用，必须注意以下几点。

（一）要准确，切忌模棱两可

口头表达必须准确无误，并合乎规范，避免使用似是而非、模棱两可的语言，应该力求用词准确、清楚、明白，没有歧义。

（二）要文明，切忌粗俗用语

必须使用文明语言，讲究礼貌用语。这就要求尊重对方，并注意倾听，要学会使用敬语和谦语、禁用各种忌语；要采用委婉的表达方式，并注意音量、语速、语调的适度。

▶经典案例

> 在某航班头等舱，一位经常坐飞机的乘客按响了呼叫铃，乘务员听到后，认为又是旅客按错了，马上进入客舱，嗓门有点高，语气有点不耐烦，问："您是有事吗？"再加上后继服务中细节关注不够，菜汁滴到了客人身上，该旅客在投诉中写道："我是一个经常坐你们飞机的头等舱旅客，会不知道呼叫铃怎么用吗？需要乘务员向教育孩子一样教育我吗？"其实乘务员这句话本身没有什么问题，在服务中，是经常被使用的，但是与之搭配的较高的语音、不耐烦的语气，就构成了一个旅客不能接受的态度。

（三）要灵活，切忌呆板不变

交谈时，要随着双方交谈内容的变化，临场发挥。事实上，很难有一种会谈是完全遵循事先拟好提纲、一成不变进行的。因此，要求空乘人员要有机智的应变能力，才能变被动为主动，使交谈过程达到预期的目的。

（四）要幽默，切忌枯燥无味

幽默的话语，能引起对方的兴趣，增加语言的感染力，也能表现一种语言风格。这里所讲的幽默，是指说话的意味深长，能勾起对方的浓厚兴趣及回味，乐意听下去，而不是那种肤浅或轻佻的话语。

交谈时运用幽默的语言，能活跃交谈的气氛，使紧张的气氛变得轻松，使尴尬的场面变得和缓，产生"山穷水尽疑无路，柳暗花明又一村"的效果。那种语言枯燥、索然无味的交谈，只能令人听来味同嚼蜡，难以为继。

◎经典案例

有一次，一位年轻美貌的姑娘对五十多岁的作家萧伯纳说："我们结婚吧，亲爱的萧！"作家问："为什么呢？"小姐说："这样我们生的孩子有我一样的美貌，有你一样的聪明。"作家说："不行啊，如果生下的孩子容貌像我一样，智商像你一样呢？"幽默的语言是多么令人回味啊！

航班中，乘务员技巧的回答，同样能够让旅客转怒为喜。

◎经典案例

在某航班普通舱，非常偶然地，每到某位旅客的时候，不是餐食没有了，就是水用光了，需要该旅客等一会儿。该旅客有些恼火，议论道："嘿，一到我这儿就什么都没了！"乘务员听后，马上意识到旅客的不快，但马上接口到"不是啊，应该说每次到您这儿，都得给您上新的！"旅客一听一下子就笑了，航班变得非常愉快，一路上旅客给予了乘务员很多的配合。

（五）要流畅，切忌断断续续

在空乘服务中，说话要有连贯性，流利顺畅。流畅是指交谈时思维的清晰，语言的通顺，表达的流畅，没有语病和不必要的停顿，使人听来无前言不搭后语之感，不至于丈二和尚摸不到头脑。

（六）增加词汇量，避免用语单调

语言也是随着时代的演进而不断更新扩充的工具。空乘人员应注意吸收新的词汇概念，使聪慧之中跳动着时代的脉搏。多阅读书报，看到新鲜的有用的词汇不妨摘记汇集，时常翻阅。甚至可以查查字典，从而加深印象。平时多留意听取良师益友的稿件、言辞，注意电视、广播及戏剧中精彩的对话和演讲，加以吸收和运用。

四、交谈技巧

空乘人员必须掌握一定的交谈技巧，才能实现每一次交谈的目的。当然，每次交谈由于交谈的对象、气氛、环境的不同，谈话的内容和方式，也应灵活机动，不断调整，但其基本的谈话技巧一般包括如下几个方面。

（一）选好话题

话题是谈话的中心。话题的选择，既反映了谈话者品位高低，也直接影响交谈目的实现。选择好一个恰如其分的话题，能使谈话双方找到了一个好的议论中心，使双方都很"投入"，这就预示着谈话成功了一半。一个好的话题，应该是能吸引双方深入讨论下去，双方都感兴趣的问题，而且至少是一方较熟悉，能深入交谈下去，有展开探讨的余地，而另一方又愿意深入交谈下去的问题。

▶ 经典案例

某航班公务舱上来一名中年男士。中年男士在聊天中自称是某当红明星的哥哥，乘务员都非常高兴地为他服务，一路与他攀谈，该旅客谈兴也是颇高，话题涉及颇广，不知何时谈起了旅客的明星弟弟，谈起他曾经饰演的某某角色，谈起该演员硬朗、英俊的外表，乘务员不小心说出了心里话"您弟弟长得那么帅，和您可不太一样。"此话虽然还比较含蓄，但旅客原本兴冲冲的脸色就黯淡了下来，此后一句话都没有再说，乘务员马上意识到了自己的错误，但无论怎样弥补都挽回不了局面，很快一封投诉信写到了航空公司。

旅客的外表可能是该旅客一生中非常敏感的话题，自己的家人谈起这些可能无妨，但一个年轻的、为自己提供服务的人居然也这样评价自己的外表，旅客气愤的是自己花钱竟然买来这样的评价。这就是所谓"话不投机半句多"，因此投诉成为必然。

（二）适时发问

在交谈中，适时发问可以引导交谈按照预期目的进行，调整交谈气氛。由于人们的知识水平、所处的社会环境不同，必须仔细观察、了解对方的意图，把问题提得得体，不唐突、不莽撞，巧妙地提问，从而获得所需要的信息、知识和利益，并能证明十分重视对方的谈话，激起对方的兴趣，提供更多的信息。

（三）少讲自己

交谈中，最忌讳的就是一方滔滔不绝地高谈阔论，一味地说教式地侃侃而谈，借题发挥式地炫耀自己。交谈时，要注意以平等态度礼貌待人，应设法使在座所有人都有参与谈话的机会，这是对人的一种理解和尊重。因此，无论在座者的身份地位如何，文化素养如何，性格爱好如何，都期望能得到别人的尊重，至少不能忽视他。

（四）注意反应

交谈时，要注意察颜观色。如果提出一些问题而对方避而不答，应很快地将话题转移到对方感兴趣的事情上来，以缓和气氛。待对方感情舒畅时，再选择新的角度提出问题，重新回到原来预定的主题上来，才容易达到满意的目的，取得好的效果。在交谈过程中，应根据不同情况，针对不同对象，注意选择最佳话题，采用不同提问，让整个交谈过程变得十分轻松、自然、亲切。

（五）学会礼貌拒绝

在交往中，有时会碰到一些较复杂的情况：想拒绝对方，又不想损伤对方的自尊心；想吐露内心的真情，又不好意思表达得太直露；既不想说违心之言，又不想直接顶撞对方。要技巧地掌握拒绝语言，学会说"不"字。从礼仪的角度来讲，不提倡用身体姿势、道具等非语言的行为拒绝对方，而应用语言实施拒绝的技巧和艺术。在心理上要有足够的勇气和自信，不要顾忌太多，心里是怎么想的就尽可能地表达出来，重要的是要讲究表达的方式方法，即把拒绝融于情理之中，一方面表达了自己的原则和态度，另一方面又保护对方的自尊心和面子，切忌断然拒绝和颠三倒四、言不尽意。

为了达到不说"不"而达到"不"的目的，生活中有许多巧妙的做法。比如迂回寓意，抓对方的语病，或偷换概念，反被动于主动。

▶**经典案例**

　　一次，陈毅在记者招待会上，有位外国记者问他："陈毅市长，中国已成功地发射了第一、第二颗人造卫星，请问第三颗何时发射？"陈毅微微一笑，很真诚地说："我不知道这是不是秘密？"记者说："不是。""那么，既然不是秘密，你肯定知道了。"陈毅镇定自若地回答了记者有意刁难的问题。

对于服务者而言，面对服务对象说"不"是一定要格外注意的，在一个

"不"字的前面，应该更加注重礼貌，注重礼仪，让服务的对象体会到，虽然是被拒绝，但没有丢面子。

在服务中，经常因为中国旅客使用手机的问题，发生对乘务员的投诉。旅客往往会说"不能使就不能使，何必那种态度！"而乘务员会说"已经都告诉无数次了，马上就起飞了，还不关，多危险啊！能不厉害点吗！"两边都有各自的道理，但是这是涉及飞行安全的原则性问题，因此在这个问题上只有一个答案，对旅客说"不"。但是"不"怎样说出来，值得推敲。日航在几年前面临这个问题，要求乘务员毕恭毕敬站在旅客身边，用笑脸鞠躬，告知旅客"不可以"，直至旅客关掉手机才离开，这种形式与日本文化密不可分，值得借鉴。乘务员要懂得"得理饶人"的技巧，在明知自己占理的情况下，要善意地劝告对方，不能误把自己当作是执法者，可以行使"法律"的权限，把自己有理的事情升级为投诉事件。

面对另外一些非原则事情，乘务员可以找到各种借口，礼貌地拒绝对方，比如"对不起先生，我还有工作要做。""那边旅客可能有事情，我去看一下。""乘务长刚才让我过去一趟"等等，离开旅客，让别的乘务员有准备地接待该旅客，事情可能就会有转机。再比如很多旅客不知道客舱配餐计划，对于想多要一份餐食的意愿不能被满足感到无法理解，因此经常发生类似投诉"我想多要一份餐，乘务员马上说'没有'"，再加上后继接连几件小事的不满，就会引发投诉。因此有经验的乘务员在心知肚明已没有富余餐食情况下，也会告诉旅客"您稍等，我为您到厨房找一下"，让旅客看到乘务人员有诚意有行动为他服务，至于不能满足的结果，也就能接受了，不然旅客很容易误认为，乘务员就是嫌麻烦，不愿给找。

（六）语音、语气和语速

语言运用的技巧包括语音的控制、语气的抑扬顿挫、语速和节奏。

1. 在交流中要注意讲普通话，并控制好发音的准确性，吐字清楚，这样才能清楚地表达自己的意思。交流中态度要认真，不能不懂装懂，多向人请教，乘务员要特别注意不要说出错别字以及一些没有任何意义的口头禅。

2. 在交流中要注意语气的强弱、清浊、长短、深浅、粗细的变化，即注意语气的抑扬顿挫。不同的语气会产生不同的情感，语气迟滞沉重，表达的感情是悲伤；语气轻快跳荡，表达的是喜悦；语气短促快速，表达的是急躁；语气平缓低沉，表达的是冷漠；语气粗重高厚，表达的是愤怒。这就要求乘务员在同乘客交流时，要注意语气该强则强，该弱则弱，该粗则粗，该细则细。

3. 语速是说话者发音音节的长短，也就是说话者在单位时间内吐字的数量。较快的语速则表示紧张、激动、愤怒、欢畅、兴奋；中等语速表示平和；较慢的语速表达沉重、哀悼、沮丧、悲伤。乘务员要针对不同年龄、不同性别、不同职业、不同文化修养的乘客选用适合的语速。节奏就是语言当中的停顿，在交流中，有四种停顿方式，第一种方式是换气停顿；第二种是语法停顿；第三种是逻辑停顿；第四种是心理停顿。语气中的停顿是非常重要的，不同的停顿方式表达不同的意思。比如"下雨天，留客天，天留我不留。"这就表示不留客人的意思。同样的一句话，如果换成另外一种停顿方式"下雨天，留客天，天留我不？留。"这就表示了客人不想走的意思。

📁 资料夹

让你的声音最动听

在所有女性向外界传递的信息中，声音占到了 38％，不失为一项好的交际工具。然而很多女性似乎并不真正懂得如何使用这项利器。快来检查一下，你有没有一不留神就犯了下面某个毛病。

嗲声嗲气。大多数流连于梳妆台前的女子往往很注重自己的外貌、服饰，也很有信心，却很少留意自己的声音。我们常会看到一些容貌姣好、衣着入时的时尚女人一开口，满嘴的嗲气，直叫男人听之色变；倒是一些并不很起眼，但说起话来有疾有徐、抑扬有致的女人能给人耳目一新的感觉。

大喇叭。太高的音调犹如疲劳轰炸，而且显得幼稚、歇斯底里，是工作场上的大忌。充分混合高低音调，尤其在强调的部分转换音调，做到抑扬顿挫，是必要的技巧。即使是在需要大声说话的时候，也要注意别让自己的声音像面破锣似的残害别人的耳朵。

机关枪。"机关枪"，顾名思义，就是那些说话超快而且滔滔不绝的人。她们的声调没有起伏，速度也是一成不变，让人听了不是被震得头痛就是哈欠连天。要想制造情境上的起伏跌宕、引人入胜，你就得让自己的语速有快有慢，声调有高有低才行。如果你就是因为速度太快而失去了说服力，可要先了解一下自身的原因才行。是因为你很性急，还是担心别人对你的话题不感兴趣，所以想赶快把意思交代了事？

口头禅。我们多年来已经形成的习惯语会自觉不自觉地从嘴里蹦出来。例如每说一句话后面总要加上一句"你知道吧"或其他叫人听了不舒服的词语。平时交谈也许无伤大雅，但在正式谈话或演说时应该避免使用。

改进方法。你一定有欣赏的新闻播音员、电台主持人或有文化底蕴的女明星，参考他们的声音与说话方式，作为练习的蓝本。有空的时候，对镜练习说话的表情，更是一举多得的训练方法。只要有心，很快就会感受到改变的成果。

第二节　空乘人员的举止

在日常的行为举止中注意培养动作的优雅性，可提升你在他人眼中的好感度。下面介绍几种比较优雅的动作。

一、身体姿态

（一）站姿

经常会发生这样的事，站在陌生人的面前时，突然发现自己不会站了，手放在哪儿都不好，只能去频频摆弄发梢或是不自觉地绞着衣角，仿佛会绞出一元钱似的。

站立是生活中最基本的举止，站姿是生活中的静态造型，女性站立的姿势美与不美，直接关系到女性的形象。作为现代女性，在社交活动中，站姿不仅要像青松般挺拔，还要优美和典雅。

站姿禁忌　站立的时候注意不要搞一些有损形象的小动作，像摆弄衣角、发梢、背包等物品，这种姿态显得小气、拘谨，给人一种怯生生的感觉。双手抱胸则会给人一种傲慢和不可亲近的印象。若在听人谈话时采取双脚交叉的站姿，表明一种基本上是排斥和审视的态度，也是不安、紧张心情的流露。过于随便的姿势也不可以：靠着其他物体，伸脖、塌腰、身体歪斜，或者两腿叉开距离过大，双臂交叉或双手叉腰，远远看去如同鲁迅先生笔下的豆腐西施"像一只细脚零丁的圆规"。

优雅站姿　两脚跟要并拢，或者双腿靠拢成小八字或小丁字，身体重心落在前脚掌、脚弓上，两腿并拢直立，腿部肌肉收紧，大腿内侧夹紧，髋部上提；腹肌、臀大肌微收缩并上提，臀、腹部前后相夹，髋部两侧略向中间用力；脊柱、后背挺直，胸略向前上方提起；两肩放松而下沉，气沉于胸胃之间，自然呼吸；两手臂放松，自然下垂于体侧，也可以轻轻地放在身体的前面；脖颈挺直，头顶上悬；下颌微收，双目平视前方，面带微笑。（参见彩插1-②）

站出自信　头要摆正，目要平视，背要挺直，下巴微微往里收，你要感觉好像有一根线从头顶穿到脚底，并且感觉有人在头顶把你向上提，这样就站直了。这样的站姿是具有充分自信的表现，并能给人以"气宇轩昂"、"心情乐观愉快"的印象。

很多时候你做出什么样的姿势就会有什么样的精神状态，注意自己的站姿不只会给别人留下一种优雅的印象，自己也会变得神采奕奕。

站姿的训练可以有以下两种方法：（1）两人一组背靠背站立，两人中间夹一张纸。要求两人脚跟、臀部、双肩、背部、后脑勺都贴紧，纸不能掉下来。每次训练5－10分钟。（2）单人靠墙站立，要求脚跟、臀部、双肩、背部、脑后部贴紧墙面，头上顶一本书，同时将右手放到腰与墙面中间，用收腹的力量夹住右手，每次训练5－10分钟。

▣ 资料夹

站姿反映性格

每个人都有自己习惯的站立姿势。美国夏威夷大学一位心理学家指出，不同的"站姿"往往可以显示出一个人的性格特征。

站立时习惯把双手插入裤袋的人：城府较深，不轻易向人表露内心的情绪。性格偏于保守、内向。凡事步步为营，警觉性极高，不肯轻信别人。

站立时常把双手置于臀部的人：自主心强，处事认真而绝不轻率，具有驾驭一切的魅力。他们最大的缺点是主观，性格表现固执、顽固。

站立时喜欢把双手叠放于胸前的人：这种人性格坚强，不屈不挠，不轻易向困境压力低头。但是由于过分重视个人利益，与人交往经常摆出一副自我保护的防范姿态，拒人于千里之外，令人难以接近。

站立时将将双手握置于背后的人：性格特点是奉公守法，尊重权威，极富责任感，不过有时情绪不稳定，往往高深莫测，最大的优点是富于耐性，而且能够接受新思想和新观点。

站立时习惯把一只手插入裤袋，而另一只手放在身旁的人：性格复杂多变，有时会极易与人相处，推心置腹；有时则冷若冰霜，对人处处提防，为自己筑起一道防护网。

站立时两手双握置于胸前的人：其性格表现为成竹在胸，对自己的所作所为充满成功感，虽然不至于睥睨一切，但却踌躇满志，信心十足。

站立时双脚合并，双手垂置身旁的人：性格特点诚实可靠，循规蹈矩而且生性坚毅，不会向任何困难屈服低头。

站立时不能静立，不断改变站立姿态的人，性格急躁、暴烈、身心经常处于紧张的状态，而且不断改变自己的思想观念。在生活方面喜欢接受新的挑战，是一个典型的行动主义者。

（二）蹲姿和弯腰拾物

蹲下取物是我们日常生活中常遇到的事，正确优雅的蹲姿可以体现出个人良好的行为习惯和文明程度，如果取物的姿态不正确，就不仅仅是美丑的问题了，还会暴露个人隐私。

正确的下蹲姿势 先要靠近你想拾取的物品，让物品在你的右前方，然后蹲下，下蹲时上身保持垂直，略低头，眼睛看着要拾取的物品，双膝一高一低，两腿合力支撑身体，头、胸、膝关节在一个角度上，从容地完成拾取动作，下蹲拾物时应自然得体、大方，不遮遮掩掩（参见彩插1-④）。如果物体在你的正前方，采取全蹲的姿态会使你的正面形象看上去不美，腿会显得短而且粗。

要注意下蹲的时机，不要突然蹲下来，蹲下时速度切勿过快。与他人同时下蹲时，更不能忽略双方之间的距离，以防彼此"迎头相撞"。另外，东张西望会让人生疑，边说话边弯腰曲背的姿势会影响人的外形美观。

在集体合影时，如果前排需要蹲下，女士可以采用交叉式蹲姿，下蹲时右脚在前，左脚在后，右小腿垂直于地面，全脚着地，左腿在后与右腿交叉重叠，左膝由后面伸向右侧，左脚跟抬起，左脚前脚掌着地。两腿前后靠紧，合力支撑身体。臀部向下，上身稍前倾；男士可以采用高低式蹲姿，下蹲时右脚在前，左脚稍后（不重叠），两腿紧靠向下蹲。右脚全脚着地。左膝低于右膝，左膝内侧紧靠于右小腿内侧，形成右膝高、左膝低的姿态，臀部向下，基本上以左腿支撑身体。

弯腰拾物　简便的弯腰拾取姿态，可能比下蹲迅速。但你要注意两点：一是采取半蹲姿态；二是穿着低领上装时，要注意一手护着胸口。

不少人把拾取物品看成是瞬间的过程，而且不常发生，因此根本就不去计较这个姿态的质量。实际上，瞬间的印象同样重要，何况它还不一定只发生在瞬间呢。

正确的弯腰拾物的方式是这样的：上半身应保持笔直，双腿一前一后，重心在两腿之间，双膝并拢，用大腿的力量蹲下。此时，腰或背不要弯曲。

（三）回头动作

当你身后有人叫你时，吃惊般急忙回头并不雅，应该沉稳镇静地回头来应答。不要只把头向后转，而应把全身转向对方，确认对方后再轻轻点头。

（四）用手指东西

在指远处的东西时，伸直手掌，并拢五指，这样看起来就很利落。最好不要用食指来指。

（五）打喷嚏

在谈话中或用餐时想打喷嚏，需要面向无人的方向或脸朝下，用双手捂住口，尽量不要发出很大声音。

（六）在人前擤鼻涕

如果在开会中或用餐中无法离席，就向旁边的人点头示意并轻声抱歉，把身体转向下座一方出入口来擤。最好是忍到休息时间或谈话告一段落时再去化妆室。

（七）交、接东西

交东西的一方必须双手拿着，面向对方来交。如果交的东西是盒子，就用一手扶在下面，接东西的一方也要用双手来接。

（八）脱上衣

脱上衣时不要双肩同时脱而是先脱一条袖子再脱另一条。右手向后拉左边的袖口来脱。右手仍在袖子里，用左手抓右袖口来拉下。用左手抓右袖和左袖，用右手拿着领子，就能整齐折叠。脱上衣时的要点是勿让人看到上衣的内侧。把脱下的上衣弄整齐轻轻地挂在拿提包的手臂上，并靠在腰的侧面附近。如图 4-1 所示。

图 4-1　脱上衣姿势

（九）穿上衣

用双手拿着，使自己能看到上衣的内侧。勿让他人看到上衣的内侧。左手穿过袖子，此时右手抓着左领，把上衣挂在左肩上。左手穿过袖子后，左手抓着左领，右手穿过袖子。左手拉左领，这样右手就容易穿过右袖。如图 4-2 所示。

图 4-2　穿上衣姿势

(十) 坐姿

女性在坐着的时候，也要注意。正确的坐姿可以为你平添几分女性的魅力，也对保持健美的体型大有裨益。

我们常常会把"坐"理解为是休息的时候，这样有时会为了坐出一个舒服的感觉，而忽略了姿态的优美，甚至不自觉地出现很不雅观的姿势。那么怎样能让人看上去充满了吸引力，注意哪些细节可以使我们更稳重端庄、落落大方呢？

座位，任何座位都不能坐得太深或太浅。坐得太深时，由于臀部及上身的重量与小腿的支撑点离得太远，坐下时去时会引起小腿的肌肉紧张，时间长了会很累。不过这种姿势可以体现出你的沉稳大方。太浅的话又会使大腿的大部分露在椅面之外，使腿显得又短又粗。千万不要只坐在椅子的 1/3 处，这种坐姿会让人觉得你心情紧张，胆小怯懦。

腰背，采取坐姿时，腰背部分最能反映出一个人的精神状态，所以坐着的时候虽是放松的，也要注意上身端正，腰挺直。

双腿，双腿不要一直改变位置来回交叉。因为这种肢体语言不是表示你关节疼痛，就是意味着你急欲离开。最好是端端正正地坐着，但也不是一动也不动，像一个歌德式的雕像。

坐下时不是不可以将左腿跷在右腿上，但要两小腿相靠，右腿平行，更能显得高贵大方。有的女性喜欢将腿跷得过高，并且露出衬裙，这很有损美观和风度。双膝也不要并得太紧，这会使人产生一种紧张、缺乏安全感的感觉。还有一点要谨记，那就是你再紧张、再心烦，也不要抖动你的双腿。

正确坐姿的要求是 入座要轻而稳，入座后面带笑容，双目平视，嘴唇微闭、微收下颌；双肩平正放松，两臂自然弯曲放在腿上，也可以放在椅子或沙发的扶手上；立腰、挺胸、上体自然挺直；女士双膝自然并拢，男士双膝微开。（参见彩插 1-① 和 2-④）

双手，一般来说，双手的手掌应微微弯曲，掌心向下轻柔地交叠放在大腿上。一定要管住自己的双手，绝对不能做些不雅的小动作，比如挖鼻孔、抠耳朵、揪头发等等。万一要打哈欠，一定要低下头用手挡住，千万不能张大嘴、昂着头、伸长脖子任意地放纵自己。据说英国有位皇室成员为了管住自己的双手，当他出现在人前的时候永远将手放在身后，使得那些想出他洋相的记者永远抢不到镜头。

臀部，在准备坐下时千万不要将臀部翘得很高去找座位。应该充分下蹲后，臀部及至椅面，再把臀部向后移。

双脚，一定不要把双脚乱放，避免伸得很长，更不能绊到别人。采用双腿交叠坐法时，双脚的脚尖一定要朝同一个方向，上脚的脚尖尽量贴着下脚的脚踝骨处，并且脚尖应保持在膝盖的垂直线以内，便于起立。

当你穿的是裙装，就坐的时候要缓慢而文雅，用手将裙子拢一下，不要坐下后再整理衣服。穿短裙坐着时就要双腿并拢，注意自己的仪态。如图4-3所示。如果坐姿不雅，等于是对在场的男士发出错误的肢体语言，作了暧昧的暗示。

图4-3 穿裙装时的坐姿

坐沙发时，由于沙发通常很软，比标准的座椅深，不平又矮，这时你千万要注意两点：一是不能坐得太靠里，又去找个扶手依靠；二是膝盖绝对不能分开，小心走光。

坐椅子时，不要用两脚勾住椅子的腿，或自己的双腿缠得像麻花一样，也有人会双腿交叠，但脚尖总是一边撇左一边撇右。总之，这些缺乏美感的姿势，自己没看到无所谓，可坐在对面的人已把你这些不雅的坐相一览无遗了。

（十一）行姿

每一个空乘人员，尤其是空乘人员都想拥有流云般优雅的步态，这种款款轻盈的步态是空乘人员展示高雅气质、端庄温柔的一种方法和手段，优美的步态，能增添女性贤淑温柔的魅力，展示自身的风采。

行姿要注意轻盈矫健、协调敏捷而富有节奏，要注意挺胸抬头、目光平视前方、微收下颌、神态平和、面带微笑、脚尖向前、重心在脚尖上，双腿有节奏地向前迈进、双臂平稳、在身体两侧自然摆动，摆幅在30－35度为好，手的摆动将带动整个上身，使脚步平衡，即当右脚跨出去时，整个上身随着左手往前摆动，而自然向右方向转动；当左脚跨出去时，上身即转向左边，而右手则摆向前方，连续动作看起来，就好像因肩膀左右晃动，带动了全身的摆动，而不是像有些人走路只扭臀部，而上身不动，这样会使上身看来僵硬，缺乏美感，光扭臀部，又太浪漫性感，失去大方的感觉。上身挺直，头正挺胸、收腹、立腰、重心稍前倾，注意步位，两脚内侧注意落在同一条直线上。步幅适当，一般是前脚脚跟与后脚脚尖相距一脚之长，行走的速度要适中，根据服装、场合等综合因素决定步速。

要做到正确而优美地行走，就应当注意下列几个步骤：（1）走动时以腰带动腿和脚。（2）行进时应当将腿伸直，要做到这一点，就要使膝盖伸直。（3）行走时应当上身挺直，并且始终目视自己的正前方。（3）走路时应当将注意力集中于后脚，并且使脚跟首先触地（穿高跟鞋时例外）。（4）步行时应当保持一定的、相对稳定的节奏，不论是步幅、步速还是双臂摆动的幅度，均需注意此点。（5）前进应当保持一定的方向。从理论上讲，行走的最佳轨迹，应当是双脚后跟落地之后恰如一条直线。在行走之时，不雅的行姿主要有如下七种：一是上看下看，左顾右盼；二是东跑西颠，方向变化不定；三是弯腰驼背，缩脖摆胯；四是连蹦带跳，手舞足蹈；五是摇摇晃晃，东倒西歪；六是跑来跑去，虚张声势；七是走路带响，震耳欲聋。

穿着不同的服装，步态也要随之改变。当你身穿旗袍或窄裙、脚踏高跟鞋的时候，就不要迈着很洒脱的大步。对于着西装时的步态来说：西装造型以直线条为主，穿西装要注意挺拔，后背平直，两腿立直，走路的步幅可以略大一些，手臂放松伸直摆动，行走时男子不要晃肩，女士髋部不要左右摆动。对于着旗袍的女士而言，旗袍突出曲线美，反映了女性柔美的风韵，在穿着旗袍时，要注意身体挺拔，下颌微收，略含胸，不要塌腰撅臀，走路幅度不能过大，要走一条直线，两臂在体侧的摆动也不宜过大，用腰力把身体的重心提起，髋部可以随脚部和身体中心的转移左右摆动，但摆动幅度不宜过大。对于着长裙的女士来说，长裙使人显得修长，走路时要平稳，步幅可以稍大一些，保持裙摆的摆动和脚步协调，转动时，要注意头和身体协调配合，调整头、胸、髋三轴的角度，塑造整体美。对于着短裙的女士来说，短于膝盖的裙装能表现出女性轻盈、敏捷、活泼、潇洒的特点，行走时的步幅不宜过大，速度可以稍快。

穿平底鞋走路时，皆以脚跟先着地，所以平底鞋穿习惯了，穿高跟鞋走路，就会同样以脚跟先着地，造成脚尖抬起，会让人看到鞋底，如此的走姿就不太美观了。因此，穿高跟鞋走路时，一定要记住：高跟鞋由于脚跟提高，身体重心前移，为了保持身体的平衡，要求直膝、立腰、收腹、收臀、挺胸、头略抬、行走时步幅不宜过大、膝盖不要太弯曲、大腿内侧夹紧、两脚跟前后踩在一条直线上、脚尖略外开。

上、下楼梯要走台阶的右边，就像行人走路要靠右一样，不要走在台阶中间，以免妨碍别人上、下楼。在前面引导来宾时，要尽量走在客人的左前方，髋部朝着前行的方向，上身稍向右转体，左肩稍前，右肩稍后，侧身向着来宾，保持两三步的距离。当向人告辞时，正确的做法是，先向后退两三步，再转身离开。

和领导（长辈）或客人一起上、下楼，应该请他们先上、先下；如果是老人，则应当你先下，以便搀扶；如果需要你带路，你当然可以走在前面，但要注意与后面的人保持两三个台阶的距离，而且要侧着身体，让别人看到你的侧面，把完整的后背留给他人是不礼貌的，女性更要注意这一点。需要注意的是，在楼梯上与长辈和领导说话时，一定要走到长辈、领导的下方，不能让他们仰着头听你说话。

行姿的 11 项禁忌

1. 低着头看着脚尖儿，这种姿态是在说："我心事重重，萎靡不振。"

2. 拖着脚走，给人一种未老先衰、暮气沉沉的感觉。

3. 跳着走，让人觉得你心浮气躁。

4. 走出内八字和外八字。

5. 摇头晃脑、晃臀扭腰、左顾右盼、瞻前顾后，这样的姿态会让人误解，特别是在公共场合很容易给自己招惹麻烦。

6. 走路时大半个身子向前倾，不但动作不美观，又有损健康，尤其个子高的女性更是不宜这样。

7. 行走时与其他人相距过近，与他人发生身体碰撞。

8. 行走时尾随于其他人身后，甚至对其窥视、围观或指指点点，此举会被视为"侵犯人权"，或是"人身侮辱"。

9. 行走时速度过快或者过慢，以致对周围的人造成一定的不良影响。

10. 一边行走，一边连吃带喝。

11. 与早已成年的同性在行走时勾肩搭背、搂搂抱抱。若是在西方国家里，人们一定会对你侧目相视，因为只有同性恋者才会这么做。

📁 资料夹

行走方式反映性格

美国心理学家达曼经过多年的观察发现，人的走路姿势大致可分为六种类型，每一种类型的人都具有特定的性格特点。

步履平稳型：这些人是现实主义者，精明而稳健，不轻信人言，重信义，守诺言，是可依赖的人。

步履急促型：不论有无急事，这类人总是来去匆匆，明快而有节奏，他们的性格特点是遇事不推卸责任，精力充沛，喜欢迎接各种挑战。

上身微倾型：这些人大多个性平和内向，谦虚而含蓄，他们与人相处时，表面沉默寡言，但极重情谊。

昂首阔步型：这种人往往以自我为中心，对人有点淡漠，但思路敏捷，做事有条不紊，富有组织能力。

款款摇曳型：此类多为女性，坦诚热情，心地善良，在社交场合永远是中心人物，极受欢迎。

步履整齐、双手规则摆动型：这种人性格刚毅，意志坚强，具有较强的组织能力，但偏于独断专行。

（十二）注意自己的手势

手势即手臂姿态，手势运用得自然、大方、得体，会使人感到寓意清晰并且含蓄高雅。常用的手势有四种：

1. 横摆式手势

横摆式手势常用于"请进"的手势中，横摆式手势要求五指并拢、掌心向上，然后以肘关节为轴，手从腹前抬起向后摆动至身体右前方，注意不要将手臂摆至体侧或身后、脚跟并拢、脚尖略开、左手下垂、目视来宾、面带微笑。需要注意的是，一般情况下，要站在来宾的右侧，并将身体转向来宾，面带微笑，当来宾将要走进时，向前上一小步，不要站在来宾的正前方，以避免阻挡来宾的视线和行进的方向，并与来宾保持适度的距离。上步后，向来宾施礼、问候，然后向后撤步，先撤左脚后撤右脚，将右脚跟靠于左脚心内侧，站成右丁字步。

2. 直臂式手势

直臂式手势常用于"请往前走"的手势，直臂式手势要求五指伸直并拢、掌心向上、曲肘由腹前抬起、手的高度与肩同高，再向要行进的方向伸出前臂。需要注意的是，在指引方向时，身体要侧向来宾，眼睛要兼顾所指方向和来宾，直到来宾表示已清楚了方向，再把手臂放下，向后退一步，施礼并说，"请您走好"等。

3. 曲臂式手势

曲臂式手势常用于"里面请"的手势，当左手拿着物品或推扶房门而又需要引领来宾时，即以右手五指伸直并拢，从身体的侧前方，由下向上抬起，上臂抬至离开身体45度的高度，然后以肘关节为轴，手臂由体侧向体前左侧摆动成曲臂状。如果此时右手持物，那么方向相反。

4. 斜摆式手势

斜摆式手势常用于"请坐"的手势，当请来宾入座时，即要用双手扶椅背将椅子拉出，然后一只手曲臂由前抬起，再以肘关节为轴，前臂由上往下摆动，使手臂向下成一斜线，表示请来宾入座，当来宾在座位前站好，要用双手将椅子放到合适的位置，请来宾坐下。

二、肢体语言

一个有趣的实验发现：一个女人要向外界传达完整的信息，她的语言成分只占7％，声调占了38％，而剩下的55％的信息，却要通过肢体语言来表达。

（一）头部的动作

我们最熟悉的肢体语言莫过于点头和摇头了，但就连这最简单的点头摇头，如果头部摆动的速度不同的话也会传达出"十分肯定"或"勉强"等不同含义。肢体语言如此丰富，其中蕴藏的信息和附加意义，值得女性好好把握。

在与人交谈中，如果你头部保持中立，表示你对对方的讲话既不感厌烦，也未感到兴趣。倾斜着头听对方讲话，对对方有好感，或对他说话内容有兴趣，就会自然而然地做出类似小孩子撒娇的亲和动作。在别人说话时你把头低下，表示你很消极，而且心中不太愉快。

说话或大笑时用手掩住自己的嘴巴。这是想掩饰自己内心深处秘密的一种特有姿势，因此这种"欲盖弥彰"的动作实际上会让人看出你是在掩盖自己的欲望。

用手捂嘴。一个人说了谎话或者说了错话之后，往往会下意识地去捂自己的嘴——"这个话是不应该说的"。一个人在说话中或说话后有用手触嘴部周围的肢体语言出现，就表明刚刚说过的话有可能不尽真实。

摸鼻子。说话时摸鼻子的动作里，一定隐藏了秘密。或许是说了谎话，下意识地去捂嘴却转变成的触摸鼻子。

两手手指相抵轻触鼻部。这个小动作是一种思考的肢体语言，表示为一迟疑：这句话该不该说，或这件事该不该做。

拉耳朵。拉耳朵的潜台词是"真想结束这番谈话"。对对方所说的话感到厌烦，心里特别想打断对方的话头，让其停止说话，但又不得不忍耐下去。

触摸眼部。一人说话时或说话前后用手触摸眼部的小动作，表示了刚刚说过的话或正在说的话与心相违。这是捂嘴不想说的延伸，即捂眼不敢看。带眼镜的人，可能会用手轻触眼镜框，或把眼镜取下再戴上。

边说话边抚摸自己。和人谈话时，常常会不自觉地用手搔搔头、掏掏耳朵、摸摸脸或揉太阳穴，这表示你内心很不安定。比如当你想与对方和好，又想隐藏一点小秘密，或是对一个男人单相思时，都会由于担心出问题才会做出这些小动作。

频繁地用手去拂额前的头发。当拨开遮住眼睛的头发的实际功能并非必要的时候，就透露出你的敏感和几分神经质。在人际交往中，由于你对别人的态度和言语反应非常敏感，一旦发现了其中涉及自己的事情或内心对此有所触动，就会不由自主地做出这个动作。

不断往后撩自己的长发。这是长发女子最爱做的动作之一，尤其碰到英俊潇洒男士的时候。当然，喜欢做这个动作的女性，多半对自己的容貌或发型很自信。

用手指卷头发。用手指卷自己的头发这种小动作，是一种表示失望的肢体语言。虽然她嘴上什么也不说，但失望的情绪已经表露无遗。

（二）手臂的动作

不停地把玩手边的东西。没有经验的人会以为这时你的注意力在别处，而不是谈话的对方，但眼光厉害的人一下就能看出来你其实内心十分在意对方，甚至是倾心于对方。因为你十分紧张，便不自觉地用手边的一些东西临时转移和释放这种紧张。

一边说"我"一边用手指自己的胸膛。这种动作表示没有自信，由于没有实在感，才会借着指自己而确认自己的存在，并使对方接受自己的意见。

双手绞在一起莫名其妙地用力。说明你感到非常紧张和不自信，生怕自己"露怯"，你内心的忐忑不安在你手上显露无遗。

两手交叉置于胸前。一种典型的防护姿势，因为两手在胸前等于是筑了一道围墙，表达出一种拒绝或否决的心情。这种动作给人的印象既不自信又不友善。

双手缠在一起手心朝上高举向天花板。说明此时此地你充满信心和骄傲，但会被别人认为是得意忘形而感觉不快。

一直搓裙角。穿着窄窄的迷你裙，却又不时拉一拉裙摆，好像是生怕被人看见自己的大腿，却反而引起了别人的注意。这种动作说明你在渴望着他人的目光但又觉得不好意思，在引诱与防卫两种动机中间发生着内心冲突。

在指挥别人工作时，最好不要掌心向下，这样才不会使人感到任何的强制性。另外，伸出食指的姿势也令人不愉快，给人一种强制性和镇压性的感觉，也会让人觉得受到了威胁。

有的女人喜欢指手画脚，用手指指点他人，虽然没有恶意，但却属于一种粗鲁无礼的行为。还有不少女人都乐于十指交叉，好像是在给人一种自信、无忧无虑的无声信号；其实恰恰相反，这是一种焦虑、沮丧的信号，也可能暗示你对一个人的敌对情绪。

把双臂交叉，一手上、一手下，表示你的消极和防御态度。如果是交叉在胸前，再加上双拳紧握，这暗示一种更强烈的防御和敌意态度。如果你习惯一只手握住另一只胳臂，那就表示你自信不足。

在很多表示厌烦的姿态中，手撑着头垂下眼睑是其中较为明显的一种。这种人无意掩饰对正在发生的事情的感觉。他只是张开着手撑着头，摆出一付无可奈何、遗憾的姿态，同时还半睁着眼睛。

如果你总愿意把手叉在腰上，这个姿态表示你总喜欢挑战或进攻，有这种习惯的人要注意改正，不然会引起他人的反感和误会。

当一个人对对方所讲的话题逐渐失去兴趣时，这个人往往会信笔"涂鸦"。商业谈判的研究显示，谈判者谈判内容的兴趣正逐渐消失，就会信手涂鸦。有些谈判者能一边跟人谈话，一边进行与谈判毫不相关的事，例如信笔涂写公式或计算方程式什么的。不管怎样，信笔"涂鸦"总是表明谈判者对谈判感到厌烦的情绪，也许说明他对未来的合作不感兴趣，也许是他对达成协议不抱希望，也许是他早已成竹在胸了。

用手指或用笔以单调的节奏敲着桌面，有了这两种姿态再加上跺脚、晃脚或连续用脚尖踩地，而且连续不断地砰砰作响，无疑这是一种不耐烦的姿态。

玩衣角。当一个人紧张时，会下意识地玩弄衣角，戴的项链、胸针，或反反复复地把衣服的某个纽扣解开再扣上。

"婴儿拳"。"婴儿拳"就是像初生的婴儿一样，把自己的大拇指压在其他四指下握成拳头。这是一种个性极为怯懦的表现。

双手的下压动作。与人交谈时，表情僵硬，目光散乱不集中，双手呈对称式，在言语当中手掌不停地下压，这样的肢体语言表明他在极力地掩饰着什么。

打岔的动作。如果要成为好的听众，最难克服的就是打岔的冲动。一般的听众，有 3/4 左右的时间，是在思考、接受、拒绝或驳斥别人所说的话。每当对方讲的话影响听众的情绪时，插嘴的冲动就大为增强。此时，听众可能做出某种姿态表明他想打岔讲话。

打岔的姿态各有千秋。小学生举手表示要说话的习惯，对人们打岔的姿态有长远的影响。我们知道，举手是准备发言，但许多人改变了这种习惯。比如，一旦手举起来就不立刻缩回，靠在耳垂，轻轻拉一下，然后再恢复原来的位置。这是所谓"拉耳朵"的姿态。

▶经典案例

　　一位绰号叫"鼓手"的劳工谈判家，因为他老以手指敲打着桌面，所以他的心情可以很容易地由敲打节奏的快慢看出来。当进展令他厌烦时，他敲得非常快，用四个指头连续地敲，而且敲得非常响。当他郑重考虑一项提议时，他只用中指敲，轻得几乎听不到声音。当谈判将近尾声，最后衡量对方的提议时，他会一边敲着桌面，一边用另一只手拿起茶杯垫或任何其他的东西检视，好像在说："让我再看一次这东西。"几年后，当他不再处理劳资争议时，才从以前的对手那里得知他泄露了自己的秘密。

（三）腿部和脚部的动作

谈话中抖腿或晃脚。抖脚是由于精神不安与紧张，说明你心中一直期待着某种东西，当期待不满足，这种动作也会持续不断。

谈话中用足尖摇晃高跟鞋。常有这种动作的女性给人的印象是心情非常放松和愉快，而在潜意识里，它往往是一种引诱男性的动作、带有强烈的性意味。

不停地交叉双腿。当你不耐烦了，或是内心烦躁不安、寂寞无聊，就会不自觉地把双腿轮换地跷起来。

还有，当你跨骑在椅子上时，这是一个人面临语言威胁时所做的防护行为。当对他人的讲话感到厌烦或想压下别人的谈话，或想化被动为主动时，就会采取此种坐姿。喜欢这样坐的女性通常会倾向惟我独尊，很难和别人相处。

思考题

[1] 简述言谈的基本礼仪。

[2] 如何创造良好的言谈氛围?

[3] 如何运用好交谈语言?

[4] 如何运用好交谈技巧?

[5] 站姿方面有哪些禁忌?

[6] 下蹲和拣拾东西时主要注意什么?

[7] 如何恰当地运用"无声语言"?

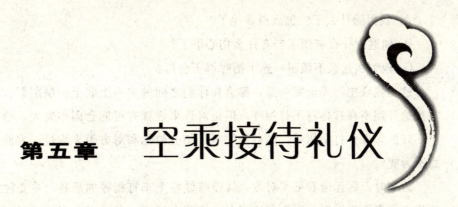

第五章　空乘接待礼仪

第一节　空乘迎送

在实际的空乘接待服务中，最基本的是迎送乘客的活动。迎送礼仪是空乘接待礼仪的基础。做好迎送服务，是提高空乘服务质量的第一步。

一、打招呼

每天你醒来对家人说的第一句话是什么？上班时面对门卫，你的态度怎样？同一个同事一天要见好几次，每次见面你都会和他打招呼吗？这些问题都是我们经常会遇到的，尽管这是小事，但是也反映出一个人的礼貌程度。

如果是一个知晓礼仪的人，那么他每天早晨都会以向家人亲切的问候开始新的一天，每天上班都会响亮友好地同门卫问好，尽管一个同事一天中会见很多次也要同他打招呼，通过打招呼活动，愉快的情绪就会不停地向四周传播。

许多国外公司都非常重视打招呼，不少公司自己规定的礼仪中有一条就是每天早上一上班要响亮地向上司、同事问好，下班前也要与上司、同事告别。这种礼仪规定既表达彼此的尊敬和关怀，同时也融洽了员工之间的关系，凝聚了人心。

如果碰到你所认识的人而不打招呼，很冷漠地对待对方，那可能就是在传递着"我不想与你再交往"、"我不喜欢你"之类的意思。据社会学家的调查分析结果表明，对于和你熟悉的人来说，如果你看到了对方而没有打招呼，对方一般会有如下三点联想：

A. 我做错什么了？怎么得罪他了？

B. 他遇到什么麻烦了？有什么伤心事了？

C. 他怎么这么不懂事？连个招呼都不会打？

这三点联想，无论哪一点，都会在你们之间的关系上蒙上一层阴影。或许对方豁达开朗不在意你打不打招呼，但是对你来说就有可能会因小失大，给对方一个不好的印象。打个招呼，两秒钟的事，却会给你和对方带来愉悦，因此，何乐而不为呢？

骑车时，远远地看见了对方，就提前做好下车打招呼的准备，并要注意向后面的人示意你要下车，不能突然停车，待到走近了，就可以下车打招呼。如果来不及做这些准备，你就不要突然下车了，可以挥挥手问候一声"你好"，需要的话可以解释一下："有急事，就不下车了，咱们回头见！"

遇到长辈、领导、来宾，应当尽量下车打招呼，否则就是很失礼的表现。

如果迎面遇到好多熟人，最好是用响亮友好的言语，如："各位，你们好啊！"这类问候语同大家打招呼，同时也要挥挥你的手臂，眼睛从左到右与每个在场的熟人作目光交流，微笑、点头致礼，使在场的每一个人都能感受到你的友善、亲切和懂礼貌。

如果你正忙着手中的工作，这时有人和你打招呼，你该怎么办？一般来说你应该立刻放下手中的事，用感激的神情注视着对方，回答说："你好！"然后，让对方看到你正在忙着的事情，向对方表示歉意："你看，真不巧，手头正有几件急事要办！不能和你多聊，很遗憾！等我忙完了再去找你好好聊聊，好吗？"千万不能因为有事就以为自己完全有理由拒绝同人家打招呼，这样做是非常失礼的表现，对方也会认为你不尊敬他。

有的上司、同事一天要见好几次面，每次见面都需要打招呼吗？回答也是肯定的。一定要打招呼，否则也是失礼的。

二、称呼

（一）称呼的原则

称呼是当面招呼用的表示彼此关系的名称。称呼语是交际语言中的先锋官。一声亲切而得体的称呼，不仅体现出一个人待人谦恭有礼的美德，而且使对方感到亲切，易于交融双方的情感，为深层交际打下基础。

每个社会成员都在社会大舞台上充当特定的社会角色，而称呼最能准确地反映出人际关系的亲疏远近、尊卑上下，具有鲜明的褒贬性。亲属之间，按彼此的关系，都有固定称呼。在社会交际中，人际称呼就有所区别，称呼不仅反映人的身份、地位、职业和婚姻状况，而且反映对对方的态度及其亲疏关系，不同的称呼内容可以使人产生不同的情态。比如，同是对老年人，就可称老人家、老同志、老师傅、老大爷、老先生、老伯、老叔、老丈，对德高望重者还可称"×老"；切不可称"老头子"、"老婆子"、"老东西"、"老家伙"、"老不死"等。很显然，前者是褒称，带有尊敬对方的感情色彩；而后者则是贬称。使用称呼语时要遵循如下三个原则：

1. 礼貌原则

礼貌原则是人际称呼的基本原则之一。每个人都希望被他人尊重，合乎礼节的称呼，不仅能够表达对他人尊重也能表现出自己有良好的礼貌修养。在社交接触中，称呼对方要用尊称。常用的尊称有："您"——您好，请您；"贵"——贵姓、贵公司、贵方、贵校、贵体；"大"——尊姓大名、大作；"贤"——贤弟、贤媳、贤侄等；"高"——高寿、高见、高明；"尊"——尊客、尊言、尊意、尊口、尊夫人。

2. 尊崇原则

一般来说，汉族人有从大从老从高的心态。如对同龄人，可称呼对方为哥、嫂；对既可称"爷爷"又可称"伯伯"的长者，以称"爷爷"为宜；对副科长、副处长、副厂长等，也称呼××科长，××处长，××厂长。

3. 适度原则

现在很多青年人往往喜欢称人为师傅，虽然亲热，但并不文雅，普适性也较差。对理发师、厨师、企业工人称师傅还好，但对医生、教师、军人、干部、商务工作者称师傅就不恰当了。如把小姑娘称为"师傅"就更不合适了。因此，称呼要根据交际对象、场合、双方关系等选择恰当的称呼。在与很多人打招呼时，还要注意亲疏远近和主次关系。一般以先长后幼、先高后低、先女后男、先亲后疏。

（二）称呼的礼俗

1. 记住对方姓名

美国学者戴尔·卡耐基说："一个人的姓名是他自己最熟悉、最甜美、最妙不可言的声音。"在交际中，最明显、最简单、最重要、最能得到好感的方法，就是记住人家的名字。记住并准确地叫出对方的姓名，会让人感到亲切自然，一见如故。否则，即使有过交往的朋友也会生疏起来。

要记住一个人的名字，一是对于要记住的姓名注意力高度集中，尤其是初次见面并被告知姓名时，最好自己重复一遍，并请对方把名字解析一下以加深自己的印象。二是把姓名脸谱化或将其身材形象化，将对方的特征与姓名一齐输入大脑。如有个青年叫聂品，他的名字是"三个耳朵三张口"，这就易记了。三是把对方的名字与某些事物（如熟悉的地名、物、人名等）联系起来。四是通过交谈，加深了解，并在交谈中尽量多地使用对方的名字。五是借助交换名片，并将名片分类整理；或把新结识的人的姓名及时记在通讯录上经常翻阅。这样，结识的朋友就不容易忘记了。

2. 称呼的方式

称呼的方式有多种：一种是称姓名，如"张三"、"李四"、"王丽"等，称姓名一般适用于年龄、职务相仿，或是同学、好友之间。也可将姓名、职务、职业等并称，如"张三老师"、"李四处长""王丽小姐"等。另一种是称姓和职务，如"张经理"、"刘局长"等。还有一种是称职业，如"老师"、"空乘人员"、"乘务员"、"董事"、"律师"、"营业员"等。再有一种就是称职衔，如工程师、教授、上尉、大校等。再有就是亲称，如"马爷爷"、"赵叔叔"、"丁阿姨"等。最后是一般的称呼，如"先生"、"夫人"、"太太"、"小姐"、"同志"等，这是最普遍、最常用的称呼。

一般在正式场合的称呼应注重身份、职务、职称、职衔；非正式场合可以按照辈分、姓名等称呼。在涉外活动中，应按照国际通行的称呼惯例，对成年男子称先生，对已婚女子称夫人、太太，对未婚女子称小姐，对年长者但又不明其婚姻状况的女姓或职业女性称女士。这些称呼均可冠以姓名、职称、职衔等。如"布莱尔先生"、"上校先生"、"护士小姐"、"曼德拉夫人"等，再如"部长阁下"、"总统阁下"、"总理阁下"等。在美国、墨西哥、德国等没有称"阁下"的习惯，因此对这些国家的人可以"先生"相称。对有学位、军衔、技术职称的人士，可以称他们的头衔，如××教授、××博士、××将军、××工程师等。外国人一般不用行政职务称呼别人，不称"××局长"、"××校长"、"××经理"等。社会主义国家之间，可以称职务或同志。在美国，人们常把直呼其名视为亲切的表示，只是对长者、有身份地位的人例外。

▶经典案例

这里没师傅，只有大夫

某高校一位大学生，用手捂着自己的左下腹跑到医务室，对坐诊的大夫说："师傅，我肚子疼。"坐诊的医生说："这里只有大夫，没有师傅。找师傅请到学生食堂。"学生的脸红到了耳根。

评析：

对于文化人称呼一定要明确，这样才能减少尴尬，这样既体现了自己的文化水平，也表示了对他人的尊重。当然，作为大夫也应该注意服务态度，讲究礼仪修养。对顾客不当的语言应予以宽容，批评对方要采用委婉的语气。

3. 称"字"不呼名

中国人除了有名还有字。文人雅士还要以居处、境况、志趣等为自己取号。一般说来，名是由父亲或长亲起的，是供尊长叫的；字是为了"敬其名"而由朋友取的，是供别人叫的。如刘备被称为刘玄德，诸葛亮被称为诸葛孔明，关羽被称为关云长等。朋友及平辈之间互称其字，以示尊敬和亲近，自称只能称名表示谦逊。一些人有名有字一直延续到近现代，如毛泽东字润之，朱德字玉阶等。

（三）称呼的忌讳

在人际交往中，为了使自己对他人的称呼不失敬意，应注意称呼上的一些忌讳。

1. 不使用绰号和庸俗的称呼

不能随意给人起绰号，称呼"哥们儿"、"姐们儿"、"腕儿"等，这些称呼不仅登不上大雅之堂，还有可能造成不愉快或伤害。

2. 不使用行业性或地域性的称呼

行业性的称呼如：师傅、老板、出家人等称呼；而"爱人"这一称呼带有地域性，在国内我们知道"爱人"是表示自己的丈夫或妻子，但是在国外，"爱人"往往被理解为充当第三者的"情人"。

3. 避讳不吉利的词语和恶言谩骂性词语

一些不吉利的语言，如"死"字，历来都被国人忌讳，为此国人就另造了一些词来表达死的含义。如百年之后、老了、去世、下世、过世、辞世、病故、病逝、长逝、长眠、仙逝、作古、不在了、远行等等。再如北京地区为了避免骂人嫌疑，将沾了"蛋"字边的东西都改了名；鸡蛋叫作鸡子儿，皮蛋被叫作松花，炒鸡蛋称为摊黄菜，鸡蛋汤叫木樨汤。这些言语忌讳不仅反映了人们趋利避害的思想倾向，也显示了对他人的尊重。

三、鞠躬、拱手与致意

（一）鞠躬礼

1. 鞠躬礼的形式与适用场合

鞠躬即弯身行礼，是中国一种古老而文明的对他人表示敬重的礼节（参见彩插 2-①）。鞠躬礼分为一鞠躬礼和三鞠躬礼两种。行礼之前，应脱帽或摘下围巾，身体肃立，目光平视，身体上部向前下弯约 90 度，目光也随之下垂，然后恢复原样。鞠躬礼几乎适用于一切社交场合，普适性很强，既适用于庄严肃穆或喜庆欢乐的场合，又适用于普通的社交场合。在国际交往中有时也行鞠躬礼。

适用鞠躬礼的场合主要有：演出场合，演员谢幕时应向观众行鞠躬礼；演讲会上，演讲人讲演前和讲演完毕后，向听众行鞠躬礼；领奖台上，领奖人向授奖人和与会者行鞠躬礼；在教室里，老师上下课前与学生互致鞠躬礼；在结婚典礼中，新郎新娘三鞠躬及向主婚人、尊长、亲友三鞠躬；在悼念活动中，向死者或先驱者三鞠躬。在平常公务和社交活动中，在初见的朋友之间、同志之间、宾主之间、下级上级之间、晚辈长辈之间，为了表达对对方的尊重，都可以行鞠躬礼。

2. 鞠躬礼的礼节要求

（1）鞠躬的先后

施鞠躬礼也有先后，一般是辈分、地位或职务较低的一方向辈份、地位、职务较高的一方鞠躬。通常，受礼者应向施礼者施前倾幅度大致相同的鞠躬礼作为还礼。但是，上级或长者还礼时，不必以鞠躬还礼，可以欠身点头或通过握手的方式还礼。

（2）鞠躬的角度与方法

遇到师长、长辈施行鞠躬礼时，要距离师长或长辈约两三步远，取立正姿势，双目注视受礼者，面带微笑，鞠躬时，以腰部为轴，整个腰及肩部向前倾 15

度至90度，具体的前倾幅度要根据行礼者对受礼者的尊敬程度而定。一般对初识者鞠躬15度，服务员向顾客鞠躬30度，同级、同辈人相见鞠躬45度，对最尊敬的师长鞠躬90度。施礼时，目光向下，同时问候"您好"、"早上好"、"欢迎光临"等。施鞠躬礼前，应先脱帽再鞠躬问安。鞠躬完毕，目光不得斜视和环视，不得咒骂，嘴里不得叼烟卷或吃东西，鞠躬的动作不能过快，要稳重、端庄，并带着崇敬的感情。

（3）男女鞠躬时手位的不同

男士在鞠躬时，应将双手贴放于身体两侧裤线的稍前一点，女士在鞠躬时，应将双手下垂轻轻搭放在小腹前。

3. 鞠躬礼的异域礼俗

鞠躬礼在东亚国家很流行，尤其是在朝鲜、韩国，特别是日本很盛行。由于特殊的历史背景，形成了日本人日常交际低姿态待人的民族习惯。在日本，有绅士风度的人，一天到晚总在弯腰鞠躬。《现代》周刊统计，一家百货公司开电梯的姑娘平均每天要向乘客鞠躬2500余次，而且女子比男子鞠躬的次数要多35%，每次鞠躬所占时间是1.4秒，比男子多0.5秒。

日本人的鞠躬礼，不仅使用频繁，而且有很多的讲究。其中"站礼"即站式鞠躬的基本做法已如前述，但不同的弯身程度则表示不同的尊敬程度，鞠躬时还要伴随问候语。对同事和平辈行鞠躬礼时应立正站好，背部挺直，目光恭恭敬敬地朝下，微微一鞠躬，叫做"会释"；女士则一只手压着另一只手放在腹前鞠躬。学生对老师、晚辈对长辈、下级对上级、个人对集体、演员对观众、服务员对顾客行鞠躬礼时，弯身的幅度要大一些，行礼者双手应放在双腿正面，随着弯身将手指尖下垂至大腿中部为止；向名人、贵客和有恩于己的人士表示特别的敬意和感激时，行鞠躬礼弯身的幅度最大，其双手的指尖应至双膝为止。

日本的"坐礼"就更为复杂一些，有三种形式：一是"双手礼"。行礼时，脊椎和脖颈挺直，整个上身向前倾伏，双掌向前靠拢着地，几乎达到面部也着地的程度，这是日本的最高礼节。二是"屈手礼"。行礼时上身向前倾斜约45度，面部向下，双手着地，此礼用于同辈间。三是"指尖礼"。行礼时双手垂于两膝侧，指尖着地，身体前倾约5度，此礼多用于接受晚辈施礼和接受对方问候的时候。各式"坐礼"，常在日本房间的"榻榻米"上施行。

此外，在土耳其、马来西亚等穆斯林国家，也行鞠躬礼，但施礼的方式有所不同。如土耳其人在送别亲友时施用交手鞠躬：先将双手伸平，然后交叉胸前，深深地鞠躬90度，以示对客人的敬重。马来西亚的男子在见面时，则施用抚胸鞠躬礼：宾主相见，先举右手抚于自己的胸前，随之深深地鞠躬，以表示对客人的真诚敬意。阿拉伯人见面时总是把右手举到额头行鞠躬礼，并说："我的主，我的心，愿你一切平安！"

（二）拱手礼

在中国，亲友相见，特别是在春节团拜、父老兄弟登门拜访、祝贺时，一般都会行拱手礼，它是古代一直延续至今的一种重要的相见礼，已经有两千多年的历史。拱手礼的做法是：行礼者首先站立，右手半握拳，然后用左手在胸前扶住右手，双目注视对方，同时臂的前部上举齐眉，弯腰自上而下，面向对方方向轻轻摇动三下。行礼时，可向受礼者致以祝福或祈求，如"恭喜发财"、"请多关照"等。行拱手礼时应注意，一定要用左手扶抱右手，意味着施礼者愿在受礼者面前去掉自己的锋芒，向受礼者表示友好。有学者认为拱手礼要好于握手礼，其好处有二：之一是从医学卫生的角度讲，行拱手礼时不发生身体接触，可以避免传染，有益健康；之二是从心理感受的角度讲，拱手的力度、时间的久暂，完全取决于自己，不会感受对方的压力。

（三）致意礼

1. 致意礼的先后顺序

致意礼就是打招呼，它是已相识的友人之间在相距较远或不宜多谈的场合，用无声的动作语言相互表示友好尊重的一种问候礼节。

致意的基本规则是职位低者先向职位高者致意，学生先向老师致意，晚辈先向长辈致意，未婚者先向已婚者致意，男士先向女士致意。作为女士，惟有遇到长辈、老师、上司、特别敬佩的人或见到一群朋友时，才需首先先向对方致意。当然，在实际交往中绝不应拘泥于上述的顺序原则。作为长者、上司，为了倡导礼仪规范，也为了展示自己的平易、随和，主动向晚辈或下级致意会使自己更有影响力。遇到别人向自己首先致意，都必须马上用对方所采取的致意方式"投之以桃，报之以李"回敬对方，绝不可置之不理。

一般来说，致意是一种无声问候，因此距离不能太远，一般应在3—20米的范围内为好，不能在对方的侧面或背面，因为对方很可能没有看到你。当然，有时与相遇者侧身而过时，施礼者也可以用"您好"、"早上好"等问候，同时伴有非语言信号致意，这样使致意更具有亲密感。受礼者也应用同样的方式以示答谢，还礼。

2. 致意礼的形式

致意礼一般有以下几种形式：

（1）举手致意

在公共场合遇到相识的人，距离又比较远时，一般不作声，可以全身直立，面带微笑，目视对方，略略点头。手臂轻缓地由下而上，向侧上方伸出，手臂可全部伸直，也可稍有弯曲。致意时伸开手掌，掌心向外对着对方，指尖指向上方。手臂不要向左右两侧来回摆动。

（2）点头致意

在一些不宜交谈的场合（如会议）可以通过点头的形式向对方致意，点头打招呼时，点头者应看着对方，面带微笑，并把上体略向前倾 15 度左右。

（3）微笑致意

微笑是友好的使者，它可以用于同不相识的人初次会面时，也可以用于在同一场合反复见面的老朋友身上。

（4）欠身致意

全身或身体的上半部分在目视被致意者的同时，微微向上、向前倾一下。意在表示对被致意者的恭敬，可以向一人或几人欠身致意，可以站着向他人欠身致意。

（5）脱帽致意

脱帽表示对尊者的顺服。戴有礼帽或其他有檐帽的男士，遇到友人特别是女士时，应微微欠身，用距对方较远的那只手摘下帽子，并将其置于与肩平行的位置，同时与对方交换目光；当要离开对方时，脱帽者才可以将帽子戴上。若在路上行走时与友人迎面而过，只要用手把帽子轻掀一下即可。如要停下来与对方谈话，则一定要将帽子摘下来，拿在手上，等说完话再戴上；如因头痛等原因不能摘帽，应向对方声明，并致歉意。如男士向女士行脱帽礼，女士应以其他方式向对方答礼，女士一般不行脱帽礼。

上述几种致意方式，在同一时间对同一对象，可以用一种，也可以几种并用。如点头、欠身、微笑或欠身、脱帽等，也可以根据自己对对方表达友善恭敬的程度选择一种或几种致意的方式。相互致意时要注意文雅，一面致意，一面高声叫喊，或在致意时将手插在衣裤兜里，或致意时嘴里叼着香烟，这些都是不礼貌的致意方式。

四、握手、拥抱与吻礼

握手、拥抱与吻礼是交际双方以身体接触来传递信息情感的礼貌举动，是一种触摸语言，具有很强的可感性。

（一）握手礼

1. 握手的场合

需要握手的场合很多，聚、散、忧、喜都握手，握手礼是目前世界许多国家通行的礼节，也是人们日常交际的基本礼节。有一句顺口溜说：相逢点头笑，握手问个好，笑容挂眉梢。握手是社交活动中一个非常重要的使者。对陌生的人，握手是结成友谊的桥梁；对远方的来客，握手能表达浑厚的渴望之情；对爱恋的人，握手是心灵的交流；对危难的人，握手能够增强信心和力量。至少有以下几种场合需要握手：在你被介绍与人相识时；与友人久别重逢时；社交场合突遇熟人时；迎接客人和送别客人时；拜托别人办事时；与客户交易成功时；别人为自己提供了帮助时；向人表示祝贺、感激、鼓励；劝慰友人时。握手应本着"礼貌待人，自然得体"的原则，灵活地掌握好握手的时机。以显示自己的修养和对对方的尊重。握手虽然简单，但握手动作中的主动与被动、力量大小、时间长短、身体姿势、面部表情及视线方向等，往往表现能表现出握手双方对对方的礼遇和态度，因此，握手虽然是很小的动作，但其中大有讲究。

2. 握手的礼节

（1）握手的顺序

握手的顺序，应根据握手双方的社会地位、年龄、性别和宾主身份来确定。按照"尊者在前"（或"尊者决定"）的原则，即尊者先伸手才能相握。在上级与下级之间、长辈与晚辈之间，应是上级或长辈先伸手，下级或晚辈先问候，待前者伸手后才能相握；在男士与女士之间，女士伸手后，男士才能相握，如女士没有握手的意思，男士可点头或鞠躬致意；若男方已是祖父辈年龄，则男方先出手也是适宜的。在平辈的朋友中，相见时先出手为敬。在宾主之间，客人抵达时应由主人先伸手表示欢迎；客人告辞时，应由客人先伸手表示辞行，主人才能相握，否则便有逐客之嫌。如要同许多人握手时，其礼仪可由尊而卑，依次进行。即先职位高者后职位低者，先长辈后晚辈，先女士后男士，先已婚者后未婚者，或由近而远依次进行。在接待外宾时，作为主人有向外人伸手的义务，无论对方是男客女客，主人都应先伸手以示欢迎。在社交场合，当别人忽视握手礼的先后顺序而已经伸出手时，要毫不迟疑地立即回握，拒绝他人的握手是不礼貌的。在公务场合，握手时伸手的先后顺序主要取决于职位、身份。在社交、休闲场合，则主要取决于年纪、性别和婚否。此外，注意握手时手的温度，尽量不要用冰冷的手与人相握，此时如果不能避免握手，要向对方表示一下歉意。

(2) 握手的三要素

① 握姿。握手的正确做法是人们在介绍之后或互致问候的同时，双方各自伸出右手，彼此之间保持一步左右的距离，手略向侧下伸出，拇指张开，其余四指自然并拢并微微内曲，掌心凹陷，握手时双方伸出的掌心都要不约而同地向着左方，然后用手掌和手指与对方的手扣合。伸手的动作要稳重、大方，态度要亲切、友好、热情。右手与人相握时，左手应当空着，并贴着大腿外侧自然下垂，以示用心专一。如图 5-1 所示。

图 5-1 握手礼

一般要站着握手，除老弱残疾者和女士外，不能坐着握手。为了表示尊敬，握手时上身略微前倾，头略低一些，面带笑容，注视对方的眼睛，边握手边说："您好！""见到您很高兴！""欢迎您！"等话语。握手时可以上下微摇也可采取双握式，即右手紧握对方右手时，再用左手加握对方的手背和前臂。如图 5-2 所示。

图 5-2 双握礼

军人戴军帽与对方握手前，应先行军礼，然后握手。当自己的手不干净时，应亮出手掌向对方示意声明，并表示歉意。

② 时间。握手时间的长短可因人因地因情况不同而不同。握手时间太长，会使人局促不安，握手时间太短往往不能表达出热烈的情绪。初次见面时握手时间应控制在 3 秒钟左右；在多人相聚的场合，不宜只与某一人长时间握手，以免引

起他人误会。

③ 力度。握手力量要适度，牢而不痛，握手的力量大约 2 千克左右的力，以对方不感到疼痛为宜。"虎钳式"握手力量过大，虽然能够显示出热情，但有些粗鲁无礼；过轻的抓指尖握手又显得妄自尊大或敷衍了事；特别是男性与女性握手时，男方只须轻轻握一下女方的四指即可。

握手不仅是相互传情递意，联络沟通的手段，而且从握手的姿势中可透露双方的心态及性格特点。美国著名盲女作家海伦·凯勒说，我接触过的手，虽然无言，却极有表现性。有的人握手能拒人千里，感觉冷冰冰的，而有些人的手却充满阳光，他们握住你的手，使你感到温暖。握手的姿势千差万别，但握手的态度归纳起来可分为三种：即支配型、顺从型、平等型。在这三种基本态度中，平等型的握手所传递的信息是："我喜欢你，我们可以相处得很好。"而支配型和顺从型的态度正好相反。握手时，如果对方手掌心向下，握住你的手，你应该立刻意识到对方的权力欲和垄断欲很强，这种掌心向下的握手方式，就暗示出对方在此时此地处于高人一等的地位。与此相反，如果对方握住你的右手时掌心朝上，你应该意识到，你面前的人属于顺从型，这种人可能处世比较民主、谦和、平易近人，对你比较敬仰。这种人往往容易看别人的意思改变自己的看法，容易被他人支配。

3. 握手"十一忌"

一忌不讲先后顺序，抢先出手；

二忌目光游移，漫不经心；

三忌不摘手套、墨镜，自视高傲；

四忌掌心向下，目中无人；

五忌用力不当，鲁莽或敷衍了事；

六忌左手相握，有悖习俗；

七忌交叉握手，形成"十"字，有凶兆之嫌；

八忌握时过长，让人无所适从；

九忌滥用"双握式"，令人尴尬；

十忌"死鱼"式握手，轻慢冷漠。（手像一条死鱼，冰冷、松软、毫无热情，手掌也没有任何反应。）

十一忌出汗的手或冰冷的手。保持手掌干燥，如果你的手容易出汗，最简单的做法就是在握手前悄悄把汗擦干，不过这一动作要做得隐蔽、迅速而优雅，以免引起人们的侧目；如果你戴着手套最好，不必脱手套。宴会上可以改用左手握冰凉的杯子，以保持右手干爽。当然，如果你的手经常冰冷，不妨把手放进口袋里或椅垫上捂热一下，不过可别热过头了，而出了更多的汗。

4. 握手礼的异域习俗

在许多国家或地区，由于民族、文化、习惯、风俗的不同，握手的形式或意义也有所不同。如对于美国人，美国人比较不拘礼节，第一次见面可能会笑一笑，说声"嗨"或"哈喽"，并不正正经经地握手。对意大利人不要主动握手，只有对方主动伸手时，才可以自然地伸手相握。日本男人往往一边握手一边鞠躬，日本女士一般不跟别人握手，只是行鞠躬礼。在菲律宾的某些地方，人们握过手会转身向后退几步，向对方表示身后没有藏刀，是真诚的握手。在太平洋中部和西南部岛上的大洋洲人，见面时用中指互相勾上，再轻轻地向各自的方向拉一拉，这就表示亲切的问候。尼日利亚人在握手前要用大拇指在手上轻轻弹几下然后再握手。坦桑尼亚人则在见面时先拍拍自己的肚子，然后鼓掌，再相互握手。东非一些国家的人们先是握手，然后再握住对方右手的拇指，以示亲热。握手礼在世界许多地方可谓"花样百出"，但这些花样百出的握手礼通常不是全球性礼节。

（二）拥抱礼

在欧美各国、中东和南美洲，久别重逢的亲友、熟人见面或告别之时，常常会拥抱，在拥抱的同时还要亲吻。这种礼节要根据场合和关系的不同而不同，拥抱分为热情拥抱和礼节性拥抱（轻轻搂一搂）。拥抱不但是人们日常交际的重要礼节，也是各国领导人在外交场合的见面礼节。它和亲吻一样，也是通过身体的某一部分的接触来表示尊敬和亲热。拥抱可以理解为距离缩短了的

图 5-3　礼节性拥抱

握手，或者是胸部的"亲吻"。人们在拥抱中，可感受到对方的精神扶助力量和友好情意。拥抱礼的标准做法是，两人相距20厘米，相对而立，各自抬起右臂，将右手扶着对方的左后肩，左手扶着对方的右后腰。双方的头部及上身向左前方相互拥抱，并与右侧面颊相贴，礼节性的拥抱即至此结束，即一抱就停止。如图5-3所示。

为了表达更为亲密的感情，可以在向左侧拥抱之后，然后头部及上身向右前

方拥抱,最后再回到左前方拥抱,面颊也随之相贴才算礼毕,即三抱后停止。

男女之间则抱肩拥抱,与此同时亲面颊的方式是左—右—左交替。作为公关礼仪的拥抱,双方身体不宜贴得太紧;拥抱时间也较短,更不能用嘴去亲对方的面颊。西方人在商务往来中一般不使用拥抱礼。

实施拥抱礼,首先要注意对象。了解哪些人可以实施拥抱礼,哪些人不可以实施拥抱礼。在涉外活动中,实施拥抱礼主要是在欢迎欧美和南美洲的来宾时所采用,亚洲国家除巴基斯坦和中东以外,一般不实施拥抱礼。其次,要留意场所。异性之间情感性拥抱,不宜在公共场所,应采用隐蔽形式。

(三)吻礼

吻礼是欧美各国人们在社交活动中,会见亲朋故旧或与家人会面时的一种表示亲密、热情、友善的见面礼。这种礼节虽在国内不多见,但在涉外活动中可能遇到。

吻礼包括亲吻和吻手礼,亲吻是西方的一种礼俗,源于古罗马。亲吻不同于接吻,因行礼者之间的相互关系不同,相互亲吻时"接触"的具体部位也各不相同。长辈与晚辈亲吻时,长辈吻晚辈的额头;晚辈则吻长辈的下颌。平辈亲友、熟人之间行亲吻礼,只能相互轻吻一下或轻轻贴一下对方的面颊(亲脸)。接吻即"亲嘴",仅是母婴、夫妻或情侣们的"专利"。除了亲吻、接吻以外,近来一种互不接触的"飞吻"也流行起来。行这种吻礼时,先用手接触一下自己的嘴唇,然后挥手指向对方,以此象征把吻送给了对方,这种"飞吻"在悉尼奥运会已屡见不鲜。吻礼中蕴含着性的成分,是一种十分敏感的礼节。因此对吻礼应谨慎使用,特别对于接吻更要注意场合。在西方,亲吻礼虽比较流行,但即使是夫妻或情侣也不在大庭广众之前接吻,连素有浪漫之都之称的巴黎,至今还明令禁止人们在街头接吻。在德国则不提倡拥抱和吻面颊。一些阿拉伯国家,人们虽以亲吻为礼,但仅限于同性之间使用。

吻手礼是流行于欧美上流社会异性之间的一种最高层次的见面礼。行吻手礼时,男士行至女士面前约80厘米处,首先立正欠身致敬,女士先将右手轻轻向左前方抬起约60度时,做下垂姿势,男士以右手或双手轻轻抬起女士的右手,同时俯身弯腰以自己微闭的嘴唇象征性地轻触一下女士的手背或手指,动作要稳重、自然、利索,不发出声音,不留"遗迹"。行吻手礼仅限于室内,而且主要是男士向已婚女士行吻手礼,是男士有教养的表现。因此,在涉外场合,如果外方男士向中方女士行吻手礼时,应礼貌地接受。

在尼泊尔、斯里兰卡、也门及波利尼西亚，吻足礼也十分流行。晚辈拜见长辈或子女见到久别的父母、庶民晋见王族成员时，亲吻对方的脚面，这就是吻足礼；或用象征性的吻足礼，即行礼者跪下用右手摸一下地，再摸一下自己的额头，就不必"亲"对方的脚面了。

在西亚与北非的沙漠地区以及新西兰的毛利人，彼此见面习惯用碰鼻礼，行礼时双方只须先碰一下额头，再轻轻接触一下鼻头，就算互致问候了。

五、介绍

（一）自我介绍礼节

介绍是见面相识和发生联系的最初方式也是社交和接待活动中的普遍礼节。巧妙得体的自我介绍，可以为双方进一步交往奠定良好的基础，同时，也能够显示出自己良好的交际风度。介绍可以在许多场合进行，如宴会、舞会、亲友聚会、寿庆、婚礼、会议、商店，甚至路上相遇等。

自我介绍时，先向对方点头致意，得到回应后再向对方介绍自己的姓名、单位和身份，同时递上事先准备好的名片。自我介绍时，可掌心向内，轻按左胸，但不要用拇指指向自己。表情要亲切自然，注视对方，举止庄重大方，态度镇定，充满自信，表现出渴望认识对方的热情。如果你担负一定的领导职务，不要一见面就自夸，最好只说自己在某单位工作。

做自我介绍时，应掌握时机。可选择初次见面的时候或对方有兴趣的时候。内容繁简适度，态度谦虚，注意礼节。一般以半分钟为宜，情况特殊也不宜超过1分钟。如对方表现出有进一步认识自己的愿望，则可在报出本人姓名、供职单位及职务的基础上，再简略地介绍自己的籍贯、学历、爱好、专长及与某人的关系等。当然，在进行自我介绍时，应该实事求是，既不能把自己拔得过高，也不要自卑地贬低自己。介绍用语要留有余地，不宜用"最"、"极"、"特别"、"第一"等表示极端的词语。

在交际场合，如果你想结识某人，可采取主动的自我介绍方式。例如："您好！我叫×××，见到您很高兴。"以引起对方的应答。也可采取被动的自我介绍方式，先婉转地询问对方："先生（小姐）您好！请问我该怎样称呼您呢？"待对方作完自我介绍再顺势介绍自己。总之，自我介绍要以自己的诚实、坦率，让对方愿意同你结识。

自我介绍除了用语言之外，还可借助介绍信、工作证或名片等信物证明自己的身份，作为辅助介绍，以增强对方对自己的信任。

（二）居中介绍礼节

居中介绍即自己作为中间人为他人介绍，就是把一个人引见给其他人相识沟通的过程。善于为他人做介绍，可以使你在朋友中享有更高的威信和影响力。充当居中介绍的人员一般是公关礼宾人员、东道主、在场的地位最高者或是与被介绍人双方都相识的人。

1. 介绍顺序

居中介绍时，介绍者处于当事人中间。介绍前必须了解被介绍双方各自的身份、供职单位以及双方有无相识的愿望，衡量一下有无为双方介绍的必要，之后，再选择时机进行介绍。介绍的先后顺序应坚持：受到特别尊重的一方有先了解对方的优先权，故应将职位低的介绍给职位高者，将年轻的介绍给年长者，将年龄和职务相当的男士介绍给女士，将客人介绍给主人，将未婚者介绍给已婚者，将本公司职务低的人介绍给职务高的客户，将个人介绍给团体，将晚到者介绍给早到者。在口头表达时，先称呼职位高者、长辈、女士、主人、已婚者、先到场者，再将被介绍者介绍出来，然后再介绍先称呼的一方。这种介绍顺序的共同特点是"尊者居后"，以表示对"后来居上"的尊敬之意。对来宾中的已婚夫妇，即使他们站在一起，也应把他们当成享有独立人格的人分别介绍。如丈夫将妻子介绍给朋友相识，应先将对方介绍给妻子，然后将妻子介绍给朋友；而当妻子介绍丈夫给朋友相识时，应先将丈夫介绍给朋友，再把朋友介绍给丈夫。

2. 介绍人的神态与手势

居中介绍者在为他人做介绍时，态度要热情友好，语言清晰明快。做介绍时，介绍人应起立，行至被介绍人之间，呈三角站立，在介绍一方时，应微笑着用自己的视线把另一方的注意力引导过来。手的正确姿势应抬起前臂，五指并拢伸直，手掌向上倾斜，指向被介绍者，但介绍人不能用手拍被介绍人的肩、胳膊和背等部位；更不能用食指或拇指指向被介绍的任何一方（参见彩插2-③）。

3. 介绍人的陈述

介绍人在作介绍时要先向双方打招呼，使双方有思想准备。介绍人的介绍语应简明扼要，分寸恰当，使用敬辞。一般不介绍私人生活方面的情况，如居住地址、婚姻之类。在较为正式的场合，可以说："尊敬的×××先生，请允许我向您介绍一下……"或说："××，这就是我向你常提起的×××。"在介绍中要避免过分赞扬某个人，给人留下厚此薄彼的感觉。在介绍别人时，切忌把复姓当作单姓，常见的复姓有"欧阳"、"司马"、"司徒"、"上官"、"诸葛"、"西门"等，注意不要把"欧阳明"称"欧先生"。当介绍人为双方介绍后，被介绍人应向对方点头致意，或握手为礼，并以"您好"，"很高兴认识您"，"幸会、幸会"等友善的语句问候对方，表现出结识对方的诚意。

介绍人给双方介绍完后，不要马上离开，应给双方交谈提示话题，可有选择地介绍双方的共同点，如相似的经历、共同的爱好和相关的职业等，待双方进入话题后，再去招呼其他客人。

4. 对介绍的应答

一旦被介绍，你就成了大家注意的中心。这时你应做出应答：一是如果你是坐着的应起立，如不能起立，也应欠身表示一下。二是如果你是站着的，要走向对方，注视对方，面露微笑，以示对对方的尊重。三是握手。这是信任和尊重的表示，也是互相致意和问候的一种方式。四是向对方招呼。重复对方的名字和职务（职称），表示尊重。

（三）集体介绍时的礼节

集体介绍礼仪也有顺序和尊卑之别。集体介绍有两种，"单向介绍"和"多向介绍"两种。集体介绍的顺序应对比"居中介绍礼仪"的规矩，并要考虑到"单向介绍"和"多向介绍"的特点。

单向介绍，如讲演、报告时，只介绍主角，即讲演人或报告人。如为两个团体进行介绍，应先介绍东道主或人少的一方。并要注意按照人的身份、地位从低往高进行介绍，对尊者最后介绍。多方介绍则应由尊者开始逐渐向下介绍，或从近处开始逐渐向远处。其排列方法有：或以负责人身份为准，或以单位规模为准，或以单位名称的英文字母顺序为准，或以抵达的时间为准，或以座次为准，或以距介绍者的远近为准。集体介绍的内容，原则上与"居中介绍"的内容相同。

六、告别

告别也称道别，它是空乘接待工作的最后阶段，是整个接待工作必不可少的一个环节。"天下没有不散的宴席"，任何活动都有结束的时候，所有欢聚总有分别之时，一切相逢总有告别之时。处理好告别这一环节，能使接待工作圆满结束，不仅给人以善始善终之感，而且有助于今后更好的交往。不然，会使整个接待工作虎头蛇尾，有始无终，给双方留下不可弥补的遗憾。

在分别时，空乘人员不仅要饱含深情地说好告别词，还应辅以挥手的动作。挥手道别也是人际交往中的常规手势，采用这一手势的正确做法是：1. 身体站直，不要摇晃和走动。2. 目视对方，不要东张西望，眼看别处。3. 可用右手，也可双手并用，不要只用左手挥动。4. 手臂尽力向上前伸，不要伸得太低或过分弯曲。5. 掌心向外，指尖朝上，手臂向左右挥动；用双手道别，两手同时由外侧向内侧挥动，不要上下摇动或举而不动。

第二节　空乘出行

一、步行礼仪

我们每个人都要走路，在走路时要遵守步行的礼仪。步行的礼仪是行的礼仪的重要内容。具体而言，步行礼仪涉及一个人行走时的各个环节。空乘人员应当特别注意以下几点。

（一）注意与交通规则有关的问题

任何国家中的任何人都有遵守交通规则的义务。要遵守交通规则，首先就必须对其有一定程度的了解。一般而言交通规则有两类：一类是具有普遍性的交通规则，能够在世界各国通用的交通规则。比如横穿马路时，必须依照规定，走过街天桥、地下通道或人行横道，不允许随意穿行马路，或是跨越栏杆；在通过人行横道时，要注意交通指示灯，并且严格地遵守"红灯停、绿灯行"的惯例。在街道上行走时，一定要走人行道；不允许在机动车道上走来走去。另一类则是具有特殊性的交通规则。这些交通规则只是在某些国家适用，在另外一些国家则不一定适用。例如目前世界上存在两种行进方向的模式。一种是"英式"，以英国为代表，行进时要居左而行。另一种称为"美式"，以美国为代表，行进时要求居右而行。再者，有的国家往往会划出一些道路作为专用通道，如仅供盲人专用的"盲道"。还有一些国家，则对外国人划出了一些禁区，是不可擅闯乱行的。

（二）注意与礼仪惯例有关的问题

例如与他人同时行进时，你是处在对方的前面还是后面，左面还是右面？这个问题是同礼仪有很大关系的。在一般情况下，尤其是在人比较多时，通常讲究的是"以前为尊，以后为卑"。前面行走的人，在位次上高于后面行走的人。因此，一般应当请客人、女士、尊长行走在前，主人、男士、晚辈与职位较低者则应随后而行。不过有两点提醒你特别注意：就是行进时应自觉走在道路的内侧，以方便他人通过。在客人、女士、尊长对前进的方向不了解或是道路较为坎坷时，主人、男士、晚辈与职位较低者则须主动在前面带路或开路。如果这时道路状况允许两人或两人以上并排行走时，一般讲究"以内为尊，以外为卑"，就是说里面的人是尊贵的，外面的是带路或保护的。如果当时所经过的道路并无明显内侧、外侧之分时，则可采取"以右为尊"的国际惯例。当三个人一起并排行进时，有时亦可以居于中间的位置为尊贵之位。以前进方向为准，并行的三个人的具体位次，由尊而卑依次应为：居中者，居右者，居左者。

二、乘车礼仪

日常生活中，乘车是必不可少的活动，有关乘车的礼仪主要包括乘车时的座次礼仪和礼待他人的礼仪。乘坐轿车与乘坐公共汽车、火车、地铁时的座次，各有不同的讲究。即使是坐轿车，如果轿车的类型不同，乘车时座次排列也会不同。

在乘坐吉普车时，前排驾驶员身旁的副驾驶座为上座。车上其他的座次，由尊而卑，依次应为：后排右座，后排左座。

在乘坐四排座或四排座以上的中型或大型轿车时，通常以距离前门的远近来确定座次，离前门越近，座次越高；而在各排座位之上，则又讲究"右高左低"的礼仪，简单地讲，可以归纳为：由前而后，自右而左。

在乘坐双排座或三排座轿车时，座次的具体排列，则会因驾驶员的身份不同，而具体分为下述两种情况：

第一种情况，当所乘轿车是由车主人亲自驾驶时。在这种情况下，双排五座轿车上其他的四个座位的座次，由尊而卑依次应为：副驾驶座、后排右座、后排左座、后排中座。

三排七座轿车上其他的六个座位的座次，由尊而卑依次应为：副驾驶座、中排右座、中排中座、中排左座、后排右座、后排中座、后排左座。当主人亲自驾车时，若一个人乘车，则必须坐在副驾驶座上；若多人乘车，必须推举一个人在副驾驶座上就座，不然就是对主人的失敬。

第二种情况，当你所乘的轿车是由专职司机驾驶时。在这种情况下，双排五座轿车上其他的四个座位的座次，由尊而卑依次应为：后排右座、后排左座、后排中座、副驾驶座。

三排七座轿车上其他的六个座位的座次，由尊而卑依次应为：后排右座、后排左座、后排中座、中排右座、中排左座、副驾驶座。

三排九座轿车上其他的八个座位的座次，由尊而卑依次应为（假定驾驶座居左）：中排右座、中排中座、中排左座、后排右座、后排中座、后排左座、前排右座、前排中座。

根据常识，轿车的前排座位，特别是副驾驶座，是车上最不安全的座位。按惯例，在社交场合，该座位不宜请妇女或儿童就座。而在公务活动中，副驾驶座，特别是双排五座轿车上副驾驶座，则被称为"随员座"，循例专供秘书、翻译、警卫、陪同等随从人员就座。

乘坐公共汽车、火车或地铁，往往需要对号入座，座位可供选择的余地并不太大。比较而言，有关座次规矩也相对较少。其基本规矩为：临窗的座位为上座，临近通道的座位为下座。与车辆行驶方向相同的座位为上座，与车辆行驶方向相反的座位为下座。在有些车辆上，乘客的座位分列于车厢两侧，而使乘客对面而坐。应以面对车门一侧的座位为上座，背对车门的一侧的座位为下座。

随着人们生活水平的提高及工作和业务的需要，小轿车接送客人是一种很常见也很体面的事。当客人中有男有女，如一男二女，男士坐在前面，女士坐在后面；如果是二男一女，女士坐在前面，男士坐在后面；当主人租车接客人，客人应当坐在后排。一女二男时，女的坐边上，不坐中间。主人坐在副驾驶座位置，以便付打车费用。当有长辈或女士时，应照顾长辈和女士先上车；下车一般是男士或晚辈先下，然后照顾长辈或女士后下；当和他人同乘出租车，上车时，晚辈要替长辈开车门，男士要为女士开车门；小轿车驾驶座后排右方是最好位置，应请长辈和女士坐；下车时，自己先下车，看停车的地方是否安全、干净，然后才请长辈、女士下车。

在乘坐车辆时应注意以下三个问题。

（一）注意上下车的先后顺序

乘坐轿车时，按照惯例应当请位尊者首先上车，最后下车。位卑者则应当最后登车，最先下车。在轿车抵达目的地时，若有专人恭候在此，并负责拉开轿车的车门，则位尊者亦可率先下车。乘坐公共汽车、火车或地铁时，通常由位卑者先上车，先下车。其目的是为了便于位卑者寻找座位，照顾位尊者。

（二）注意就座时的相互谦让

在安排座位时除对位尊者要给予特殊礼遇之外，对待同行之人中的地位身份相同者，也要以礼相让。倘若座位有尊有卑，座位所处的具体位置有好有坏，或者座位不够时，应当请妇女、儿童、老年人、残疾人或身体欠佳者优先就座。即便对方不认识自己，在必要的时候，也应当自觉地让座于人。在让座时，应当表现得大大方方、光明磊落、不要虚情假意。如果对方让座于自己，不论认识与否，均须立即向对方致谢。

（三）注意乘车时严于律己，恭敬他人

在乘坐车辆时，必须自觉地遵守社会公德和公共秩序。对己应严格要求，对于他人，则要时时友好相待。具体而言，要做到严于律己，就是在乘坐车辆时，不携带违禁物品，上下车时，与乘客要相互礼让，排队依次而行。乘车其间，不多占座位，不在不属于自己的座位上就座。在放置私人物品时，不对他人构成影响。在车上切勿当众更衣、脱鞋，或是吸烟、吐痰。不乱扔废弃之物。不要让小孩子随地大小便，或骚扰其他人。不在车上吃气味比较难闻的食品。恭敬他人需要注意的问题有：上下车时，如需别人让道，应当先说一声"对不起，请让一下"。从人家身边经过后，别忘了说声"谢谢"。万一不小心碰撞、踩踏了别人，要立即向对方道歉，以求对方原谅。在寻找座位时，如打算坐在他人身旁，应当先问一下对方"这里有没有人"，或是"可以坐在这里吗"。在放置私人物品时，如有必要挪动他人之物，务必要先征得对方的同意，然后再去挪动他人之物。在自己的座位上就座后，应主动向周围不认识的人问一声好或者点头示意。当别人这样做时，应当予以呼应。

第三节　空乘沟通

在空乘服务中，空乘人员只有和乘客进行良好的沟通，才可能达到与乘客的互相理解，从而为乘客提供满意的服务。所以，空乘人员应该熟练掌握沟通礼仪。

一、表情

表情在人与人之间的沟通上占有相当重要的位置，健康的表情是自然诚恳、和蔼可亲的，是一个人优雅风度的重要组成部分。在与人交往中，目光是一种深情的、含蓄的无声语言。在交往的过程中，要注视对方。根据场合的不同，注视对方的部位也不同，一般有公务场合、社交场合和比较亲密的场合。对于公务场合来说，要注视对方双眼或双眼与额头之间的区域，这样给人一种严肃、认真的感觉。对于社交场合来说，要注视对方的唇心和双眼之间的三角区域。对于亲密场合来说，要注视对方双眼和胸之间的位置，这种注视方式只适用于亲人之间、恋人之间以及家庭成员之间。

无论是哪种场合，都要注意不能将视线长时间固定在所要注视的位置上，因为人本能的认为，过分的注视是一种威胁，是在窥探自己的内心隐私。在交谈中，应适当地将视线从固定的位置上移开片刻。这样能够使对方心理放松，容易交往。当与人说话时，目光要集中在对方的下巴，听人说话时要看着对方的眼睛，这是一种既礼貌又不易疲劳的一种方法，如果要表示对对方的谈话感兴趣，注视对方的目光要柔和友善；如果想中断对方的谈话，可以有意识地将目光稍稍转向他处。尽量不要将双眼一直注视对方的双眼。当对方说错话时，不要马上转移自己的视线，而要用亲切、柔和、理解的目光继续看着对方，否则对方会误认为讽刺和嘲笑他。谈兴正浓时不要东张西望或看表。这是一种失礼的表现。

资料夹

让你的眼睛会说话

在人类的活动中，用眼睛来表达的意义是如此丰富、含蓄、微妙、广泛，眼神的内涵远远超出我们用语言可以表达的内容。我们身体的所有部分都在传递信息，但眼睛是最重要的，它在传送最微妙的信息。

目光接触是人建立思想交流的最基本方式，在交谈中极其重要，专注地望着别人是"倾听"最明显的信号，也是在给讲话者以反馈。成熟聪颖的女性往往谙熟此道，懂得运用"目光"来适时地表现自己的魅力。

目光专注　目光偏向一边，或是盯着对方的脖子，或不停地眨眼睛，或左顾右盼，这种躲闪和飘忽不定的眼光，常常会引起人们的误解和反感。和别人交谈时，你应该微笑着注视着对方的眼睛，表示你在注意他的谈话，并且非常感兴趣。这样对方才能有被尊重的感觉。

转移目光　在近距离的空间内，如电梯、地铁场所，死盯着不放的眼光会让人产生被威胁的感觉；尤其是在拥挤的地方，个人的空间已经受到威胁，这更是躲避目光的时候。目光要做到"散点柔视"，即应将目光柔和地射在别人脸上，而不是聚焦于某个人的眼睛，让人觉得不友善；如若上下打量人则更是一种轻蔑和挑衅的表示。所以，人们在一般的社交场合中，常常不会以过分好奇的目光打量对方，同样也不喜欢对方过于直接地凝视自己。在异性之间，长时间地直盯着对方是失礼的行为。当对方不自在或双方都缄默不语时，则应将目光移开，以免加剧因一时无话题而致的尴尬或不安。别人说错话或问话时，也请不要正视对方，以免对方认为是对他的讽刺和嘲弄。

目光的许可空间　在交往中，还必须记住目光的"许可空间"。在与人交谈时，目光应局限于上至对方的额头，下至对方上身的第二粒纽扣以上（即胸以上），左右以两肩为准的方框里，不要将目光集中于对方脸上的某个部位或身体其他部位，特别是对初次相识或一般关系的异性，更应该注意这一点，不要超越这个"许可空间"。

不能向他人投以好奇和疑问的眼神，这会令他人感到局促不安。因为我们能够容忍与我们关系亲密的人的目光长久接触，但是遇见不大熟悉的人，我们倾向于避开其眼光。

不要低头　有些女人在说话时不敢抬起头来看对方，一副羞答答的样子，以为自己很美。其实，你这时候是在给对方发出你对他"心中有鬼"的讯号。即便你根本没这个意思，也会引起对方的误会，从而影响你们之间的沟通。

二、倾听

（一）有效倾听的要点

1. 全神贯注地倾听

在乘客说话的时候，乘务员要全神贯注地听，并要注视着说话者，不要东张西望，这是对乘客尊重的表示，此时，不要因外界环境（如噪音等）干扰，也不要受对方的口音、内容表达质量等影响而分心。通过全神贯注地倾听，向乘客传去表示尊重、热情友好的信息，创造一个良好的交谈情境。

2. 敏锐地抓住乘客的意图

交谈时，乘客的表达有曲与直、清晰与模糊之分。乘务员精神要专注，要善于敏锐地发现乘客说话的意图，通过巧妙的应答，从而把交谈引向深入和有效，否则，交谈会变得主次不分、轻重不清，妨碍交际的进行。

3. 适时适当地插话、提问

乘务员适时适当插话或提问，表示出对乘客话题的兴趣和关心，会得到乘客的信任。在乘客说话时，乘务员缺乏耐心、随意打岔、争着去说，这是失礼的表现；相反，听话时，乘务员一味沉默、只有静听、毫无反应，这又给人冷淡之感。所以，乘务员在听乘客讲话时，面部保持自然的微笑，表情随对方谈话内容有相应的变化，恰如其分地频频点头，适时适当地插话、提问有助于展开话题和搞活气氛。

4. 不要急于下结论

听话要表现出冷静和理智，不要乘客一说开头，乘务员就随便下断语。或者顾客说了半天，不知所云，乘务员就着急，匆忙做结论。要有耐心，在听的过程中进行分析，寻找准确的看法，有较充分的把握，才可以作出判断。不然，不仅会结论错误，处于被动，而且乘客会觉得乘务员傲气逼人，难以交际。

5. 多站在乘客立场去考虑问题

多从"假如我是乘客"的角度考虑问题。站在乘客立场，从对方角度考虑问题，将心比心，对乘客表现关心、理解和同情，就特别容易促成沟通，取得共识。

6. 注意形体语言的配合

倾听时，乘务员形体语言的配合十分重要，乘务员总不能耳朵在听，而目光到处游移不定，或面部毫无表情，这样会表现出乘务员并非真诚待人。所以，倾听时要配合以形体语言，要适当地与顾客保持眼神接触，以听为主，以视为辅，身体稍倾向说话人，同意时适当点头表示，面带微笑，表露出乘务员听话的专注。

7. 酌情复述要点

倾听要抓住重心，尽力理解谈话的中心内容。谈话近尾声时，把乘客所谈的要点复述一遍，以表示乘务员确实在听，是一个真正办事的人，使乘客对乘务员建立起信心，这样交际就容易得多。

（二）有效倾听的禁忌

1. 话题不感兴趣，不愿耐心听说；
2. 受干扰或诱惑，思想就开小差；
3. 容易感情冲动，无法深入交谈；
4. 一味点头称是，心中不知所云；
5. 听到杂乱讲话，自己也变糊涂；
6. 故意乔装注意，听话漫不经心；
7. 任由对方独白，沉默不理不睬；
8. 听话未及三句，急于插嘴打岔；
9. 习惯求全责备，专挑鸡蛋里的骨头；
10. 拒绝投诉意见，流露反感情绪。

总之，一个乘务员如果能够尊重并留心乘客的谈话，随着对方谈话的内容适当地表达喜、怒、哀、乐，会令乘客觉得乘务员很投入、很负责任，这样的谈话会愈来愈融洽。在听话中，不急躁，要冷静、要善解人意，但又不随便插话，处处表示对乘客的尊重，在不知不觉间就会建立起相互之间的信赖，即使有什么矛盾也会化解。

📁 资 料 夹

如何做个好听众

"听别人说话"是忙碌的现代人最不耐烦去做的事情之一。当然有很多原因，譬如对对方和话题都没有兴趣，尤其说话的人是你讨厌的或是你对话题持反对意见时最为严重，这些都是人之常情。其实很多时候，说话的人只希望找一位听众，而不是找一位军师。

很多人因为自己不会说话，干脆也不听别人说话了。也就是说，不会说话的人也不会是好听众。会听实在比会说重要得多，因为若想成为一个会说话的人，就必须先学会聆听。

事实上，懂得倾听的人，不仅容易交到朋友，也有助于了解真相，充实自己。因此，听不但是说话的先决条件，也是人与人之间交流的基础。

倾听的秘诀　倾听的时候必须要有"爱与接纳"的态度，抛开自我意识，去除心中偏见或成见，以"同理心"体会讲话者的心情、用词、表情，这样才能抓住对方内心深处的难题。在此基础上，只要注意以下几个细节就可以为你的倾听艺术打满分了：

1. 以丰富的脸部表情回应说话者。聪明的女人在他人谈话时所做出的恰到好处的点头及微笑，对谈话者真的是一件再愉悦不过的事了。

2. 在倾听的过程中，适时加上自己的见解，在给予和吸收两方面平衡。但不要猜测对方下一句要讲什么，甚至打断对方的话，代替对方说完下面的话。

3. 除了眼到、专心注视对方外，也要耳到，只听说话者的声音，不让其他声音分散自己的注意力。

三、解答

在空乘服务中，常常会有乘客对有关事项产生疑问。当乘客提出疑问时，空乘人员应该及时解答。在解答中，空乘人员应该注意如下问题。

（一）应起立，和客人保持一定距离

解答客人问题时应起立，和客人的距离要适中，最好能保持一定的距离，不要离得太近，也不要离得太远，以免客人听不见或者觉得冷淡。

（二）神态自然，精神集中

与客人应答时，要谈吐大方、举止得体，使别人不觉得别扭，自己也坦然，不要拘谨畏缩，话未出口，就脸红耳赤。要神色从容，落落大方，既庄重又自如。语气要温和有耐心，双目注视对方，集中精神倾听对方讲话，以示尊重。切忌东张西望，心不在焉，也不要老是看手表或者伸懒腰、打哈欠等等。

（三）不要有许多手势

古罗马政治家和雄辩家西塞罗曾说："一切心理活动都伴有指手画脚等动作。双目传神的面部表情尤为丰富，手势恰如人体的一种语言。"因此，手势动作完全可以代替一句话、一个字，表示一个完整的概念。人们讲话离不开手势。根据一位英国心理学家阿尔盖勒统的研究，发现每平均讲话1小时，芬兰人做1个手势、意大利人 80 个、法国人 120 个、墨西哥人 180 个。

不同的人讲话，所用手势的多少也不一样，手势是人们在说话时使用最频繁的一种动作。手势对谈话内容有辅助作用，但要注意，说话时不要有许多手势，手舞足蹈，让人觉得滑稽可笑。特别是与外国人谈话时，更应当注意自己的手势，不可乱用，因为不了解别人的风俗习惯与忌讳，万一搞错了，就会产生误会。

俄罗斯人被认为是不常运用手势的民族，受过教育的知识分子一般善于运用富有表达力的语言，而劳动者们本能地不滥用自己的手臂。在大众中有这样一条谚语："不会用语言表达，手势也无济于事。"几乎所有俄罗斯人都谈吐不凡，他们说话生动感人，有条理而又抑扬顿挫。

(四) 回答问题要明确，不含糊

听不清楚时，乘务员应说："对不起，我没听清楚，请您再说一遍"，不要乱回答，不该说的话不要说。应该做到言而有信，不知道的事不要装懂，做不到的事不要去承诺，不要吹牛皮。遇到有争议的事情或者发生矛盾的时候，该表态的表态，该说的话照说，但是语言要非常慎重，要留有余地。不要采取谩骂的方式，要注意使用礼貌语言，不能恶语伤人，损害他人人格。空乘人员应答客人，不要过多纠缠、不要高声辩论，要避免争吵。

四、问答

在空乘服务中，有时需要询问顾客。在问答中，应该注意如下问题。

(一) 问答客人语气要婉转

在我国，多数人不大喜欢直言不讳，爱听委婉的说话。委婉隐含着尊重别人，尊重自己的意思。使用商量口气，对方容易接受，空乘人员与客人打交道，要学会用符合礼貌要求的委婉语言。

(二) 如有事要打扰客人时的礼仪

如果客人正在谈话，乘务员有事要打扰客人时应说："对不起，打扰一下"或"如果不麻烦您的话"；如谈话中乘务员有急事要离开，应表示歉意，说明理由。没有需要不要凑到旁边听客人之间的谈话，也不要插话，不要议论，不要指指点点。

当客人对你表示赞扬，要谦虚地说："您过奖了。"当客人表示感谢，乘务员要说："别客气"、"不用谢"、"这是我的工作"、"为您服务很高兴"，不要毫无反应，一声不吭。当客人有事呼叫乘务员，如乘务员可立刻应从，则可说："来啦，先生（夫人）"，接着应道："我能帮您的忙吗"、"听候吩咐"，如不能马上为这位客人服务，应面带笑容地说："我一会儿就来，先生（夫人）"、"我马上就过来。"当客人对你表示歉意时你可说"这没关系"。

▣ 资料夹

常用礼仪客套话

初次见面说"久仰"，征求意见说"指教"

求人帮忙说"劳驾"，麻烦别人说"打扰"

求人解答用"请问"，托人办事用"拜托"

看望别人用"拜访"，送客出门说"慢走"

陪伴朋友说"奉陪"，等候客人用"恭候"

欢迎购买叫"光顾"，分别重逢说"久违"

求人原谅说"包涵"，求人方便说"借光"

向人祝贺说"恭喜"，请人指点用"赐教"

赞人见解用"高见"，宾客来临用"光临"

与客道别说"再来"，中途离开说"失陪"

请人勿送叫"留步"，归还物品叫"奉还"

五、沟通技巧

（一）想知道对方姓什么

可以这样问："可以知道您的名字吗"、"请问尊姓大名"、"让我怎么称呼您好呢"、"您叫什么名字"。前两句令人听了心里舒服，感到对方谦逊是在尊重自己；后两句是例行公事，口气较生硬。

（二）不要谈不愉快的内容

与客人交谈，千万不要跟人家谈一些不愉快的和别人忌讳的内容，特别是对女性。如果我们谈话里无意识地涉及对方一些不幸的事情，或者是不愉快的事情，我们知道了以后应该马上表示道歉，遇到这样的情况，除了表示道歉以外，应该马上转移话题，这样省得人家难堪。

（三）不要评头论足

和女性谈话的时候，不要随便议论人家长得胖、保养得好等等。总而言之，不要评头论足。另外，不要随便议论长辈和身份高的人。互相之间谈话的时候可以互相介绍对方的国家、相互之间的情况，但不要对人家的内政、宗教加以评论。

（四）不要寻根问底

谈话的时候，遇到人家不愿意谈的话，就不要拼命地追问下去，不要打破砂锅问到底。

（五）不要大声争论

交谈中不要过分热情，不要主动与客人展开对话。在谈论中，不要为一点小事争得不分胜负，不要高声跟人家争论，更不要跟人家红了脸，不要用其他不好的话去挖苦人家。

（六）交谈时的礼貌

不可随便打断对方的讲话或随便插话，如对方表达能力差，可用简单的话来提示启发。对方的过失、生理缺陷，包括对方亲属或家庭中一些不愿启齿的事情，都应该尽量避免提及。

（七）语言要大家都听得清

注意交谈话言简练、清楚、声音适中，不能使用对方听不懂的语言。

（八）不要轻易说"不知道"

当一位客人问："你知道机场去市区的班车几点钟开吗？"假如你知道，可以热情肯定地回答："11 点 25 分开。"如果不清楚，可以介绍客人到别处询问或者客气地对客人说："时间都列在那边的告示栏上，您只需查看一下就行了。"千万不要生硬、直截了当地回答："我不知道。"这会使客人感到你不热情，同时认为你业务不熟悉，有损空乘人员的形象。

资料夹

沟通技巧 14 条

1. 讲出来。尤其是坦白地讲出你内心的感受、感情、痛苦、想法和期望，但绝对不是批评、责备、抱怨、攻击。

2. 不批评、不责备、不抱怨、不攻击、不说教。批评、责备、抱怨、攻击，这些都是沟通的刽子手，只会使事情恶化。

3. 觉知。不只是沟通才需要觉知，一切都需要。如果自己说错了话、做错了事，如不想造成无可弥补的伤害时，最好的办法是什么？"我错了"，这就是一种觉知。

4. 承认我错了，承认自己的错误，是沟通的消毒剂，可解冻、改善与转化沟通的问题。

5. 互相尊重。只有给予对方尊重才有沟通，若对方不尊重你时，你也要适当地请求对方的尊重，否则很难沟通。

6. 绝不口出恶言伤人，就是所谓的"祸从口出"。

7. 敢于说对不起。说对不起，不代表真犯了什么天大的错误或做了什么伤天害理的事，而是一种软化剂，使事情终有"转还"的余地，甚至于还可以创造"天堂"。死不认错就是一件大错特错的事。

8. 不说不该说的话。如果说了不该说的话，往往要花费极大的代价来弥补，正是所谓的"一言既出，驷马难追"、"病从口入，祸从口出"甚至于还可能造成无法弥补的终生遗憾。所以沟通不能够信口雌黄、口无遮拦；但是完全不说话，有时候也会变得更恶劣。

9. 让奇迹发生。愿意互相认错，就是在替自己与别人创造天堂与奇迹，化不可能为可能。

10. 有消极情绪时不利于沟通，尤其不要作决定。带有消极情绪的沟通常常无好话，既理不清，也讲不明。尤其是不能够在情绪中作出情绪性、冲动性的"决定"，这很容易让事情不可挽回，令人后悔。

11. 等待转机。如果没有转机，就要等待。当然，也不能空等，还是要去努力，虽然努力并不一定会有结果，但不努力就什么都没有。

12. 耐心等待。唯一不可少的是耐心，有志者事竟成。

13. 理性的沟通。不理性时，最好不要沟通。不理性很容易引发争执，不会有好的沟通结果。

14. 智慧。使人不固执，而且福至心灵。

来源：科技智慧，2006 年 3 月

第四节　空乘电话礼仪

现代社会中，电话是人们传递信息的一种便捷通讯工具，电话具有即时性、经常性、简洁性、双向性的特点，由于其便捷，通话双方不用见面，也就有很多人忽视了一些必要的电话礼仪，以致产生一些误解，造成一些不必要的麻烦。因此，态度友善、语调温和、热情大方，音量适中，简明扼要地去接、打电话无疑会给自己的工作增色不少。

一、接电话

电话铃声响起三声之内，应立即接起电话。三声以后再接起电话就要讲"对不起，让您久等了"。接听电话时注意嘴和话筒之间保持 4 厘米左右的距离。在工作场合，接电话时所讲的第一句话应是问候语加上单位名称："您好！××公司××部门"，这样做的主要目的是让对方知道所打的电话是否正确。不允许出现"喂，喂，喂"或"你找谁?"等用语。特别不允许一开口就毫不客气地说"你是谁"，"你找谁"，或者"你有什么事"。一般而言，对方打电话过来会主动介绍自己是谁，如果对方没有介绍或你没有听清楚对方的介绍，你应该说"请问您是哪位，我能为您做什么?"

通话中要集中精力去倾听，在电话未挂断之前，不得与他人闲聊，也不能对着话筒打哈欠、吃东西，要时不时地用一些词语给对方以礼貌性反馈。结束通话时，应认真道别。而且要恭候对方先放下电话。

遇上不相识的人打起电话没完，非得让其"适可而止"时，说得应当委婉、含蓄，不要让对方难堪。比如不宜说"你说完了没有？我还有别的事呢"，而应当讲"好吧，我不占用您的时间了"。如果遇到对方打错号码，也要耐心向对方说明，不要不耐烦，甚至恶语相向。

接电话时，如果对方不是找自己，不要出言不快，拒绝对方代找他人的请求，或者，对方要找的人就在旁边却回答人不在，被找的人如果就在身边，应告诉打电话者："请稍等"，然后立即转交（转接）电话。如果对方认错了人，应马上告之，不得将错就错，乱开玩笑，更不得因懒于转告而随意向对方说"人不在"，或大声喊叫"××人找××人"。倘若被找的人外出或在洗手间，应回答"他暂时不在这里，如果需要转告请留下您的电话"。

代接电话时，对方如有留言，应当场用纸笔记录。之后复述一遍，以免有误，并告诉对方会及时转告。例如："我再重复一遍，您看对不对……好的，等他回来我立即转告他。"代接电话的留言最好用N次贴记录，然后贴到相关人员的桌子或者电脑旁，以免遗忘造成失误。

如果分机转接出错，应告知对方："抱歉，×××不是这个号码，他（她）的分机号码是××××，我先帮您转接，如果没转过去请您再重新拨××××号码，请稍等。"

如果遇到对方拨错号码时，不可大声怒斥，或用力挂断电话，应礼貌告知对方。

表5-1　接电话礼仪

顺序	基本用语	注意事项
1. 拿起电话听筒，并告知自己的姓名	"您好，这里是××航班×××"（直线）"您好××部×××"（内线）如上午10点以前可使用"早上好" 电话铃响三声以上时"让您久等了，我是××部×××"	电话铃响三声之内接起 在电话机旁准备好记录用的纸笔 接电话时，不使用"喂—"回答 音量适度，不要过高 告知对方自己的姓名
2. 确认对方	"×先生，您好！" "感谢您的关照"等	必须对对方进行确认 如是客户要表达感谢之意
3. 听取对方来电用意	"是"、"好的"、"清楚"、"明白"等回答	必要时应进行记录 谈话时不要离题

（续表）

顺序	基本用语	注意事项
4. 进行确认	"请您再重复一遍"、"那么明天在××，9点钟见"等等	确认时间、地点、对象和事由 如是留言必须记录下电话时间和留言人
5. 结束语	"清楚了"、"请放心……"、"我一定转达"、"谢谢"、"再见"等	
6. 放回电话听筒		等对方放下电话后再轻轻放回电话机上

资料夹

接电话注意事项

1. 认真做好记录
2. 使用礼貌语言
3. 讲电话时要简洁、明了
4. 注意听取时间、地点、事由和数字等重要词语
5. 电话中应避免使用对方不能理解的专业术语或简略语
6. 注意讲话语速不宜过快
7. 打错电话要有礼貌地回答，让对方重新确认电话号码

二、打电话

打电话要选择适当的时机。尽量选择对方空闲的时候打电话，如果是工作时间电话最好不要打到对方家里，而应该打到对方的单位，最好是对方上班 10 分钟后，下班 10 分钟前的这段时间。无特殊情况，不要选择双休日之中和节假日之后上班的第一天打电话。

打电话之前要做好充分的准备，尽量使通话简明扼要，有条有理。电话打通后不要在电话铃响过一两声就挂断电话，等到电话连续响铃 5-6 声仍无人接听时才挂断电话。

电话接通后，首先要问候对方，如："您好"或"早上好"，然后自报家门，并告诉对方自己要找的人。如果对方没有说明自己的单位和姓名，可以先进行礼

貌的询问:"您好,请问这是××单位吗?我是××单位的××"。在电话交谈时,语调要尽量柔和,切勿生硬,交谈的声音也要与平时说话一样,不要对着话筒大叫,语速也要稍慢一些。遇到重要的数字、人名、地名或关键性的句子要重复,或询问对方是否听清楚。

在打电话时,要保持良好的态度,不能将散漫和严肃带进电话。通话过程中要注意简明扼要,一次打电话的时间一般以3分钟为宜,切忌过长。如果拨错号码应礼貌地向对方说明。一般来说,结束电话是由打电话的一方决定的,但注意不能匆忙挂断电话,如果对方是你的长辈或上级领导,即使你是打电话一方,也不能先将电话挂掉,而是要等对方先挂电话。

表 5-2 电话的拨打礼仪

顺序	基本用语	注意事项
1. 准备		确认拨打电话对方的姓名、电话号码 准备好要讲的内容、说话的顺序和所需要的资料、文件等 明确通话所要表达的目的
2. 问候、告知自己的姓名	"您好!我是××航空公司××部的×××"	一定要报出自己的姓名 讲话时要有礼貌
3. 确认电话对象	"请问××部的×××先生在吗"、"麻烦您,我要找×××先生"、"您好!我是××航空公司××部的×××"	必须要确认电话的对方 如与要找的人接通电话后,应重新问候
4. 电话内容	"今天打电话是想向您咨询一下关于××的事⋯⋯"	应先将想要说的结果告诉对方 如是比较复杂的事情,请对方做记录 对时间、地点、数字等进行准确的传达 说完后可总结所说内容的要点
5. 结束语	"谢谢"、"麻烦您了"、"那就拜托您了"等等	语气诚恳、态度和蔼
6. 放回电话听筒		等对方放下电话后再轻轻放回电话机上

资料夹

拨电话注意事项

1. 要考虑打电话的时间（对方此时是否有时间或者方便）

2. 注意确认对方的电话号码、单位、姓名，以避免打错电话

3. 准备好所需要用到的资料、文件等

4. 讲话的内容要有次序，简洁、明了

5. 注意通话时间，不宜过长

6. 要使用礼貌语言

7. 外界的杂音或私语不能传入电话内

8. 避免私人电话

注：打电话时，如果发生掉线、中断等情况，应由打电话方重新拨打。

第五节 空乘名片礼仪

　　名片是我国古代文明的产物，它发展至今，已成为现代人交往中一种必不可少的联络工具，具有一定社会性和广泛性，名片便于携带、使用、保存和查阅信息。在各种场合与他人进行交际应酬时，都离不开名片。而名片的使用是否正确，已成为影响人际交往成功与否的一个因素。

　　根据名片用途、内容及使用场合的不同，日常生活中使用的名片可以分为社交名片和公务名片两类；根据名片主人数量和身份的不同，名片又可分为个人名片，夫妇联名名片以及集体名片三类。名片有以下几种作用，它可以帮助你建立今后与人联系所必需的信息；还可以使人们在初识时就能充分利用时间交流思想感情，无需忙于记忆对方的姓名、单位等；可以使人们在初识时言行举止更得体，不会因要了解对方情况又顾忌触犯别人的私人领地而左右为难，也不会要介绍自己的身份和职位而引起别人不快。

　　在使用名片时应该注意的事项：辈分较低者，率先以双手或右手递出个人的名片。名片字体的下面对着接受方。把接受方能看懂的文字一面朝上。如对方是中国人，中文一面朝上；对方使用英语，则英文那面朝上；对方两面都看不懂，就中文朝上。

到别处拜访时，经上司介绍后，再递出名片。上司在时不要先递交名片，要等上司递名片后才能递出自己的名片。递名片时，应该双手或右手捏住名片的一个或两个角（参见彩插 2-②）。千万不要用食指和中指夹着名片给人，这是对他人也是对自己不尊重的行为。接受他人名片时，应该恭敬地说声"谢谢"，如果可能的话，一定要从头到尾认真默读一遍对方名片上的内容，不明之处可以当即向对方请教。读时还可以有意识地读出重音来，再重复一下对方名片上所列的职务或单位以示仰慕。如果对方一时疏忽，忘记了给名片，这时应该问上一句："我怎么和你联系呢？"这类话可以婉转地予以提醒对方。如果自己暂时没有名片，最好不要说自己没有名片，要说"对不起，我这次没有带名片"，或者说"我的名片刚刚用完"。不愿意与对方交换名片时，也可以用上述的说法，虽然这实际上是善意的欺骗，但却是维护自己形象和自我保护的做法。

在交换名片的顺序上，一般应该先客后主，先低后高。不过，假如是对方先拿出来，自己也不必谦让，应该大方收下，再拿出自己的名片来回送。

接受对方名片时要注意：如果你是坐着，尽可能起身接受对方递来的名片，接受名片时，应以双手去接，并确定其姓名和职务，如果与对方同时递出名片，应先放下自己的名片，双手接过对方名片阅读后放下，再递出自己的名片，接受名片后，不宜随手置于桌上。

收到的名片应该妥善保存，不能接受名片后随便放在上衣口袋内、钱包内或月票夹内，这是一种失敬的做法。最好把名片放在专门收藏名片的皮夹内或名片盒内。名片和收放名片的夹子，应该避免放在臀部后面的口袋内。名片是个人身份的代表，对它应该像对待它的主人一样尊重和爱惜。

保存名片时应注意事项：

（1）应将名片收好，整齐地放在名片夹、盒或口袋中，以免名片毁损。

（2）名片夹或皮夹置于西装内袋，不要由裤子后方的口袋掏出。

（3）不要在对方的名片上书写不相关的东西，不要无意识地玩弄对方的名片。

（4）除非对方要求，否则不要在年长的主管面前主动出示名片。

（5）对于陌生人或巧遇的人，不要过早发送名片，因为这种热情有推销自己之嫌。

（6）不要在一群陌生人中传发自己的名片，这会让人误以为你想推销什么物品，反而不受重视。在商业社交活动中要有选择地提供名片，才不致使人以为你在替公司搞宣传、拉业务。同时处在一群彼此不认识的人当中，最好让别人先发送名片。名片的发送可在刚见面或告别时，但如果自己即将发表意见，则在说话之前发名片给周围人，可帮助他们认识你。

思考题

[1] 如何打招呼？

[2] 鞠躬的要领是什么？

[3] 握手的三要素是什么？什么是握手"十一忌"？

[4] 称呼礼节需遵循怎样的原则？称呼的忌讳有哪些？

[5] 居中介绍时应注意哪些方面？

[6] 沟通时的表情有什么注意事项？

[7] 有效倾听的要点是什么？

[8] 如何解答乘客的疑问？

[9] 简述主要的沟通技巧。

[10] 简述电话礼仪有哪些。

[11] 简述名片礼仪中应注意哪些方面。

第六章　空乘餐饮礼仪

第一节　空乘中餐礼仪

　　餐饮礼仪一般是指人们以食物、饮料款待他人或者是自己在聚餐活动中，应懂得并遵守的行为规范。在空乘服务中包含有餐饮服务，所以空乘人员必须掌握必要的餐饮礼仪。

一、坐位

　　《礼记·礼运》中说："夫礼之初，始于饮食"，可见很早以前我们的祖先在饮食中就崇尚礼仪，打造了丰富多彩、独树一帜的中国饮食文化。

　　中餐宴会有正式宴会国宴、公宴和普通宴会家宴、私宴之别。就宴会而言，使用圆桌、方桌都吉利，应了天圆地方之说。安排家宴应考虑到宴请人数和房间面积，定位桌次。一般坐北面南为尊、是餐桌的上首；左东面西次之；右西面东再次之；南面便是下首了。如果因为房间走向和装饰布置的原因取不了北南正向，亦可把面对房门的位置定为上首。上首左面次之；上首右面再次之；上首对面的房门处即下首。而西式宴会与中国传统的宴会坐次恰恰相反。现在也有很多人遵照西式的宴会坐次。

二、上菜

　　上菜应在主人（或下首）的左侧；撤盘应在主人（或下首）右侧。即要遵从

"左上右下"的规矩。餐桌上如有转盘，主人应按顺时针将新上的菜转到主宾面前。如无餐桌转盘，也应以"左上右下"的次序，按顺时针方向在不同的方位上上菜、撤盘；并设公勺、公筷，将新上的菜首先夹到主宾的菜盘内。这里按顺时针转动是礼法，有顺天时合人意的意思。

上菜的顺序是先凉后热，先炒后炸，以汤收尾。比如：冷盘—头道主题热菜—热炒。整鸡、整鸭、整鱼等大菜。泡菜、酱菜—甜菜—点心、主食—汤。献菜时注意"鸡不献头、鸭不献尾、鱼不献脊"，要把最好吃的一面朝向来宾。菜有图案时，图案的正面也应朝向上首的主宾。鱼要后上"压轴儿"，祝福大家富贵有余（鱼）。但狮子头、甲鱼蛋、鹌鹑蛋之类不能放在最后上，以免有让客人"滚蛋"之嫌。

上酒与上菜相反。要"右斟左置"——就是要在客人的右侧斟酒，酒瓶放置在客人的左上方。斟酒的顺序也要按顺时针方向进行。"酒斟不满，得罪不浅"，以满盏为宜；酒满外溢也是不倡导的。当客人暂时离席时，不要给客人斟酒，等客人来了以后再满上。

三、祝酒

通常由宴会主人致祝酒词并宣布开宴。全体客人应一起举杯，杯高齐眉，在一片"请"字声中碰杯，宴会正式开始。

祝酒者应起立，手举酒杯，微笑致点头礼示意大家举杯同干。敬酒者应亲执酒瓶，自右往左（顺时针）为客人一一斟酒，然后共同干杯。敬酒不吃是不礼貌的，酒量小的可象征性少饮或喝饮料代替。劝酒也不能强人所难，适可而止，把客人灌得醉倒在地也是失礼的。

四、用餐

吃饭时要求闭嘴咀嚼，不发声响，嘴里有食物时不说话。要吃自己跟前的菜，吃"过河菜"是不礼貌的，被人看作是没有教养。如《曲洧旧闻》中记载，北宋改革家、文学家王安石任参知政事时，有人传闻他爱吃獐脯肉。王安石的妻子听后说："何以见得？"那人说："在宴会上他总把自己跟前的獐脯肉吃个精光。"王安石的妻子说："下次宴会，你换个别的菜试试看。"结果王安石又把跟前的这道菜吃光，而獐脯肉离他不远，他却没有下筷子。原来，王安石循规守礼不吃"过河菜"。夹菜时不要在菜盘中乱翻，有小不夹大者，则被视为有"孔融让梨"的君子风范。吃剩的骨头、鱼刺、残渣等应放进自己跟前的卫生盘内，不可扭头吐在桌上或地上。

喝汤时匙尖不能对着嘴喝，应使用汤匙的侧面喝。热汤不要用嘴吹着喝，更不能啜出声响。给客人盛汤，勺子不能向外反着倒，免得引起对此举看重者的拒喝或离席，造成难堪。

在吃中餐时，应注意餐具的使用规范。湿毛巾只能用来擦手，决不能擦脸、擦嘴，一般宴会结束时上来的湿毛巾才供擦嘴用，但是不能擦脸、抹汗用。

不用的汤匙要平置于食盘上，不能"立"在碗中。食盘是用来放菜的，一次取菜不宜过多。

五、筷子

筷子的使用，一般是以拇指、食指、中指前部，共同捏住筷子上部三分之一处。中国的筷子是十分讲究的。"筷子"又称"箸"，远在商代就有用象牙制成的筷子。《史记·宋微子世家》中记载"纣始为象箸"。用象牙做箸，是富贵的标志。做筷子的材料不尽相同，考究的有金筷、银筷、象牙筷，一般的有骨筷和竹筷，现在有塑料筷。湖南的筷子长而细，长的可达两尺左右。

中国使用筷子，在人类文明史上是一桩值得骄傲和推崇的科学发明。李政道在论证中华民族是一个优秀种族时说："中国人早在春秋战国时期就发明了筷子。如此简单的东西，却高妙绝伦地应用了物理学上的杠杆原理。筷子是人类手指的延伸，手指能做的事，它都能做，且不怕高热、寒冻，真是高明极了。"相比起来，西方人大概到16、17世纪才发明了刀叉，但刀叉又哪能跟筷子相比呢？有学者曾测定，人在用筷子夹食物时，有80多个关节和50条肌肉在运动，并且与脑神经有关。因此，用筷子吃饭使人手巧，可以训练大脑使之灵活，外国人对这两根神奇的棍状物能施展出来夹、挑、舀、撅等功能钦羡不已，并以自己能使用它进食为荣。

使用筷子时的礼仪忌讳：一忌敲筷。即在等待就餐时，不能坐在餐桌边，一手拿一根筷子随意敲打。二忌掷筷。在餐前发放筷子时，要把筷子一双双理顺，然后轻轻地放在每个人的餐桌前；距离较远时，可以请人递过去，不能随手掷在桌上。三忌叉筷。筷子不能一横一竖交叉摆放，不能一根是大头，一根是小头。筷子要摆放在碗的旁边，不能搁在碗上。四忌插筷。在用餐中途因故需暂时离开时，要把筷子轻轻搁在桌子上或餐碟边，不能插在饭碗里。五忌挥筷。在夹菜时，不能用筷子在菜盘里挥来挥去，上下乱翻，遇到别人也来夹菜时，要有意避让，谨防"筷子打架"。六忌舞筷。在说话时，不要把筷子当作道具，在餐桌上乱舞；也不要在请别人用菜时，把筷子戳到别人面前，这样做是失礼的。

筷子摆放的礼仪：吃饭时，主人为表示盛情，一般可说"请用筷"、"请随便"等等。如果您想在吃饭过程当中稍作休息，可以把筷子直接搁在碟子或者调羹上。如果将筷子横搁在碟子上，那是表示酒足饭饱不再用餐了。横筷礼一般是用于平辈或比较熟悉的朋友之间。小辈为了表示对长辈的尊敬，必须等长辈先横筷后自己再横筷。

资料夹

餐桌上的注意事项

使用筷子的注意事项：

1. 使用筷子时注意不要没有目标就出击。表现为举起筷子却突然不知道该吃哪道菜，便随便落在一个盘子中，在里面来回拨弄，或者干脆游弋在半空中，半天下不去手。针对这种情况要注意先看准目标，之后果断出击，夹到菜后，迅速收回筷子，不能在盘子里来回搅动。即使在你伸出筷子后突然发现没有合意的菜，也要毫不迟疑地夹一块放在盘里，不吃不为过，乱搅和可就有失礼貌了。当然，最好在出筷之前就看准了，否则恐怕会担上浪费之名，看准了再下手。这便塑造了你的形象，干脆、利落、还讲究卫生，同时也可以看出你很善解人意，懂得照顾其他人的食欲。

2. 注意别把筷子当成演说的道具。不要随意乱舞或是用筷子指点他人。有的人在说到激动处，常把筷子当作乐器敲打碗碟或桌面，或者为了省事而用筷子推动碗碟等。针对这种情况要时刻牢记，以静制动，在餐桌上不可随意指点江山。筷子的角色是取食的工具，你无论怎样激动都不能以此作为武器攻向他人，即使是敲击桌面以示抗议也不行。尤其不能用筷子敲碗，据说这是有忌讳的，只有乞丐在讨食时才会用筷子敲打碗盆。如果你不想混在乞丐的行列里，就约束自己的行为吧。

3. 注意别让筷子"金鸡独立"。有事暂时离席或用餐过程中，有人习惯把筷子竖插在盛有食物的碗碟中。针对这样的情况，要注意"平衡"。暂时停筷时，筷子应该轻搁在筷架上，或横放在碟子上，竖插则犯了大忌。从远古起，我国就有以食物祭祖的风俗，相传人死后就已经脱离了躯壳，只剩下灵魂飘游冥界，再也不能像活人一样灵活地使用筷子进食了，所以祭祖时就在祭品的上面竖插筷子。看来，站着不如倒着，为了保持平衡，也为了保持礼仪，筷子还是放下的好。

使用餐巾的注意事项：

1. 使用餐巾时要注意自己的风度。一般情况下，在女士未打开餐巾前，男士不能打开餐巾，打开的方式应是用双手打开，整齐地铺放在膝盖上，使用时要以蜻蜓点水式的动作，轻轻拭一下嘴唇，这样才显得端庄。

2. 注意使用餐巾时不要搞"突然袭击"。有急事要暂时离开座位，不要顺手抓起餐巾扔到桌上就走。针对这种情况，要注意保持稳重，这是一个人成熟的标志。泰山崩于前而面不改色，搞突然袭击会弄得大家都紧张，无论事情多紧急，也不要忘了把餐巾叠一下，把污渍叠在里面，然后放在椅子上。如果搁在桌上，一则侍者会认为你不想再吃了，而不再给你上菜，二则那个满是污渍的餐巾会影响大家的食欲。

调酒棒或小勺的使用注意事项：

1. 注意在使用这些用具时不能拖泥带水。饮料中一般都放有调酒棒或吸管，有些人常常是不把它们拿出来就开始饮用，有时还把吸管当作调酒棒，在里面搅来搅去。这是个小细节，可是却表现出了你的坏习惯，调酒棒等在完成了它们的使命后，一定要给它们找个安身的地方，不要放在杯子里面，以免扰了自己畅饮的兴致，还会让别人不舒服。

2. 注意不要将调酒棒或小勺等用过后，看也没有就扔在桌布上。针对这样的情况，要关注自己的细节，细节决定成败，哪怕是放置小小的勺子也能让人联想到你的品行，用过的调酒棒或小勺，实在找不到该放的地方，尽可能把它晾干后放在桌子上，或者问一下服务员应该把勺子放在哪里。

注意自己的吃相：

1. 注意不要像饿鬼一样。在自助餐台或餐桌上，你看到了自己喜欢吃的食物，马上像三天没吃东西的饿鬼一样扑上去，恨不得把所有的食物一口吞下，全然不顾其他人的目光。当你想起让一让别人时，盘子已经见底了。因此，要注意自制力，不懂得节制的人，成功的几率要减小一半以上。据说美国人选总统，很少选胖子，他们认为胖子自制力差，难以抵挡金钱和权力的诱惑，听来也不无道理。由吃相暴露出的弱点总不是完美的表现，想让自己在餐桌上看起来像个绅士像个淑女，千万要记得不要狼吞虎咽。

2. 注意吃的时候不要画蛇添足。在就餐时，你只顾着吃，却不晓得嘴边早已沾了饭粒或别的什么汤汁，而你还在慷慨激昂地大声发表议论，每个人都在注视着你，你颇为得意。针对这样的情况，要保持敏锐观察力，其实你只要观察一下大家的目光，就知道他们不是被你的谈话吸引，而是你有某些方面不妥，及时发现自己的不当，便能及早化解尴尬。就餐时经常使用餐巾纸擦拭嘴角，以防有食物留存。

第二节　空乘西餐礼仪

西餐，简单来说就是中国和其他东方人对欧美各国菜点的统称。广义上讲，也可以说是对西方餐饮文化的统称。所谓"西方"，习惯上是指欧洲国家和地区，以及由这些国家和地区的人口为主要移民的北美洲、南美洲和大洋洲的广大区域。虽然自助餐吃的不仅是西餐，但是自助餐是近年来由西方传入中国的，所以，我们将自助餐礼仪放到西餐礼仪中讲述。

一、座位与餐巾

就像我们中国人吃中餐要讲究一定的礼仪一样，西方人在吃西餐时也讲究一定的礼仪。西餐中最常见、最正规的是长型桌，在坐座位时，男女主人要面对而坐。其他的宾客要男女穿插开来坐。在就座时要注意照顾女士先入座，男士拉开椅子请女士从左后侧进入，之后，男士将椅子扶正，请女士入座。男士通常要坐到女士的对面，不能并排而坐。入座后要注意座椅拉近餐桌，上身挺直，腹部和桌边保持一拳的距离。两腿平分落地，不能将腿翘起来，也不要出现两脚交叉的坐姿，双手自然平放，不能趴在餐桌上。

西餐中餐巾的使用方法：西餐中的餐巾有正方形和长方形之分。不管哪种形状都应该平铺在自己并拢的大腿上，使用正方形餐巾时，如餐巾不是很大，将其平铺在腿上即可。如餐巾较大，可将其对折成三角形，折口向外。使用较大的长方形餐巾时，也可以将其对折后折口向外铺平。西餐中的餐巾不仅有保持服装清洁、擦拭嘴部的作用，而且还能表示某些含义。将餐巾放在自己的座位上，表示暂时离席；将餐巾放在自己右前方的餐桌桌面上，表示这道菜已经用完；将餐巾放在餐桌上，表示用餐结束。在使用餐巾时还要注意不要将餐巾别在领上或背心上，也不要在手中乱揉。可以用餐巾的一角擦去嘴上或手指上的油渍，但是千万别用它擦拭碗碟。

铺好餐巾后，要注意面前的餐具和食品。主盘是正对着您的。刀和勺子在盘子的右侧，叉子和餐巾在盘子的左侧。饮料在右手边，放面包的侧盘在左手边。一定记清您的饮料在右手，而干的面包、餐巾在其反方向，否则，拿起别人的饮料或面包、餐巾总是麻烦的事情。如果是你宴请别人，规则是从客人的右手边上菜，从左手撤盘。

二、刀叉与用餐

西餐中刀叉的使用方法：一般是左手持叉，右手握刀或勺，杯子也要用右手握。握刀时将锋利的部分向下，弯曲的部分指向自己，用叉子固定好你要切的肉或其他食物，将食指放在刀背上以便更好地控制刀的走向。在切肉或其他食品时，要注意不能硬切，要采用锯的方法将食物锯成小块，然后再用叉子送入口中，叉一般可以与刀并用也可以单独使用，单独使用时则要用右手。当一道菜未吃完时，或暂时离席，刀叉应交叉摆放或摆成人字，刀刃要向内，叉尖向下。一道菜吃完，将刀叉平行摆放在盘内，刀在右边，叉在左边，叉尖向上。此外，要注意刀叉的使用有两种不同的方式：一种是英国式：右手持刀，左手持叉，边切边吃。另一种是美国式：先右手持刀左手持叉将食物全部切好，再将餐刀斜放在餐盘前将左手的餐叉换到右手就餐。

喝汤时应用勺子从汤盘里舀出送入嘴里，喝汤时不要发出声音，若汤的温度较高，可等到汤自然凉了之后再喝，不要用嘴吹。汤勺应从里向外舀。当汤快喝完时左手将汤碗的外侧稍微抬起，用汤勺将汤舀送入口中。当喝完时，将汤匙留在碗中。汤匙的把指向自己。

吃鱼时先吃一面。当吃完后不要将鱼翻身，应该将鱼骨用餐具剔出后再吃另一面。吃其他不带骨头的肉类时不可将大块肉送入口中，要一点一点地嚼。把肉切成小块吃多少切多少，不要一开始就把肉都切成小块。

吃面包时先把面包撕成小块再送入口中，不要用刀切或用牙咬。不要用面包来蘸汤吃。若要抹黄油或果酱时，也要用小块的面包。面包要放在专用的盘子或桌布上。

资料夹

西餐中几种常见的食品

1. 汉堡包（Hamburger）

汉堡包是一种制作简便、营养丰富、经济实惠的快餐食品，它是由特制的圆面包和肉饼两部分组成。汉堡包起源于德国的汉堡市。19世纪中叶，该地区出现了一种叫牛肉饼的食物，它是将牛肉末加调料拍成肉饼煎制而成。到19世纪末，这种牛肉饼传到美国并很快流行起来，美国人将其称为"汉堡包"。现在的汉堡包在制作时先将面包从中间切开，抹少量黄油后煎成金黄色，然后再将牛肉剁碎加调料拍成圆饼状，煎三至八成熟夹入面包中，配黄瓜片、生菜叶、番茄片、洋葱圈或菜丝色拉等食品。

2. 三明治（Sandwich）

三明治又称"三文治"，是一种既可当饭，又可当点心的方便食品。它是将面包切成片，中间夹上制熟的火腿、奶酪、蛋品等制成。18世纪，英国有位伯爵好赌，几乎整天呆在牌桌上，肚子饿了就叫仆人去买面包和烤肉，赌兴浓时觉得吃面包和烤肉也费事。聪明的仆人干脆将烤肉夹在面包中间，一起递给伯爵，伯爵吃起来不仅发现味道更好，也感到方便了许多，可以边吃边赌，一举两得。消息传开，大家纷纷效仿，并把这种食物取名为"三明治"。制作三明治时，一般用三片面包，先将黄油均匀抹在每片面包上，然后再根据客人的要求，制作出不同的种类。除了可以使用禽肉、蛋类原料外，也可以使用生菜、黄瓜、西红柿等原料。这样，不仅味道更加鲜美，营养也更加丰富，很受工作节奏加快、又追求一定营养价值的现代人的欢迎。

3. 比萨饼（Pizza）

比萨饼又称意大利馅饼，是一种色、香、味、形俱佳的意式食品。比萨饼发源于意大利那不勒斯地区，1905年首次在美国纽约出售，很快风行全美并流传世界各地，深受广大青少年喜欢。比萨饼常见的制法是：在烤盘上铺一层发面皮，涂上橄榄油，再铺上用牛肉末、蘑菇丁等原料及胡椒等调料制成的馅，最上面点缀番茄丁并盖上奶酪片，入炉烘烤而成。现在，制作比萨饼的原料非常广泛，有的用洋葱和鱼，还有的用虾、鲜贝、牡蛎等海鲜。

4. 热狗（Hot Dog）

热狗是一种典型的美国食品，它是在肉肠的外面裹上松软的发酵面粉，做成面卷状，再经烘烤或煎炸制成。因其制作简便，经济便宜，可以边走边吃，十分畅销。食用时需配以芥末和炸土豆条。热狗起源于德国的法兰克福，当时人们把它叫作"法兰克福香肠"。19世纪80年代，一位德国移民将这种香肠引入美国的圣路易斯。漫画家汤姆森·道狄在他的一幅漫画中创作了一根名为"热狗"的会说话的香肠，非常幽默，美国人便把这名德国人引进的法兰克福香肠称作"热狗"。从此，"热狗"的名称不胫而走，传遍美国，成为到处可见的方便食品。

5. 奶酪（Cheese）

奶酪又叫"计司"，它是将牛奶加入酵母菌、乳酸菌中，经发酵自然凝固而成的奶制品。奶酪起源于古罗马帝国的山区，即现在的法国东部和瑞士一带。爱喝牛奶的罗马人为保存多余的鲜奶或处理已变质的旧奶，将牛奶沥干、撒盐、晒成块，这样制成的奶酪可以长期存放。按软硬程度，奶酪可分为硬质奶酪、半硬质奶酪、软质奶酪三类。奶酪在西餐中是不可缺少的食物，用途十分广泛，既是焗烤菜肴的原料，又是调味沙司的配料，既可以和面包相配，又可以单独食用。世界上以法国生产的奶酪最著名，品种多达350余种，有"奶酪王国"之誉。

6. 色拉（Salad）

色拉又叫"沙拉"、"沙律"，是一种用蔬菜、水果、蛋类、海鲜、熟肉制品等为原料，加入色拉油、醋、芥末、柠檬、奶油、胡椒、盐等调料配制而成的冷菜。色拉品种很多，一般可分三大类：一是以新鲜蔬菜为原料制成的素菜色拉；二是以鱼、虾、蟹、肉等为原料制成的荤菜色拉；三是以各种水果为原料制成的水果色拉。色拉口味以酸、辣、香、咸、甜为主，具有开胃、助消化、保持营养平衡的作用。

7. 吐司（Toast）

吐司是西餐常见的一种略带咸味的面包片。它是将长方型面包切成厚约1厘米的薄片，然后再将薄面包片放进专用小烤炉中烤至金黄色，食用时可直接用手拿并配上黄油或果酱。

8. 布丁（Pudding）

布丁是西餐中较为松软的一种甜点名称，品种很多。它是用面粉、黄油、牛奶等原料混合后，采用隔水蒸熟或隔水焗熟的方法制成。布丁在英国非常流行，是英国人喜欢的一种甜点。

9. 白脱（Butter）

白脱又译作"白塔"，实际上就是黄油、奶油。它是从牛奶中提炼出乳脂，再经搅拌、凝集、压制和冷冻制成。白脱呈半固体状，有加盐和不加盐两种。西餐常把白脱作为一种食用油，既可用于烹制菜肴，又可用于制作西点或直接涂在面包上食用。

10. 沙司（Sauce）

沙司也译作"少司"，是西餐用来调味的汤汁。由于西餐菜肴不少为大块形状，调味不易，将沙司浇在菜上可起完善菜肴风味、增加美观色泽的作用。沙司的制作一般是把原料剁碎，炒熟后加入清汤稀释而成，口味以甜、咸、酸、辣为主，而且要比主料的味重些。

三、饮酒

在西餐中，餐桌的右侧通常摆放着大小各异的玻璃杯，如果盛的是白酒或香槟酒，一般应拿着玻璃杯最细的地方。如果是红酒不带冰的，可以用手握着杯身。喝酒之前举起酒杯时，可以轻轻摇动酒杯，让酒与空气接触以增加酒的醇香。要注意以下几类失礼的行为：一是喝酒扬脖就一饮而尽；二是嘴里嚼着东西喝酒；三是拿着酒杯边说话边喝酒；四是边喝边透过酒杯看人；五是口红印在酒杯边上。中国人在喝酒时喜欢敬酒、劝酒，并乐此不疲。在西方，他们举杯祝福，往往说一声"干杯"，但喝多少由客人掌握。西方人不仅注重什么杯子装什么酒，而且讲究什么场合喝什么酒。餐前酒，又称开胃酒，通常是在宴会前，主人招待客人用威士忌、杜松子酒、伏特加、雪利酒、兰酒等；席间喝的酒称为席上酒，西方的席上酒仅指葡萄酒，在吃海鲜时要饮无甜味的白葡萄酒，吃肉类时，要配红葡萄酒；吃干酪时，要配带甜味的葡萄酒；吃核桃等坚果时，要配浓度较轻的强力酒，如马德拉酒；最后一道菜或甜点时，要配香槟酒。西餐在饭后用的酒称为餐后酒，餐后酒以白兰地为主。

四、自助餐

通常自助餐取菜的顺序是：冷菜、汤、热菜、甜点、水果、冰激凌等。当然，也可以依个人口味、喜好，只选用其中的一二类，但进食次序却不可以颠倒，也不可冷、热含混着吃。吃自助餐时，如果人多，一定要排队顺序取菜。与朋友一起用餐，也应自取自用，忌大家共取很多盘。享用自助餐一条基本的原则就是"多次少取"。自助餐上供应的一切食物、饮料仅限在用餐地点享用，不能携带。

▶经典案例

爷爷、爸爸、妈妈和琳琳，一家人去自助餐厅吃西餐，面对众多美味香甜的花式品种，琳琳每样都想尝尝，于是选了一大盘。爸爸说："在自助餐厅要吃多少取多少，不能剩下太多。"琳琳点了点头，吃完一盘，又盛了一大盘鸡翅，还有水果。爸爸说："在这里吃不完不能打包，你不能再盛了。"但是爷爷说："琳琳，盛吧，想吃多少就吃多少，这钱才花得值。"最后，琳琳果然剩了不少，服务员清盘的时候说："您剩得太多了，需要按两倍付费。"爷爷的脾气很急："我们怎么知道孩子吃不完？你们太抠门了！"服务员坚持按店里的规定要收钱，爷爷一赌气："我吃了！"说完三下两下吃了剩下的鸡肉，后来回家胃很不舒服。这顿饭吃得高兴，回去生气。这就反映了很多人在自助餐的礼仪上还很欠缺，以后应当引起注意。

思考题

[1] 中西餐中座位的安排有什么区别？

[2] 如何使用筷子？

[3] 在西餐中如何使用刀叉？

[4] 在西餐中如何饮酒？

[5] 简述自助餐礼仪。

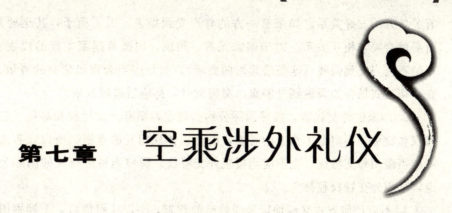

第七章　空乘涉外礼仪

第一节　涉外礼仪通用原则

　　所谓涉外礼仪通用原则，是指中国人在接触外国人时，通常都必须遵守并加以应用的有关国际交往惯例的基本原则。它既是对国际交往惯例的高度概括，也对于参与国际交际的中国人有普遍的指导意义。空乘人员在工作中，常常会接触到外国人，不仅有必要了解和掌握涉外通用原则，还必须在实际工作中认真地遵守、运用涉外礼仪通用原则。

一、主权平等原则

　　现代的国际关系应以公认"主权平等"为基础。国家不论大小，都应当具有独立处理自己内外事务、管理自己国家的主权。国家与国家相互之间是平等的，所有国家都是国际社会的平等成员。"主权平等"含有两方面的意义：一方面，每个国家都享有平等主权，不受他人侵犯；另一方面，每个国家都有尊重别国主权的义务，不得借口行使自己的主权而侵犯他国的主权。

　　"主权平等"既然是现代国际关系的基本准则，作为国际交往中的一种行为规范的现代国际礼仪，当然也必须遵循这一准则。如果在相互交往中，损害他国主权，当然也就谈不上什么遵守国际礼仪通用规则了。

　　"主权平等"的原则在国际礼仪的实践中，常常体现在以下方面：

　　1. 国家尊严受到尊重。国家元首、国旗、国徽不受侮辱。这里说的"国家尊严"一词虽然比较抽象，但在礼仪活动中却十分重要。礼仪活动有不少为了表现有关各方的友好关系。如果有一方的尊严受到损害，丢了面子，甚至感到难堪，就必然会损害相互关系。对于国家元首、国旗、国徽等国家主权的代表或象征，不但不应当受到侮辱（这是最起码的要求），而且应当表现出应有的尊敬。所以，在一切正式场合如果遇到升国旗、奏国歌时，都应当肃穆致敬。

2. 国家的外交代表，按照国际公约的规定，享有外交特权和豁免。这种外交特权和豁免，不但是工作上的需要，而且也体现相互的尊重。所以，有关各方既不应当滥用外交特权，也不应当侵犯外交特权，而应当遵照有关的国际公约的规定，享用外交特权和豁免。

3. 不以任何方式强制他国接受自己的意志。不以任何借口，干涉别国的内部事务，既不要强加于人，也要避免"强人所难"。不论是"客随主便"，还是"主随客便"，实际上都是要尊重对方的风俗习惯。社会政治制度的选择，是各国人民自己的事；宗教信仰也有各自的自由，都不应当加以干涉。对于宗教习俗更应尊重。

4. 在相互交往中，实行"对等"和大体上的"平衡"。所谓"对等"实际上就是"礼尚往来"。所谓"平衡"，也可以理解为"一视同仁"或"不歧视"的原则。例如，驻在国外交部邀请所有国家的使节参加某项社交活动，就不应单独不请某一个国家的使节。所有来访的各国外交部长都由总理接见一次，如果唯独不见某个国家的外长，那也会被理解为有意给予冷遇。曾经有两个非洲国家的部长级代表团同时来我国访问，由于接待单位不同，一个部长住在国宾馆，另一个住在旅馆里，被周总理发现，总理严肃批评这是"搞上下铺"的做法，肯定会影响接待效果。

所谓"对等"、"平衡"都是相对的，不是绝对的。在国际交往中，在礼仪上给予"破格接待"的，也有诸多先例。各国为了体现自己的外交政策，往往打破对"对等"、"平衡"的机械理解，作出一些特殊的安排。1984 年，英国首相撒切尔夫人来华访问，中英双方达成了关于香港问题的联合公报，在她访华的短短 36 个小时中，中方为她安排了 14 场活动。邓小平、胡耀邦、李先念等在同一天会见了她，被认为是一次"破格"的接待。可见，礼仪规则不应当是机械的条条框框，其巧妙应用还在于结合实际情况善于安排。从这个意义上说，国际礼仪程序的运用也是一种外交艺术。

二、以人为本原则

对中国外交比较关注的人们都必定注意到，进入 21 世纪以来，对人的高度重视，业已成为当代中国外交的一大主题。中国政府多次郑重表示自己重视人权问题，并为此与其他国家的政府进行了一系列的对话；当中国公民在境外受到不公正对待时，中国最高领导人直接出面与有关国家进行交涉；当中国公民在境外遇到意外伤害或遭到武力劫持时，中国方面不遗余力地对其进行营救等，这一切都充分地表明："以人为本"，已经成为今日中国外交的一种基本取向。因此，在对外交往中，中国的每一名涉外的空乘人员均应高度自觉地以自己的实际行动去贯彻落实"以人为本"的外交理念。

作为一项涉外礼仪的基本原则，"以人为本"就是在国际交往中要与在国内交往中一样，任何行为均应有意识地尊重与保障人权。每一位涉外空乘人员都必须充分地意识到：自己所从事的一切涉外交往的根本目的，都是为了爱护人、保护人、发展人。要维护中国人民与世界人民的之间的关系。

在涉外交往中具体运用"以人为本"这一原则时，主要应注意以下两个问题：

第一个问题就是必须高度重视人权问题。《中华人民共和国宪法》第 33 条明文规定："国家尊重和保障人权。"在涉外交往中，每一名涉外空乘人员对此都要提高重视程度。

人权是一个不断发展的历史概念。简而言之，人权就是指人的基本权利。但人权的具体内容涵盖甚广，它不仅包括人的政治权利、经济权利、社会权利、文化权利等个人权利，而且还包括人的发展权、民族自决权等集体权利。

在人权问题上，国际社会一直存在着争议与斗争。中国政府的人权立场是：人权必须作为一个完整的概念被理解。它既包括个人权利，也包括集体权利。在个人权利中，不仅包括政治权利，而且也包括经济权利、社会权利与文化权利。人权的各个方面互相依存，同等重要，不可分割，不可或缺。由于各国发展水平不一，其所面临的社会、经济、文化问题亦千差万别，故应当允许各国根据自己某一特殊时期的特殊需求而突出人权的某项内容，但这并非意味着否定或抹杀其他各项人权。

中国还认为，对任何一项人权的剥夺，实质上都是对整体人权的剥夺；对任何一项人权的促进，实质上都是对整体的促进。人权是权利与义务的有机统一。

权利与义务在实践中应该是一致的。不存在没有义务的权利，也不存在没有权利的义务。

第二个问题就是必须认真明确涉外工作本质上就是为人民服务的。从根本上讲：我国是一个社会主义国家。作为一个社会主义国家，中国的外交、外事工作自然而然就是为人民服务的。对于这一点，每一名涉外空乘人员均应牢记于心，并且见之于行动。

坚持涉外工作为人民服务这一基本目标，具体需要谨记以下两个要点：

第一，我国的涉外工作首先是为中国人民服务的。邓小平同志曾经明确地指出：中国外交以国家利益为最高准则。胡锦涛同志则再三强调，各级领导干部均应牢记：权为民所用，情为民所系，利为民所谋。因此，中国的涉外工作必须始终坚定不移地为中国人民服务。我国的涉外工作应当是为全中国人民服务的。其具体对象，不但应当包括内地人民，而且还应当包括台湾、香港、澳门同胞，以及一切海外华侨、华人。我们的每一项涉外工作都必须真真切切地尊重中国人民、爱护中国人民、保障中国人民、发展中国人民，永远服务于中国人民。

第二，我国的涉外工作同样必须服务于世界人民。当今的中国，已经成为国际社会的真正一员。因此，空乘人员应具有真正的、开阔的国际视野。

在涉外工作中，首先要努力促进世界的和平与发展。这样做，不仅有助于世界的稳定与繁荣，而且也符合全世界人民的根本利益。涉外工作主要以外国朋友为服务对象，因此它在本质上就是为世界各国人民服务的。此点不容置疑。

在涉外工作中，其次要以不损害世界人民与别国人民的根本利益为前提。在任何情况下，我们都不应以自己的所作所为伤害世界人民或别国人民的根本利益。在世界人民或别国人民利益受到伤害时，我们绝对不允许对此幸灾乐祸或推波助澜。

三、维护形象原则

在讲什么是维护形象之前，先举一个具体的例子。××是一家大型国有企业的总经理。有一次，他获悉有一家著名的德国企业的董事长正在我国进行访问，并有寻求合作伙伴的意向。他于是想尽办法，请有关部门为其牵线搭桥。让××欣喜的是，对方有兴趣同他的企业进行合作，而且希望尽快与他会面。到了双方会面的那一天，××对自己的形象特意进行了一番修饰，他根据自己对时尚的理解，上穿夹克衫，下穿牛仔裤，头戴棒球帽，足蹬旅游鞋。无疑，他希望自己能给对方留下精明强干、时尚新潮的印象。

然而事与愿违，××的这身"时尚新潮打扮"并没有起到良好的作用，相反这身打扮反而起到了坏作用。德国企业的董事长等人认为：此人着装随意，个人形象不符合常规，给人的感觉是过于前卫，尚欠沉稳，与之合作之事当再作他议。

这件事就反映出××的穿着打扮不够规范，没有维护好个人的形象，从而损害了个人形象。

根据惯例，在国际交往之中，人们普遍对交往对象的个人形象倍加关注，并且都十分重视遵照规范的、得体的方式塑造、维护自己的个人形象。这就是"维护形象"原则。为什么个人形象在国际交往中深受人们的重视，主要是因为以下五个原因。

第一个原因，每一个人的个人形象，都真实地体现着他的个人教养和品位。比如当一名男子身穿深色西装套装时，依照国际惯例，上衣左袖袖口上的商标必须拆掉，而且不能穿白色的袜子。如果他对这个国际惯例不熟悉，或者明明知道却不加注意，就会有损个人形象，使人感到他缺乏教养，品位不高。

第二个原因，每一个人的个人形象，都客观地反映了他个人的精神风貌与生活态度。在日常生活里，假如一个人总是蓬头垢面、衣冠不整、不修边幅、邋邋遢遢，别人恐怕很难认为他热爱生活、注重生活质量。

第三个原因，每一个人的个人形象，都如实地展现了他对交往对象的重视程度。一个人对自我形象重视的程度，应与对其交往对象重视的程度成正比。换句话说，在涉外交往中，若是对自我形象毫不修饰，不但不能说是对交往对象的尊重，而且是属于失礼行为。

第四个原因，每一个人的个人形象，都是其所在公司、单位的整体形象的一部分。当人们不知道一个人归属哪个单位时，那么这个人的个人形象方面所存在的缺陷，人们顶多会认为他个人方面存在着某些问题。但是，当人们确知他属于某一单位，甚至代表着某一单位时，往往会将其个人形象与所在单位的形象联系起来。也就是说，作为所在单位形象的有机组成部分——个人形象，在某种意义上通常会被人们直接地当成单位的形象。正因为如此，有识之士才一再强调：对商界人士而言，形象永远都是金，个人形象就是品牌，就是服务，就是效益，就是本企业最重要的无形资产。

第五个原因，每一个人的个人形象，在国际交往中还往往代表着其所在的国家、所属民族的形象。这就是说，在涉外交往中，每一名中国人都代表着中国。

外国人对中国的了解和看法，主要来自他所有机会接触到的某些中国人。因此，一个中国人在对外交往中，若是不注意维护自身形象，从某种程度上讲，就有可能会因此损害中国的国际形象和整个中华民族的形象。

基于以上原因，在涉外交往中，每一个空乘人员都必须时时刻刻注意维护自身形象，特别是要注意维护自己留给初次见面的外国友人的第一印象。既然个人形象问题在国际交往中事关大局，举足轻重，那么，到底什么是个人形象？怎样维护个人形象呢？这两个问题，是每一位涉外空乘人员都必须充分了解，并且正确认识的。

个人形象，有时简称为形象。指的是一个人在人际交往中留给他人的总体印象，以及由此而使他人对其所形成的总的评价和总的看法。

个人形象在构成上主要包括六个方面，也称个人形象六要素。这六个要素对于维护好个人形象同等重要，不能厚此薄彼。

要素之一是仪容。仪容指一个人个人形象的基本外观。在正常情况下，面部的容貌更为引人注目。要注重仪容，就要力争做到仪容美，并且要为此进行必要的美化和修饰。一般而言，在国际交往中，通常要求男子不蓄须，不使鼻毛、耳毛外露，不留长发；女子则不剃眉毛，不宜暴露腋毛，化妆不宜过于浓重；任何人都不准刺字、文身，不准躬身或哈腰，不准蓬头垢面。这些，实际上都是有关个人仪容的约定俗成的规范。

要素之二是表情。表情通常主要是指一个人的面部表情。它包括眼神、笑容及其面部肌肉的综合运动等。每个人的表情，都是其内心思想、情感的最真实、最自然的流露。与语言相比，一个人的表情往往会起到"此时无声胜有声"的作用，能够更准确地传达出其真情实感。在国际交往中，最适当的表情应当是亲切、热情、友善、自然。表情过度夸张，或表情过于沉重，或面无任何表情、麻木不仁，都是不符合礼仪要求的。如果不注意这方面的问题，会让人感觉你不好交往，弄不好就会导致误会，甚至产生麻烦。

要素之三是举止。举止指的是人们的肢体动作。在心理学上，人的举止动作被称为"形体语言"，人都应当有意识地多加检点自己的举止动作。要坚决改正一些小毛病，如当众擤鼻涕、掏耳朵、剔牙、抓痒等不太雅观的举止动作，要认真纠正一些不合适的小动作，如对人指指点点、就座翘起"二郎腿"或者在翘起二郎腿后还用脚尖、鞋底对人抖动不止，这些小动作都是失敬于人的举止动作。空乘人员要努力学习那些为世人所公认的文明、优雅的举止动作，真正做到"站有站相，坐有坐相，行有行姿"。

要素之四是服饰。人们穿着的服装和佩戴的首饰统称为服饰，一个人穿着的服饰，不仅表现着他个人的审美品位，而且充分反映着其个人修养。当你见到一位男性身穿背心、短裤、拖鞋出入于公共场合，甚至去拜会外宾，你会觉得他的审美品位很高很懂得尊重别人吗？肯定不是，这是没有修养、不注重个人形象、不尊重人的表现。

要素之五是谈吐。谈吐，即一个人的言谈话语。人们常说："言为心声"。在人际交往中，言语除了可以传递思想、情感之外，还能传达一个人对交往对象的具体态度。在对外交往中，谈吐尤其需要加以注意。例如与外国客人进行交谈时，一定要遵照国际惯例，自觉地调低音量。同时，还应使用规范的尊称、谦词、敬语与礼貌语同对方交谈。此外，还应注意尊重外国人不喜欢谈论个人隐私的习惯，不喜欢评判他人的所作所为的习惯，不喜欢在自己讲话时被别人插嘴打断等方面的习惯。

要素之六是待人接物。待人接物是指与他人相处时的表现，也就是一个人为人处世的态度。它体现了一个人的精神境界，并在人际交往中各个方面有所表现。一个人即使修养再好，如果不会待人接物，那么他也难以在人际交往中获得成功。重视待人接物，不光要善于运用常规的技巧，最重要的是要善于理解、体谅、关心、尊重他人。我国古代的儒家创始人孔子早就讲过："礼者，敬人也。"敬人就是礼仪的核心，也是待人接物时必须遵守的原则。

资料夹

中外手势含意有哪些不同

手势是体态语言之一。在不同的国家、不同的地区手势有不同的含意。在用手势表示数字时，中国人伸出食指表示"1"，欧美人则伸出大拇指表示"1"；中国人伸出食指和中指表示"2"，欧美人伸出大拇指和食指表示"2"，并依次伸出中指、无名指和小拇指表示"3"、"4"、"5"。中国人用一只手的5个指头还可以表示6～10的数字，而欧美人表示6～10要用两只手，如展开一只手的五指，再加另一只手的拇指为"6"，依此类推。在中国伸出食指指节前屈表示"9"，日本人却用这个手势表示"偷窃"。中国人表示"10"的手势是将右手握成拳头，在英美等国则表示"祝好运"，或示意与某人的关系密切。

伸出一只手，将食指和大拇指搭成圆圈，美国人用这个手势表示

"OK"，是"赞扬和允诺"之意；在印度，表示"正确"；在泰国，表示"没问题"；在日本、缅甸、韩国，表示"金钱"；在法国，表示"微不足道"或"一钱不值"；斯里兰卡的佛教徒用右手做同样的姿势，放在领下胸前，同时微微欠身颔首，以此表示希望对方"多多保重"；在巴西、希腊和意大利的撒丁岛，表示这是一种令人厌恶的污秽手势；在马耳他，则是一句无声而恶毒的骂人语。

中国人表示赞赏之意，常常翘直大拇指，其余四指蜷曲；翘起小拇指则表示蔑视。日本人则用大拇指表示"老爷子"，用小拇指表示"情人"。在英国，翘起大拇指是拦路要求搭车的意思。在英美等国，以"V"字形手势表示"胜利"、"成功"；在亚非国家，"V"字形手势一般表示两件事或两个东西。

在欧洲，人们相遇时习惯用手打招呼。正规的方式是伸出胳膊，手心向外，用手指上下摆动。美国人打招呼是整只手摆动。如果在欧洲，整只手摆动表示"不"或"没有"之意。在希腊，一个人摆动整只手就是对旁人的污辱，那将会造成不必要的麻烦。

总之，与不同的国家、地区、民族的人交往，需懂得他们的手势语言，以免闹出笑话，造成误解。

来源：www.jctrans.com

四、不卑不亢原则

不卑不亢，是涉外礼仪当中的一项基本原则。"不卑不亢"要求我们每一个人在参与国际交往时，都必须意识到，自己在外国人的眼里，自己就是单位的代表，就是国家的代表，就是中华民族的代表。因此，在自己的言行上应当从容得体，堂堂正正。在外国人面前，既不表现出畏惧，低三下四，也不表现出自大狂傲，放肆嚣张。在涉外交往中坚持"不卑不亢"原则，是每一名涉外空乘人员都必须给予高度重视的重大问题。

◖经典案例

一次，有位美国记者同周总理谈话时，看到桌上有一支美国派克钢笔，就带着讥讽的口气问："请问总理阁下，你们堂堂中国人，为何还要用我们美国的钢笔呢?"周总理听出了言外之意，但他并没有大发雷霆，而是以温文尔雅的方式对待攻击者，巧妙地回敬了对方。他庄重而又风趣地回答道："提起这支笔，那可说来话长。这不是一支普通的钢笔，而是一位朝鲜朋友送我的战利品。我觉得有意义，便收下了这支美国生产的钢笔。"那记者听后一脸窘相，怔得半天也说不出话来。

◗ 经典案例

20世纪90年代中期，国内的一名中学生应邀前往一个拉美国家，参加民间外交活动。有一天，他去出席在那个国家所举行的一次国际性会议，发现在会场周围所悬挂的各与会国国旗之中竟然没有我国的国旗，该中学生当即向会议的组织者指出了这一问题，并且严正地表示："不悬挂我国国旗，就是缺乏对我国的尊重。假如不马上改正，我将拒绝出席这次会议，并且立即回国。"经过他的据理力争，会场的上空终于飘扬起我国的国旗。会议的组织者对此再三地表示了歉意，之后，那位中国的中学生才步入会场，出席会议。当该中学生入场时，有不少与会者主动起立，向他热烈地鼓掌表示欢迎。当地的报纸事后为此发表评论说："连一名中学生都具有那么强烈的民族自尊心，中国人的确是值得尊重的。"那位中学生之所以受到人们的尊重，主要是因为他能够在涉外交往中表现得不卑不亢。

在涉外交往中要求每一名涉外空乘人员都要努力表现出不卑不亢，因为这是一个非常重要的问题，它事关一个国家的国格、一个人的人格。在涉外交往中，每一件不起眼的小事都有可能成为大事。因此，每一个中国人在外国人面前的一言一行、一举一动，都会被对方讲你的言行与中国甚至是中华民族的形象联系在一起。

忠于祖国，忠于人民，是涉外空乘人员所应具有的基本素养。要做到这一点，首先应当热爱自己的祖国，时刻不能忘记祖国的利益高于一切，坚决维护国家的主权和民族的尊严，绝对不做有损国格、人格的任何事情。在原则问题上，一定要坚持不懈，丝毫不可含含糊糊，绝不做任何有辱国格、人格的让步。涉外空乘人员在对外交往中要真正做到"不卑不亢"，不仅要提高思想，要正本清源、端正态度，还要在工作中付诸实践，一定要对"不卑"与"不亢"二者同时予以坚持，防止过犹不及，以一种倾向掩盖另外一种倾向。

在涉外活动中，空乘人员要努力做到"不卑"。在虚心向外国学习长处，尊重外国的风俗习惯的同时，坚决反对"外国的月亮都比中国的月亮圆"的自卑自贱的思想，在对外交往中，要以自尊、自重、自爱和自立为基础，要堂堂正正、坦诚乐观、豁达开朗、从容不迫、落落大方。在外国人面前要表现谨慎，但不拘谨；主动，但不盲动；既注意慎独自律，但又不是手足无措、无所事事。对于外国人所取得的成就，不能视而不见，或妄加贬低，但也不必自叹不如自惭形秽，由此认为外国的什么东西都比自己国家的好。不允许在外国人面前卑躬屈膝，直不起腰来。

在涉外活动中，空乘人员还要努力做到"不亢"。坚持自立、自强，以自己的实际行动在外国人面前体现出"中国人站立起来"的精神风貌，坚决地反对盲目排外的思想，要在对外交往中谦虚谨慎、戒骄戒躁。在一切对外交往中，既不可妄自菲薄，也不高傲自大、盛气凌人、孤芳自赏、目空一切、自以为是，切不可对外国客人颐指气使、冷漠无情。

与外国人打交道时，要坚持开拓进取，虚心学习其他国家先进的科学技术、管理经验和健康的文化，积极吸取、借鉴世界文明的一切成果，博采众长、取长补短。

更重要的是，对任何交往对象都要一视同仁、一律平等，给予同等的尊重与善意，不能有大国小国、强国弱国、富国穷国的亲疏有别，或是对大人物和普通人有厚有薄。

五、求同存异原则

▶ 经典案例

我国一位外贸公司的业务经理。有一次因为工作的需要，在国内设宴招待一位来自英国的生意伙伴。那一顿饭吃下来，令对方非常满意，对方满意的不仅仅是该业务经理专门为其所准备的丰盛菜肴，还对该业务经理用餐时没有一点响声感到很欣赏。英国客人对该业务经理说，你在用餐时一点儿响声都没有，使我感到你的确具有良好的教养。可见，在涉外礼仪中遵守国际上通用的礼仪是非常重要的。

世界各国的礼仪与习俗是存在着一定程度的差异性的。在涉外交往中，对于诸如此类的差异，尤其是我国与交往对象所在国之间的礼仪与习俗的差异性，重要的是要了解，而不是评判是非，鉴定优劣。

在涉外服务中，究竟遵守哪一种礼仪为好呢？一般而论，目前大体有三种主要的可行方法：

第一种方法就是"以我为主"。所谓"以我为主"，就是在涉外交往中，依旧采用本国礼仪。

第二种方法就是"兼及他方"。所谓"兼及他方"，就是在涉外交往中基本上采用本国礼仪，同时，适当地采用一些交往对象所在国现行的礼仪。这个时候，对交往对象国的主要礼俗禁忌要提高认识，做到心中有数，在实际操作中尽量回避这些礼俗禁忌。

第三种方法就是"求同存异"。所谓"求同存异"，是指在涉外交往中，为了减少麻烦、避免误会，最为可行的做法，是既要对交往对象所在国的礼仪与习俗有深刻的认识，并予以特别尊重，同时对于国际上所通行的礼仪惯例认真地加以遵守。简言之，"求同"就是要遵守国际上的有关礼仪惯例，要重视礼仪的"共性"。"存异"就是要求对他国的礼俗不能一概否定，不可完全忽略礼仪的"个性"，在必要的时候，对交往对象所在国的礼仪与习俗有所了解，并按照交往对象所在国的习俗行事，以示尊重。

礼仪既有共性也有个性，共性和个性之间的关系是：礼仪的"共性"寓于礼仪的"个性"之中，礼仪的"个性"是礼仪的"共性"存在的基础，没有个性，就不存在共性。另外一方面，礼仪的"共性"源自于自礼仪的"个性"，只不过是对这种个性进行了升华和概括，使其适用范围更为广阔。就是这一点来讲，在涉外交往中，在礼仪上"求同"，遵守礼仪的"共性"，也就是在礼仪的应用上"遵守惯例"。

比如，在用餐时除谈笑声之外，不宜再发出任何声响，尤其是吃东西、喝东西时不允许出现咂嘴、嗑餐具的声响，这是国际上通行已久的一条礼仪规则。

再如，世界各国的见面礼仪是不一样的，不同国家的人们往往使用不同的见面礼节。较为常见的见面礼有：中国人的拱手礼、日本人的鞠躬礼、韩国人的跪拜礼、泰国人的合十礼、阿拉伯人的抚胸礼，以及欧美人的吻面礼、吻手礼和拥抱礼。这些礼仪都各有各的讲究，都属于"个性"礼仪。与此同时，握手礼就是一个"共性"的礼仪，见面握手可以说是通行于世界各国的见面礼。与任何国家的人士打交道，以握手这一"共性"礼仪作为见面礼节，都是适用的。所以，在涉外交往中采用握手礼，就是"遵守惯例"。

一般而言，在与外国客人交往中应用礼仪时"遵守惯例"，其实就是要求人们遵守涉外礼仪。在涉外交往中，之所以要"遵守惯例"，主要是因为只有遵守惯例，才能和其他国家的人取得共识，便于沟通，避免周折，达到互动。就好像参与国际体育比赛都必须遵守比赛规则，严禁另搞一套一样。在涉外交往中也应该遵守礼仪的惯例，其作用与参与国际比赛时必须遵守比赛规则，实际上完全是一样的。

六、热情有度原则

"热情有度"也是涉外礼仪的基本原则之一。热情有度就是要求人们在参与国际交往，直接同外国人打交道时，不仅要热情而友好，更为重要的是，要把握好待人热情友好的具体分寸。否则就会热情过度，事与愿违，过犹不及。

▶经典案例

　　小杨被派到一位意大利来京工作的专家家里做服务性工作。她热情负责，精明能干，专家夫妇对她的印象很是不错，她也把自己当成了专家家庭里的一名成员。有一个星期天，意大利专家偕夫人外出归来。小杨在问候了他们以后，如同对待老朋友那样，随口便问："你们去哪里玩了？"专家迟疑很久，才吞吞吐吐地说："去建国门外大街了。"小杨当时没有注意到对方不悦的脸色，以为对方累了，根本没有把人家的态度当成一回事，于是又说了句："你们去逛商店了吧？"对方很不情愿地回答："友谊商店。""你们怎么不去国贸大厦和赛特购物中心看看，秀水街那边也很好玩。"小杨继续建议着。

　　然而，没有等小杨的建议讲完，专家夫妇已经转身走了。两天后，小杨被告知，再也不用去为意大利专家夫妇做服务性工作了。对方拒绝她去做服务性工作的理由是："小杨对主人的私生活太感兴趣了，爱打听事，干涉我们的私生活。"

　　其实，小杨的行为在中国人看来都是善意的，既体现了小杨的热情友善，还体现出对主人的关心体贴。但是，由于生活背景不同，那位意大利专家却认为小杨有窥探个人隐私的嫌疑，认为她妨碍了自己的私生活，于是才忍无可忍，将其辞退。

　　因此，在待人热情友好的同时，又需要把握好热情的分寸，这指的就是"热情有度"之中的"度"。这个"度"就是要求大家在对待外国友人热情友好的时候，切记自己所做的一切都必须以不影响对方、不妨碍对方、不给对方增添麻烦、不令对方感到不快、不干涉对方的私生活为限。如果不注意遵守这个"度"，与外国人交往时，一厢情愿地过"度"热情，处处"越位"，必然就会引起外国人的反感或者不快。平心而论，不应该谴责那位意大利专家对小杨吹毛求疵，因为小杨没有把握好热情有度，过度热情，反而好心不得好报。

同外国人交往中要遵守好"热情有度"这一基本原则，必须把握好以下几个方面的"度"。

第一，要"关心有度"。也就是说，不能对外国客人不关心，但也不能事事关心，那就会使对方很难接受，对方会觉得我们碍手碍脚，管得过宽。

很久以来，中国人一向倡导"关心他人比关心自己为重"。可是，在国外，人们却大多强调的是个性独立、自强自爱、绝对自由，他们反对他人对于自己的过分关心。因此，对于外国人不要随意运用中国人所习惯的关心、规劝，不分对象地去对待外国人。这样外国人不仅不领情，反而会被认为是多管闲事，干涉人家的个人生活。

比如，天气很冷，你看到一个外国人穿得很单薄，你好心好意地向他建议："今天天气这么冷，你为什么不多穿上几件衣服呢?"那么他可能会不觉得你是在关心他，反而觉得你这是在干涉他的自由。选择什么样的衣服戴什么样的帽子是我个人的自由，跟你没有关系，不需要你的好心好意。

如果很想规劝外国人，可以用商量、建议的语气来同对方讲，不能用上面的表达方式，你可以说，"今天天气真冷，我要是你的话，我会多穿几件衣服的"，这样更容易为外方人员所接受。

第二，要"批评有度"。一般情况下，只要外国友人的所作所为未触犯我国法律，也不有悖于我国的伦理道德，没有做侮辱我国的国格和人格的事情，也没有做一些危及其人身安全的事情，通常情况下，没有必要去批评指责对方，尤其是没有必要当面批评指正对方，或是干预对方的行为。在中国人看来朋友之间讲究以诚待人。遇上亲朋好友做了不太对头的事，犯颜直谏，勇做净友，及时对其不留情面地批评指正，这样才会被视为是够朋友的做法，才是对朋友的真正的关心爱护。但是在涉外交往中，这一做法却是不适用。

这是因为国人和外国人的生活习惯和生活背景不同，外国人一般讲究独善其身，反对别人多管自己的闲事。他们认定，除去法律明文规定禁止做的事情之外，自己有权做法律规定以外的任何事情，别人对此是无权干涉。中外文化、习俗有很多的差异，双方在日常生活之中的许多方面、是非曲直的标准上有很大的差异，有时甚至还会大相径庭。国内许多司空见惯之事，到了国外却未必尽然。因此，以自己的见解去强加于人，显然是不适当的。

在涉外交往中，讲究以友谊为重。如果当面指出外国人的失误和短处，不仅会使对方很难堪，也会让外国人感觉自己为人刻薄。所以，对于外国友人无伤大雅、非原则性的问题，没有批评的必要，还是不说为妙。

第三，要"距离有度"。与外国人进行交往时，应根据双方关系的亲密程度，而与对方保持与双方关系相适应的适度的空间距离。

中国人一般不太讲究交往双方的空间距离。有时为了表示亲近，中国人还喜欢有意靠近交往对象一些。但是，在涉外交往中，外国人对人与人之间的空间"交际圈"，也就是交际距离，是非常关注的。与外国人打交道，距离对方过近，对方会产生被"侵犯"的感觉；距离近会让外国人感觉被侵犯，那么距离外国人远一点不就好了吗？距离外国人太远又会让外国人感到受到冷遇。

根据惯例，在涉外交往中，人与人之间的正常距离大致可以划分为以下四种，它们各自适用于不同的情况。

私人距离。0.5米之内距离称为私人距离。只有家人、恋人与至交才能在这个距离内。因此，有人称其为"亲密距离"。

交际距离。大于0.5米，小于1.5米距离为交际距离。一般性的交际应酬应在此距离内，故也称"常规距离"。

礼仪距离。大于1.5米，小于3米距离为礼仪距离。会议、演讲、庆典、仪式以及接见时适合在此距离内，在这样的距离内能够表示出对交往对象的敬意，所以又称"敬人距离"。

公共距离。3米以外的距离，在公共场所与陌生人相处应该在此距离内。它也被叫做"有距离的距离"。

第四，要"举止有度"。与外国人相处，务必多检点自己的举止动作，切勿因为自己举止动作过于随意，从而引起误会，或是失敬于人。

要在涉外交往中真正做到"举止有度"，最重要的是要注意以下两个方面。

一方面，不要随便采用一些意在表示热情的动作。在国内，朋友相见时，彼此拍拍肩膀表示亲热；长辈遇见孩子时，抚摸一下对方的头或脸蛋，表示喜欢。这些都是比较常见的亲热之举。但是，对于外国人要慎重采用这样的亲热方式，因为外国人生活的背景同中国人不一样，他们对于这套亲热动作是接受不了的。

另一方面，不要采用不文明、不礼貌的动作。如当众挖鼻孔、抓痒、脱鞋或是在与人交谈时用手指点对方，或者翘"二郎腿"，更有甚者，翘着"二郎腿"

还乱晃，这些行为都是既不文明，也不礼貌的动作。在外国友人面前，这些动作尤其要注意。

七、谦恭有度原则

中国人在待人接物方面，讲究含蓄和委婉。在评价自己的所作所为时，中国人大都主张自谦、自贬，不提倡多作自我肯定，尤其是反对自我张扬。如果不这样，那会被认为是狂妄自大、嚣张放肆、不谦虚、不会做人。

中国人的这种谦虚和含蓄在国内来说是能够被大家所接受的，但是对于外国人来说，他们很难理解中国人的这种过分谦虚不敢肯定自己的做法，他们也不认同中国人的这种做法。如果中国人在外国人面前时自谦，不但不会得到好评，还极有可能自讨麻烦。下面关于应聘的一则故事，就是一个很好的佐证。

▶经典案例

小李是外语学院英语专业的一名应届毕业生。临近毕业，通过朋友介绍，他去一家设在北京的美国公司应聘。在前几个环节上，小李凭着自己丰富的专业知识和精明强干，一路过关斩将，很快就胜过了其他几名竞争对手。可是，出人意料的是在总经理面试这一关，小李遭到淘汰，痛失了一次进入外企工作的机会。情况是这样的，那家美国公司的总经理询问小李："你认为你的交际能力怎么样？"小李回答："不怎么样，很一般。"对方接着又问："如果我们录用了你，你认为自己可以胜任这份工作吗？"小李回答："我觉得还行，还能凑合吧。"这些回答，在中国人看来是谦虚谨慎的说法，是客套话。但对于美国人则不这样想，他们觉得小李缺乏实力，没有自信，难以胜任公司交给他的工作。并不是小李的实力不强使他没有得到这份工作，而是因为一句自己平常挂在嘴边的自谦词，造成小李痛失良机，遭到淘汰。其实，如果小李在回答第一个问题时说："我有很强的交际能力，我对此充满了自信。"回答第二个问题时说："我想我非常适合做这项工作，而且只有我才能为贵公司做好这项工作"。那么，小李很有可能就得到这份工作了。

在对外交往中，"谦恭有度"就是要把握好度，当在国际交往中涉及自我评价时，虽然不应该自吹自擂、自我标榜，一味地抬高自己，但是也绝对没有必要妄自菲薄、自我贬低、自轻自贱，过度地谦虚、客套。当有必要对自己的所作所为进行评价时，最为得体的做法是要切记"谦恭有度"原则，并付诸行动。要实事求是，要敢于并且善于正面评价自己、肯定自己。

在涉外交往之中，要求中国人了解并遵守谦恭有度原则，主要是因为这样做有以下四个方面的好处。

首先，这样做会使外国人感到你为人诚实。过分地自谦、客套，弄不好就会给外国人以虚伪、做作的印象。肯定自己，实际上也是自尊的一种表现。

其次，这样做会使外国人感到你充满自信。通常，缺乏自信的人大都不敢对自己有正面的评价。

再次，这样做会使外国人感到你光明正大。不将外国人视为外人，而是真正接纳对方、坦诚相见的话，我们是不是应该实事求是地表现自己呢？

最后，"谦恭有度"也是国际交往中通行的一种做法。从某种意义上讲，这种做法就是一种遵守国际惯例的做法。

以下是几种国人会出现过分自谦的场景，在对外交往中，在面临这种情境时，务必牢记"谦恭有度"这一原则，并要将这一原则进行实践。

1. 当外国人赞美自己的相貌、衣饰、手艺时，一定要记住落落大方地道上一声："谢谢！"这么做，既表现了自己的自信和见过世面，也是为了接纳对方。此时此刻，没有必要羞羞答答，也不必假客气，说什么："哪里，哪里！"

2. 当外国友人称赞自己的工作、技术或服务时，同样需要大大方方地予以认可。千万不要小里小气，一再极力地对此进行不必要的否认。

3. 在涉外交往中，当需要进行自我介绍，或者对自己的工作、学习、生活、服务、产品、技术、能力、特长进行介绍时，要敢于并且善于实事求是，实话实说。对于自己确实存在的长处，要正面说明，敢于肯定自己。不敢肯定自己，不会宣传自己，往往会坐失良机。

4. 当自己同外国友人进行交往应酬时，一旦对方问自己正在忙什么、干什么的时候，无论如何都不要脱口说自己"瞎忙"、"混日子"、"没有什么正经事干"。这些话对于中国人还行，对于外国朋友，他可能会认为你是不务正业的人。

5. 当自己身为东道主，设宴款待外国友人之时，在介绍席上菜肴时，应该有意识地说明："这是我们这里最有特色的菜"、"这是这家菜馆的最拿手的菜"、"这是我们为你特意精心准备的菜"。只有如此，才会令对方感到备受重视。千万不能一面准备了丰盛的菜肴，一面却又过度自谦地说"没准备什么好菜"，"这些菜都烧得不好"，"实在不成敬意，请凑合着吃吧"。外国人对此类说法都很难理解。他们会搞不明白，不好的菜还给我们吃？因此他们往往不领主人的情，甚至还会误以为主人对其很不够意思。

6. 当有必要向外国友人赠送礼品时，既要说明礼物的寓意、特点与用途，也要说明这件礼物是为对方精心选择或认真准备的。千万不能说"这件礼品不像样子"，"实在拿不出手"，"没来得及认真挑选"，"这是自家用不了的"。这种过度谦虚的话，会大大降低礼物的分量，也显得自己很没有品位。

八、女士优先原则

"女士优先"是目前国际社会所公认的一条重要的礼仪原则，它主要适用于成年的异性进行社交活动之时。"女士优先"意味着在一切社交场合，每一名成年男子，都有义务主动自觉地以自己的实际行动，去尊重妇女、照顾妇女、体谅妇女、关心妇女、保护妇女，并且还想方设法、尽心竭力地为妇女排忧解难。人们一致公认，唯有如此这般的男子，才会被视为具有绅士风度。反之，则会被认作是一个没有修养的粗鲁男子。

"女士优先"原则还要求，在尊重、照顾、体谅、关心、保护妇女方面，男士们对于所有的妇女都要一视同仁。不仅对待同一种族的妇女需要如此，对待其他种族的妇女也需要如此；不仅对待熟悉的妇女需要如此，对待陌生的妇女也需要如此；不仅对待年轻貌美的妇女需要如此，对待老年妇女也需要如此；不仅对待有权有势的妇女需要如此，对待一无所有的妇女也需要如此。

外国人强调"女士优先"的主要原因，并非是因为妇女被视为弱者，值得同情、怜悯。他们将妇女视为"人类的母亲"。他们认为，对妇女处处给予优遇，就是对"人类的母亲"表示感恩之意。

在国外的社交应酬之中，"女士优先"作为一条礼仪的基本原则，早已逐渐演化为一系列的具体的、可操作的做法。它们不仅已是世人皆知，而且在社会舆论的督促之下，每一名成年的男子均须将其认认真真地付诸实践。

以下，就来简要地介绍一下"女士优先"的各种具体的做法：

参加社交聚会时，男宾在见到男、女主人后，应当先向女主人问好，然后方可问候男主人。男宾进入室内后，须主动向先行抵达的女士问候。女士们如果已经就座，则此时不必起身回礼。而在女宾进入室内时，先到的男士均应率先向其致以问候，已经入座的男士也应当站起来迎一下这位女士。不允许男士坐着同站立的女士交谈，而女士坐着与站立的男士交谈则是许可的。当女士在场时，男士不得吸烟。在女士吸烟时，则不准男士对其加以阻止。必要的话，男士还有为女士点燃香烟的义务。

主人为不相识的来宾进行介绍时，通常应首先把男士介绍给女士，以示女士在此刻的地位"后来居上"。在男女双方进行握手时，只有当女士伸过手来之后，男士方可伸手与之相握。男士与女士握手时如果抢先"出手"被视为是严重的"犯规"。为了表示对女士的尊敬，男士还必须在与女士握手时摘下帽子，脱下手套，而女士在一般情况下则完全没有必要这么做。

在发表演说、讲话时，如果需要同时称呼许多人，也要注意"女士优先"。一般合乎礼仪的称呼方法是"女士们，先生们"，不允许颠倒这两者的前后顺序。

男士在同女士交谈时，言辞必须文明高雅，表达必须把握分寸。切不可当着女士的面，大讲脏话、粗话、黑话，或者乱开低级下流的玩笑。若因为自己唐突的话语使女士难堪，则男士必须为此而郑重地向女士道歉。

在室外行走时，若是男女并排行走，则男士应当自觉地"把墙让给女士"，即请女士走在人行道的内侧，而自己主动行走在外侧。这样做，既是为了交通安全方面的考虑，也是为了防止女士因疾驶而过的车辆而受到惊吓，或是为了防止因汽车飞驶而溅起来的污泥浊水弄脏女士的衣裙。

当具体条件不许可男女并行时，男士通常应请女士先行，而自己随行于其身后，并与之保持大约一步左右的距离。其目的，既是为了避免因男士步伐过大，使女士难于跟进，也是为了将"选择行进方向的权利"让给妇女。

不过，当需要开门、下楼梯、通过拥挤之处或者危险、障碍路段时"女士先行一步"就不适用了，这个时候要求男士先行在前，以便为身后的女士开门、开道、探险，为之提供必要的保护。

当男士与女士在某些狭窄的路段"狭路相逢"时，不管男士认不认识女士，都应"礼让三先"，请女士率先通过。

乘坐车辆或飞机时，男士应主动帮助同行的女士携带沉重或较为难拿的物品，并照顾其上、下飞机或车船。在一些不需要对号就座的场所落座时，男士不仅要为女士找到座位，而且还应当将较为舒适、较为安全的座位让给女士就座。在公共交通工具上，如果尚有女士没有坐席，则其他男士不管与之是否相识，都应当主动为其让座，不能视而不见、置若罔闻。

出席宴会、舞会、音乐会时，男士应主动照顾或帮助同行的女士就座。在必要之时，还应协助其脱下外套。

在宴会上，为了显示对妇女的尊重，一般不会雇用妇女侍者。通常，女主人是宴会上"法定"的第一顺序。也就是说，其他人在用餐时的一切举动，均应跟随女主人而行，而不得贸然先行。按惯例，女主人打开餐巾，意味着宣布宴会开始；女主人将餐巾放在餐桌上，则表示宴会至此结束。在交谊舞会上，女士可以拒绝男士的邀请，而男士却不得回绝女士的邀请。当女士无人邀舞，或遭遇个别男士骚扰时，每一位男士都有义务挺身而出。

出席音乐会时，如果没有领位员提供服务，那么男士要主动为同行而来的女士带路。此外，男士不但应陪同女士一道前来，而且还应充当"护花使者"，将女士送回居所。

以上是"女士优先"的一般具体做法，在实践中，它主要适用社交场合。在公务场合，人们强调的是"男女平等"，因而不太讲究"女士优先"的原则。

"女士优先"的原则是国际交往中通行的原则，在西方国家里也非常通行。不过在阿拉伯世界，东南亚地区，以及日本、韩国、朝鲜、蒙古、印度等东方国家里，人们依然奉行的是"男尊女卑"，对"女士优先"的原则并不太买账。

九、爱护环境原则

环境保护已经引起越来越多的人的重视，"爱护环境"既是每一个人的责任，也是涉外礼仪的主要原则之一，"爱护环境"要求人们在日常生活中，每一个人都有义务对人类所赖以生存的环境，自觉地加以爱惜和保护。严格地讲："爱护环境"是属社会公德的范畴。这一原则不会因国别不同而有所区别。在国际交往中，能否以实际行动"爱护环境"，已被视为一个人有没有教养、讲不讲社会公德的重要标志之一。

所谓环境，通常是指人类生存的外部条件。它被视为人类社会赖以生存和发展的基础。在涉外交往中，之所以要特别地讨论"爱护环境"的问题，除了因为它是做人所应具备的基本社会公德之外，还在于，在当今国际舞台上，环境问题已经成为舆论倍加关注的焦点问题之一。

随着人类社会的不断进步，人们已经逐渐地认识到：环境问题与人类生活质量之间的紧密关系，环境在某种程度上制约着人类的生存。为了经济的一时发展和生活的暂时舒适而牺牲环境，终将危害到自己。爱惜和保护环境，从本质上讲，就是对整个人类的爱惜和保护。

受到这种观念的影响，"爱护环境"早已成为国际舆论经久不衰的旋律之一。在世界各国已经出现了各种不同形式的"爱护环境"组织。在国外，尤其是在发达国家，若是有人胆敢在口头上或者行动上与"爱护环境"唱反调，必将遭到众人的批评和声讨。

近年来，随着环境的日益恶化，国人"爱护环境"意识已经有所增强。在实际生活中，人们也对"改善、爱护环境"进行了积极的有益的努力。在国际交往中遇到环境问题时，需要特别注意以下两点：一是光有"爱护环境"的意识是远远不够的，爱护环境更多是要付诸实践。要明白，只有真真切切地从我做起，从小事做起，从现在做起。才能谈得上是在保护环境。二是要严于律己。与外国人打交道时，在"爱护环境"的具体问题上要好自为之，严于自律。要对细节多加注意，切勿因个人的不拘小节而引起非议。

在涉外交往中，爱护环境要注意从以下几个方面做起：

1. 不破坏自然环境。自然环境是人类赖以生存的外部的一切自然条件。它既是人类生存的源泉，又与人类的生活相互依存。不论是为了发展经济还是为了提高生活质量，都不能不加任何限制地毁坏自然环境。如乱采矿藏、乱伐森林、浪费或破坏水资源、随意污染空气等，因为这些破坏自然的行为迟早都要受到自然的报复。

2. 不虐待动物。在国外，动物的地位往往是很高的。人们普遍认为：动物是自然界实现生态平衡的不可或缺的重要一员。它与农、林、牧、渔、医等各个方面联系非常密切，不仅为人类的衣、食、住、行提供了宝贵的资源，是整个生物链中不可或缺的一环，而且也为美化人类的生活提供了一定的条件。在世界各国，动物大都被当作人类的朋友来看待。滥捕、滥杀、殴打、残害动物的行径早已为法律所禁止，就连对动物的饲养、利用或宰杀的方式考虑不周，也会受到人们的指责。

3. 不损坏公物。公物就是公有、公用之物，它包括为人们提供服务的一切公共设施，公物属人类公共环境的重要组成部分。每一位有良知的人，对于公物都要自觉爱惜、自觉维护。任何人都不得有意或无意地对其进行损坏。同时，对于任何公物，都不可据为己有，也不应独占或私用。特别要注意的是，不要在公共场所乱涂乱画、乱抹乱刻，不攀援树木和公共建筑物，不要偷折偷采树枝、花卉，不能对公用的桌椅、电话等进行恶意破坏。

4. 不乱堆乱挂私人物品。在平时，要养成良好的个人生活习惯，对于环境卫生要自觉予以维护。在公用的楼梯、走道、门庭等处，切勿任意乱堆、乱放私物或垃圾。在临街的阳台、窗口，亦不可随便晾晒衣物，或是胡乱放置私人物品。

5. 不乱扔乱丢废弃物品。有必要对废弃物品进行处置时，一般不要自行焚毁，更不要随手乱丢、乱扔。在有的国家里，乱丢、乱扔废弃物品，已被列为违法行为。那样做的话，将难逃法律的惩罚。

6. 不随地吐痰。极其个别的人有一个不良的生活习惯，即不分人前人后，经常喜欢大声地清嗓子，然后随口将一口浓痰吐在地上。这样做的人，不仅不讲卫生，而且也是有损环境的。一定要注意，尽量不要在他人面前清嗓子、吐痰。万一非做不行的话，要想法压低音量，并且将痰吐在痰盂里，或吐在纸巾之中，然后再抛在垃圾桶里。

7. 不到处随意吸烟。吸烟有害健康，早已人所共知。在公共场所吸烟，对于其他不吸烟者是极不尊重的。在涉外交往中，除了在禁止吸烟之处不得吸烟外，在一切其他的公共场所尽量也不要吸烟。还须切记，向外宾敬烟，不仅毫无必要，而且还是失礼的行为。

8. 不随意制造噪声。在现代生活中，噪音污染对于环境也是一种破坏。所以要切记，与人交谈时一定要轻声细语，在公共场合切勿大声喧哗，切勿在不适当的地方狂歌劲舞。随着现代社会的发展，手机日益成为人们日常生活中的一部分，在一些公共场合，自己的手机狂响不止，或随便地接起手机就大声说话，都是一种随意制造噪音的行为。

十、以右为尊原则

如果你稍加留意，你会发现，每当我国的党和国家领导人正式会晤国际友人时，宾主之间就座的具体位置是有一定规律性的。在常规情况下，当我国的党和国家领导人，如中共中央总书记、国家主席、政府总理、人大常委会委员长、政协全国委员会主席等等作为东道主，在我国国内会见外宾的时候，大都会同外宾并排而坐，并且通常会坐在外宾的左面。也就是说，党和国家领导人都会请外宾坐在自己的右侧。

在正式的国际交往中，如果需要将人们分为左右而进行并排排列时，其具体位置的左右，都有尊卑高低之分。按照国际惯例，多人并排排列时，最基本的规则是右高左低，即右为上，左为下；在右为尊，以左为卑。也就是说，在进行并排排列的时候，右侧的位置高于左侧，左侧的位置低于右侧。这一条国际礼仪的普遍性的原则，就是所谓"以右为尊"。

如上所述，我国的党政领导人在国内以东道主的身份会晤国际友人时，通常会坐在外宾的左侧，而请对方居右而坐，实际上就是在遵守"以右为尊"的原则。他们所以要这样做，既是为了表示中国人民、中国政府对于国际惯例的认同，也是为了恰如其分地对国际友人表达自己的友好与尊重之意。

目前，在各类的国际交往中，如政治磋商、商务往来、文化交流，以及各类私人的交往，如私人接触、社交应酬，但凡有必要确定并排排列具体位置时，都是"以右为尊"的。因此，在操作、处理这类问题时，只要参照"以右为尊"原则，就肯定不会有失敬于人的事件发生。

为了更好地理解和运用"以右为尊"的原则，下面针对不同的场合如何运用"以右为尊"作进一步的介绍，目的是使空乘人员能够学以致用。

按照惯例，在并排站立、行走或者就座的时候，为了表示礼貌，主人理应主动居左，而请客人居右。男士应当主动居左，而请女士居右。晚辈应当主动居左，而请长辈居右。未婚者应当主动居左，而请已婚者居右。职位、身份较低者应当主动居左，而请职位、身份较高者居右。

应当说明的是，按照国际惯例，在外宾接待的过程中，当我国领导人前往外宾下榻之宾馆饭店进行拜会或送行时，外宾此时的身份就会从宾客的身份转为"主人"的身份。这个时候，再要为二者进行并排排列时，应当使主人居右，而使外宾居左。其实际的含意是：外宾在主人为其提供的临时居所之中，理应被视为"主人"，而不是"客人"。从这一意义上来讲，以上做法与"以右为尊"原则并不矛盾。

有时，进行国际交往的宾主双方往往都不止一人，当有必要为之进行并排排列，如需要会见、合影时，仍需要恪守"以右为尊"的原则。只不过宾主双方届时需要在属于自己的一侧，然后再具体排定一下各自人员的位次罢了。

在举行正式谈判时，如果谈判双方需要分别坐在谈判桌的两侧，而谈判桌竖放于室内的话，则谈判桌的两侧的位置仍有上下高低之分，在这里，"以右为尊"原则依旧有效。其具体方法是：假定有一个人推门而入，面向室内，那么他的右侧应为上座，使客方谈判人员在其右侧就座；以其左侧为下座，使主方谈判人员在其左侧就座。

当谈判桌横放于室内时，以面对正门的一侧为上座，以背对正门的一侧为下座。但谈判各方人员进行具体排列时的做法，与谈判桌竖放于室内时的情况相类似，即位于主谈者右侧的位置，在地位上高于位于其左侧的位置。举行国际会议时，会议主席台台上座次排列，也是要讲究"以右为尊"的。不仅如此，发言者所使用的讲台亦须位于主席台的右前方，这是给予发言者的一种礼遇。

在排列涉外宴会的桌位、席次时，同样必须应用"以右为尊"原则。在宴会厅内摆放圆桌时，通常用"面对正门"的方法进行具体定位。如果只设两张圆桌时，一般须以右桌为主桌。此处所说的右桌，指的是在宴会厅内面对正门时居于右侧的那一桌。若是需要设置多个桌子时，则在宴会厅内面对正门时位于主桌右侧的桌次，应被视为高于位于主桌左侧的桌次。

在同一张宴会桌上确定席次时，一般以面对宴会厅正门的位置为主位，由主人就座。主宾则大都应当就座于主位的右侧。其他人的位次，一般均为距离主位越近，位次则越高。而在与主位距离相同时，则位于主位右侧的位次高于位于主位左侧的位次。

乘坐由专职司机驾驶的双排座轿车时，车上具体位次的确定，也应遵守"以右为尊"原则。具体来说，通常以后排右座为第一顺序座，应请尊长或贵宾在此处就座。接下来的第二顺序、敏感顺序座则分别应为后排左座、后排中座。至于位于轿车前排的副驾驶座，在由专职司机驾车时，一般被称作"随员座"，在绝大多数情况下，它是属于陪同、助理、秘书、翻译或警卫人员的专座。鉴于这一位置从理论上讲安全系数最低，故此一般不应请尊长、贵宾在此就座。参加社交性质的活动时，让妇女或儿童坐在那里，显然也是不合适的。在三排座乃至其他类型的多排座轿车上，不论由何人驾驶车辆，在确定车上具体位次的尊卑时，大都亦应遵行"以右为尊"原则。

在进行官方往来、召开国际会议、举办国际博览会，或是从事国际体育比赛时，按照国际惯例，经常需要悬挂有关国家的国旗。国旗是一个国家的象征，也是其主要标志之一。在国际交往中依照惯例悬挂本国和其他相关国家的国旗，既表达了对本国的热爱，也表达了对他国的尊重。必须予以强调的是，在国际交往中如何悬挂他国国旗，如何向他国表示尊重与敬意，是一桩极其严肃的事情。这就要求不仅不能将他国国旗弄错、挂错，而且还必须在悬挂他国国旗时给予其适当的礼遇。

目前，在各种国际交往中悬挂国旗时，大都采用并排悬挂的方法。在进行操作时，也必须根据"以右为尊"原则作为指导方针。

具体而言，在接待外国国宾需要并排悬挂两国国旗时，按惯例应以国旗自身方向为准，以右为上，悬挂来访国国旗；以左为下，悬挂东道国国旗。

在重要国宾搭乘的轿车上同时悬挂两国国旗时，一般应以轿车行进的方向为准，以驾驶员右侧为上，悬挂来宾所在国国旗，以驾驶员左侧为下，悬挂东道国国旗。

需要同时悬挂多国国旗时，通行的做法是应以国旗自身面向为准，令旗套位于其右侧。越往右侧悬挂的国旗，被给予的礼遇就越高；越往左侧悬挂的国旗，被给予的礼遇就越低。在确定各国国旗的具体位次时，一般的做法是按照各国国名的拉丁字母的先后顺序而定。在悬挂东道国国旗时，可以遵循这一惯例，也可以将本国的国旗悬挂在最左侧，以示东道国的谦恭之意。

上述种种实例表明，在国际交往中有必要排定并排位次的尊卑时，遵循"以右为尊"原则，就可以化繁为简、化难为易，以不变应万变，轻而易举地处理好种种难题。

但是，在我国，传统的观念认为以左为尊，也就是说以左为上，以右为下。目前，在我国国内的官方活动内依旧采取以左为尊的方式排定座次。不过，在国际交往中还是需要注意"内外有别"，坚持"以右为尊"为好。

第二节　涉外语言礼仪

空乘人员在空乘服务的过程中，肯定会接触到不同国家、不同民族、不同身份的人士，如何处理好与这些外国人之间的关系，就成为空乘人员服务质量的重要标准。与不同国家的人交往，语言礼仪是不同的。本节主要以英美地区为例，介绍一些基本的涉外语言方面的礼仪常识。

一、涉外称呼

称呼他人是一门极为重要的学问，若称呼得不妥当则很容易让他人产生反感，甚至嫉恨在心，久久无法释怀。

在国际交往中，一般对男子称先生，对女子称夫人、女士、小姐。已婚女子称夫人，未婚女子统称小姐。不了解婚姻情况的女子可称小姐，对戴结婚戒指的年纪稍大的可称夫人。这些称呼均可冠以姓名、职称、头衔等。如"布莱克先生"、"议员先生"、"市长先生"、"上校先生"、"玛丽小姐"、"秘书小姐"、"护士小姐"、"怀特夫人"等。

对地位高的官方人士，一般为部长以上的高级官员，按国家情况称"阁下"、职衔或先生。如"部长阁下"、"总统阁下"、"主席先生阁下"、"总理阁下"、"总理先生阁下"、"大使先生阁下"等。但美国、墨西哥、德国等国没有称"阁下"的习惯，因此在这些国家可称先生。对有地位的女士可称夫人，对有高级官衔的妇女，也可称"阁下"。

君主制国家，按习惯称国王、皇后为"陛下"，称王子、公主、亲王等为"殿下"。对有公、侯、伯、子、男等爵位的人士既可称爵位，也可称阁下，一般也称先生。

对医生、教授、法官、律师以及有博士等学位的人士，均可单独称"医生"、"教授"、"法官"、"律师"、"博士"等。同时可以加上姓氏，也可加先生。如"卡特教授"、"法官先生"、"律师先生"、"博士先生"、"马丁博士先生"等。

对军人一般称军衔，或军衔加先生，知道姓名的可冠以姓与名。如"上校先生"、"莫利少校"、"维尔斯中尉先生"等。有的国家对将军、元帅等高级军官称阁下。

对服务人员一般称服务员，如知道姓名的可单独称名字。但现在很多国家越来越多地称服务员为"先生"、"夫人"、"小姐"。

对教会中的神职人员，一般可称教会的职称，或姓名加职称，或职称加先生。如"福特神父"、"传教士先生"、"牧师先生"等。有时主教以上的神职人员也可称"阁下"。

凡与我有同志相称的国家，对各种人员均可称同志，有职衔的可加职衔。如"主席同志"、"议长同志"、"大使同志"、"秘书同志"、"上校同志"、"司机同志"、"服务员同志"等，或姓名加同志。有的国家还习惯称呼"公民"等。在日本对妇女一般称女士、小姐，对身分高的也称先生，如"岛京子先生"。

二、涉外谈话技巧

（一）多说谢谢

学会用"Thank you"，在同外国人交往时会给你带来许多益处。不管什么情况，在涉外交往中多说谢谢是没有错的。诸如托人代送礼品，接受别人的邀请、帮助或援助以及得到其他方面的支持时，都应礼貌地道声："Thank you"。

"Thank you"可用于许多场合。比如在商店，顾客可以用"Thank you"感谢售货员的服务；顾客离开时，售货员也可用"Thank you"向顾客表示感谢光临。又如陌路人向你询问一件事后，向你道声"Thank you"，此时只表示礼貌，可不用回答。如要回答，可用"You are welcome"，"Not at all"，"Don't mention it"，"That's all right"等来回答。

（二）见面时不要问"你吃饭了吗?"

中国人见面时常问"你吃饭了吗"或"你去哪儿",以此表示问候致意。无论什么时间,对方回答了"吃了"或"还没吃",双方便点头而去。这个习惯,西方人很不理解,他们不但不用这些话问候别人,而且认为这样说是不礼貌的。西方人认为,如果问对方吃了饭没有,就意味着想邀请他去就餐或吃点东西,如果他回答"没有吃"却又得不到邀请,他便会以为被冷落了而生气。如果问他去什么地方,他会认为干涉了他的私事。

许多外国人见面表示问候寒暄时,常说:"您好"、"早安"、"下午好"、"身体好吗"、"一切都顺利吗"。

（三）不说"虚话"

在日常生活中,中国人往往出于礼貌,说出不少"言不由衷"的虚话。比如在别人家做客,主人请你多吃一点,你却说"吃饱了",待主人一请再请,才再吃。在英美人家,主人请你喝冷饮、吃点心,如果你确实饿却说"不饿"、"不渴",那么主人是不会多次请你的,因为他们会将你说的话当真。另一方面,中国人往往说些"有空请到我家喝茶""就在这里吃饭吧"之类的客套"虚话",英美人会误认为这是实实在在的邀请。为了避免误会,与英美人交谈应"实话"直说。

（四）注意说话内容的先后顺序

中国人往往先说明请求的原因,然后才提出正题。这与西方人的习惯恰恰相反。由于这个差异,中国人的请求在西方人看来往往是吞吞吐吐、不着边际的。比如英美人接电话,先自报家门:"这里是××公司,我能帮您什么忙?",待对方说明要与谁对话时才问:"我可以知道您的姓名吗"。中国人接电话往往要先问:"喂,哪里",接下来可能还会问:"您是谁"或"您要找谁"。在与英美人电话交谈时切忌这种开场白,否则英美人会觉得你不礼貌而挂断电话。

（五）询问年龄很有讲究

在对方询问自己的年龄时,中国人一般都乐于回答。但外国人一般不喜欢别人问自己的年龄,也不乐于回答。如确实需要知道外国人的年龄时,应面带笑容,客客气气地说:"××先生,我可以问一问您的年龄吗?"如果他高兴,就会马上回答，反之，他会回避这个问题，此时千万不要再追问。外国女士更不喜欢别人问自己的年龄，因此，最好不要询问外国女人的年龄。

（六）注意语言的表达方式

英语十分讲究表达方式。一种意思，如选用不同的表达方式，往往产生的语言效果也不相同。比如向别人询问其姓名或地址时，如果选择了命令式的祈使句表达方式"Tell me your address"，对方便会有一种受到侵犯的感觉而坚决拒绝回答。但如果选择委婉询问的礼貌表达方式，"May I have your address, Sir?"对方便会很乐意告知自己的姓名和地址，假如因某种原因不想告知，他也不至于生气。

三、涉外谈话主题

和外国人交往，选择适宜的话题至关重要，因为在这方面稍有疏忽便可能无意中冒犯对方。

同外国人交谈，最好选择外国人喜欢的话题，诸如体育比赛、文艺演出、电影电视、风光名胜、旅游度假、烹饪小吃等方面的话题。这类话题使人轻松愉快，会受到普遍欢迎。此外，还可选择双方熟悉的话题。与外国人接触或交往，如能找到双方都熟悉的话题，就等于找到了共同的语言，有助于彼此间的理解和沟通。如果外国人主动谈起我们不熟悉的话题，空乘人员应注意倾听，认真请教，千万不要不懂装懂，更不要主动同外国人谈论自己一知半解的话题。否则，不但不能给自己带来任何好处，反而还会损害自己的形象。

西方社会是以高度重视个人利益为特征的社会，因为每个人都希望自己的权利得到他人的承认，所以也尊重别人的权利。西方人，尤其是讲英语的民族不喜欢别人问他们的私事，他们认为自己的私事与他人无关，别人用不着也没有必要来询问。

个人隐私指的就是一个人出于个人尊严和其他某些方面的考虑，不愿意公开、不希望外人了解或是打听的纯粹个人的秘密和私人的事宜。在国际交往中，人们普遍讲究尊重个人隐私，并且将尊重个人隐私与否视作一个人在待人接物方面有没有教养，能不能尊重和体谅交往对象的重要标志之一。

前几年，中国人对外国人的个人隐私还没有引起足够重视时，就出现了一些不太愉快的情况。比如，刚参加工作不久的孙小姐在出差途中，在卧铺车厢内恰遇一位来华旅游的美国姑娘。由于对方首先向孙小姐打了一个招呼，孙小姐也没有见外，况且孙小姐的英语还不错，于是大大方方地随口与对方用英语聊了起来。在谈话中，孙小姐突然问到对方"你今年多大岁数呢？"该美国姑娘想搪塞过去，就说"你猜"。孙小姐对于美国姑娘的回答不太满意，接着又问："你结婚了吧？"那位美国姑娘就有点不高兴了，没有理孙小姐。此后的路途中，这位美国姑娘都不再跟孙小姐说话。

孙小姐与那位美国姑娘话不投机，不欢而散，主要是因为孙小姐在交谈中向对方所提出的问题，在国外都属于不宜向他人打探的个人隐私。根据常规，对方是有权利拒绝回答的。因此，中国人在涉外交往中务必要严格遵守"尊重隐私"这一原则。要注意，在言谈话语之中，凡是涉及对方个人隐私的一切问题，都应该自觉地、有意识地回避。千万不要自以为是，信口开河，否则极有可能会使对方很不愉快，甚至还会因此损害双方之间的关系。

在涉外交往中遵守"尊重隐私"原则，那么究竟哪些是外国人的个人隐私呢？如何避免在谈话时谈到外国人的个人隐私呢？一般而论，在国际交往中，有8个问题被外国人视为个人隐私问题。

1. 收入支出问题。在国际社会里，人们普遍认为，一个人的实际收入，是与其个人能力和实际地位存在着直接因果关系的。所以，个人收入的多少，一向被外国人看作自己的脸面，因此，在同外国人交往时，要注意对此不进行直接或间接的打听。除去工薪收入之外，个人的纳税数额、银行存款、股票收益、居所位置、私宅面积、汽车型号、服饰品牌、娱乐方式、度假地点等，都直接或间接的反映出个人的经济状况，所以在与外国人交谈时也不宜提及。

2. 年龄大小问题。在国外，人们普遍将自己的实际年龄当作"核心机密"，轻易不会告诉人。在国外，人们一般都希望自己永远年轻，而对于"老"字则讳莫如深。中国人听起来非常顺耳的"老人家"、"老先生"、"老夫人"等一类尊称，在外国人听起来却非常难听。特别是外国妇女，最不希望外人了解自己的实际年龄。有这样一个故事，说的是中国的一位留学生在海外留学，有一天在乘地铁时，自己是坐着的，当他看到上来一位白发苍苍的老人时，他按照在国内的做法，站起来给老先生让座，并说："老人家，请坐这里。"结果老人很不领情，回答道："我还很年轻，小伙子你先坐吧"。所以在国外，有那么一种说法：一位真正的绅士，应当"永远记住女士的生日，永远忘却女士的年龄"。

3. 恋爱婚姻问题。中国人的习惯就是对于亲友、晚辈的恋爱、婚姻、家庭生活时时牵挂在心，但是绝大多数外国人却对此不以为然。他们认为，这些问题都是个人的自由，和其他人谈论这些问题，不仅不会令人愉快，反而让人很难堪。

在一些国家里，跟异性谈论此类问题，极有可能被对方视为无聊之至，甚至还会因此被对方控告为"性骚扰"。

4. 身体健康问题。中国人相遇后彼此打招呼时，大家经常会相互问候对方："身体好吗?"要是确知交往对象身体曾经一度欠安，那么为了表示对对方的关心，与其见面时，人们往往都很热心而关切地询问对方："病好了没有?"如果彼此双方关系密切的话，则通常还会直接向对方问："吃过什么药"、"去过哪个医院? 怎么治疗的"，或干脆向对方推荐名医、偏方。可是在国外，人们在闲聊时一般都是闭口不谈自己的健康情况，同时也非常反感其他人过问自己的健康状况。在国外市场经济的条件下，每个人的身体健康都被看作是他的重要的"资本"。

5. 家庭住址问题。中国人在人际交往中，对于自家的住址通常都是不保密的。对于自己的家庭住址、私宅电话号码等等，人们一般都会有问必答，甚至于还会主动地相告于人。中国人也非常喜欢串门，也乐于请人上门做客。而在国外，外国人与中国人的做法恰恰相反，外国人大都视自己的私人居所为私生活领地，非常忌讳别人无端干扰自己的生活。在一般情况下，除非知己或至交，他们一般都不大可能邀请外人前往其居所做客。

6. 个人经历问题。初次会面时，中国人往往喜欢打听一下交往对象"哪里的人"、"哪一所学校毕业的"、"以前干过什么"。总之，是想对对方的出处有所了解，而外国人却将这些内容看作是个人机密，反感别人问这些问题。

7. 信仰和政治见解问题。在国际交往中，由于人们所处国度的社会制度、政治体系和意识形态有很大的不同，所以要真正实现交往的顺利、合作的成功，就不能以社会制度划线，只有抛弃了政治见解的不同，超越了意识形态的差异，处处以友谊为重，以信任为重，才能成为朋友，合作也才能成功。如果动不动就对交往对象的宗教信仰、政治见解品头论足，甚至横加责难、非议，或是将自己的观点、见解强加于人，都是对交往对象不友好、不尊重的表现。最为明智的做法，就是在涉外交往中避免谈论这些问题。

8. 所忙何事的问题。在国内熟人见面，免不了要相互询问一下对方："忙什么呢"、"去哪儿了"、"从哪儿回来"、"怎么好久没见到你"。国内人对此问题不足为奇，总能以非常含糊的回答搪塞过去。但是，外国人对于这类的问题却极为忌讳。他们认为这些问题都是个人私事，没有"曝光"的必要。向别人探听与此相关的问题的人，不是好奇心过盛、不懂得尊重别人，就是别有用心，或者具有天生的"窥视欲"。

上述 8 个方面的问题，即收入支出问题、年龄大小问题、恋爱婚姻问题、身体健康问题、家庭住址问题、个人经历问题、信仰政见问题、所忙何事问题等，皆属于个人隐私问题。要尊重外国友人的个人隐私，首先就必须在与对方交谈时，自觉地避免主动涉及这些问题。

与西方人交谈不能随便问以上问题，因为这些都属于人家的隐私，不容侵犯。西方人尤其是美国人，自我观念是相当强烈的。他们强调自我的独立性，如果你好心关怀他："天气转冷了，多穿点衣服，别感冒了。"他不但不感激你，反而会感到不高兴，认为你把他当作不懂事的孩子。

📑 资料夹

怎样和外国朋友交谈

和外国朋友交谈是在国外生活工作中不可缺少的重要事情，因为通过交谈，可以达到相互交流、相互切磋、增进了解、增加友谊和合作的目的。和外国朋友交谈要落落大方、不卑不亢，既要注意原则性，又要讲究灵活性；既要务实，又要有幽默感；既要严肃认真，又要轻松自如。具体来讲，要注意以下几点：

1. 弄清对象。即了解对方的身份、特点和谈话的主题，以针对对方感兴趣的话题，决定自己采取什么语言和方式交谈。

2. 善于倾听。对方谈话时，要集中精力，抓住要点。如没有听清，也不要立即打断对方谈话，而要礼貌地待对方讲完时，再客气地发问，"你刚才那句话的意思是……"或"能否再重复一下刚才的话"等。

3. 围绕主题。谈话中要围绕双方感兴趣或事先约定好的主题，在轻松友好的气氛中达到交流的目的，而不要海阔天空，扯得太远，偏离主题。

4. 掌握节奏。先思而后言，不要信口开河。谈话要有分寸，不可东拉西扯。谈话中要节奏分明，不可反复无常。

5. 注意禁忌。不该问的不要问，如年龄、收入、婚姻、宗教等。

6. 讲究技巧。结合谈话环境，自然引入话题，使气氛融洽，交谈自如。

7. 避免僵局。向客人提问时要慎重，不要问客人难以回答或超过其文化知识水平的问题，以免使谈话陷入僵局。

第三节 一些国家的礼仪特点

一、美国

美国人性格外露、坦率、真挚、热情、自信，办事比较干脆利落。善于长谈，谈锋甚健，爱发表自己的见解，注重实际，追求物质上的实际利益。美国人在待人接物方面，具有下述四个主要特点：随和友善，容易接近；热情开朗，不拘小节；城府不深，喜欢幽默；自尊心强，好胜心重。美国人只在正式场合行握手礼，一般场合见面时相视一笑，说声"嗨"或"哈喽！"即为见面礼节。初次见面，相互介绍也很简单。一般原则为将客人介绍给主人，将年轻人介绍给年长者，将下级介绍给上级，将女士介绍给男士。介绍后握手须简短有力，美国人认为有力的握手代表诚恳坦率。在公务场合，美国女子会主动伸手（其他场合则不一定），女性先伸手，男性才能握女性的手（女性之间一般不互相握手）。若女士无意握手，则男士点头或鞠躬致意。与女士握手不可太紧。握手前应脱手套，来不及脱应致歉。告别时也不必握手，挥挥手说声"再见！"即可。美国相互称呼直呼姓名，不用正式头衔。只对法官、医生、高级官员、教授、高级神职人员称呼头衔。一般不用职务作为称呼。称呼长者忌用"老"字。交谈时忌问年龄、家庭状况、婚姻状况、宗教信仰、经济收入以及其他私生活情况。见面打招呼也不问去什么地方、干什么事。

美国人用餐的戒条主要有以下六条：其一，不允许进餐时发出声响。其二，不允许替他人取菜。其三，不允许吸烟。其四，不允许向别人劝酒。其五，不允许当众脱衣解带。其六，不允许议论令人作呕之事。

美国人平时的穿着打扮不太讲究。在公众场合穿各种服装的都有。大多数时候喜欢穿 T 恤衫、夹克衫、牛仔裤、运动衫、旅游鞋。着装讲究整洁。男式裤子不能露出衬裤，女子裙装不能露出衬裙。裙子要盖过丝袜口，女式短裤不能配高跟鞋，否则会被人误以为是应招女郎。涂眉画眼，口红浓重，也是应招女郎的标志。任何人都不能在公众场合穿背心、睡衣。美国人的服饰追求体现个性、气质、风度，讲究舒适，在西方率先以简洁朴实的服装取代名牌服装。崇尚自然，偏爱宽松，讲究着装体现个性，是美国人穿着打扮的基本特征。跟美国人打交道时，应注意对方在穿着打扮上的下列讲究，免得让对方产生不良印象。

第一，美国人非常注重服装的整洁。

第二，拜访美国人时，进了门一定要脱下帽子和外套，美国人认为这是一种礼貌。

第三，美国人十分重视着装细节。

第四，在美国，女性最好不要穿黑色皮裙。

第五，在美国，一位女士要是随随便便地在男士面前脱下自己的鞋子，或者撩动自己裙子的下摆，往往会令人产生成心引诱对方之嫌。

第六，穿睡衣、拖鞋会客，或是以这身打扮外出，都会被美国人视为失礼。

第七，美国人认为，出入公共场合时化艳妆，或是在大庭广众之前当众化妆补妆，不但会被人视为缺乏教养，而且还有可能令人感到"身份可疑"。

第八，在室内依旧戴着墨镜不摘的人，往往会被美国人视作"见不得阳光的人"。

美国人送东西要送单数，且讲究包装。他们认为蜗牛和马蹄铁是吉祥物。

二、英国

在国际商务界，一般都认为，具有绅士风度美誉的英国交际礼仪，是西方社交礼仪的代表。在英国，拜访朋友要提前通知对方，不速之客会让人讨厌。英国的许多服务都需要提前预约，如看医生、理发、美容、配眼镜等。如需要取消预约，必须提前 24 小时通知对方，否则可能需要支付取消费。在中国，人们没有预约习惯。去朋友家拜访，大部分的人不会预约，看医生、理发、美容、配眼镜等更不会想到预约。这一点上，中国人与英国人之间有着较大的差异。

1. 英国人送礼

一般送价钱不贵但有纪念意义的礼物，切记不要送百合花，因为这意味着死亡。收到礼物的人要当着众人的面打开礼物。

2. 基本礼仪

人们见面称呼时，即使在熟人之间，大多数头衔也要被冠在名字的前面。不要说有关君主制的闲话，也不要谈宗教。

在英国，谈正事的时候最好直接切入主题，拐弯抹角地说话会被视为浪费时间。英国人说"No"的时候并不是要开始与你讨价还价，而是表示他们真正的态度。同时，英国人是很有幽默感的，但他们在戏谑的时候，外表可能看起来很严肃。中国人有时会比较婉转，而不是直截了当地表达出自己的意思和想法。在中国，如果直截了当地表达出自己对他人的不满，会被当作是不礼貌的行为。因此，谈话方式也是必须注意的地方。

在英国有三个禁忌：不能加塞、不问女士年龄、不能砍价。

3. 餐饮

英国人很会保养，早上一睁眼就先喝"被窝茶"。如果你到英国友人家去做客而又住在主人家时，那么主人会在清早给客人送上一杯早茶。这是唤醒客人的最好方法，顺便还可询问客人的就寝情况，以表关心。在不少英国家庭中，特别是对于家庭中的成年人，这种早茶习惯被视为是一种享受，但多用在非工作日的早晨。午餐、晚餐一般为二菜一汤，牛肉、羊肉、鸡鸭、鱼等搭配使用，外加点心、水果和咖啡。

英国人十分讲究"午后茶"。公私机关每天下午 4 点半，免费供应红茶，另加白糖、牛奶或少许点心。在上层社会，邀请朋友饮茶仅次于设宴，是一种社交方式。自从 200 多年前茶叶传入英国之后，饮茶一直被英国人看作是一种悠闲舒适的享受。二次大战以后，英国人的生活习惯有了许多改变，喝咖啡渐渐流行起来。20 世纪 70 年代以来，在伦敦已很少有可以坐下来喝杯茶、吃些小点心的场所了。不过这几年情况渐渐有了改变，喜欢喝茶的人又开始多起来。

到英国人家里做客，应准时赴约并准备一些小礼物。早到会被认为是不礼貌的行为。吃饭时，吃完自己餐盘里的所有食物是礼貌的行为，如果剩下食物，主人会以为你不喜欢这些食物。英国人喜欢在吃饭的时候聊天，这时需要注意吃东西和说话交替进行。吃东西的时候张大嘴巴或说话，都是很不礼貌的行为，所以吃饭时最好只往嘴巴里放少量食物。如果你必须张大嘴巴，最好用一只手遮住它。在英国文化中，饭后留下来进行社交谈话被视为礼貌的行为，因此聚会可能多延续几个小时。

三、德国

德国位于欧洲中部，是一个有着悠久历史和古老文化的国家。德国产生了不少闻名世界的科学家，如伦琴、高斯、爱因斯坦等；也有不少的思想家，如马克思、恩格斯、尼采、康德等；也产生了不少享誉全球的音乐家，如贝多芬、门德尔松、巴赫等。

德意志民族是一个非常讲究文明礼貌的民族，他们邀请客人时，总是先用书信或电话与被邀请人商量宴请的具体时间和地点，商量完后，再正式发出请帖请被邀请人。如果同时邀请多个客人，主人一般都要事先让客人知道同时被邀请的还有其他哪些客人。这样做的目的是征求客人的意见，看客人是否有不便之处。这些细节都体现了德国人谨慎的作风和对客人的尊重。

德国人的特点是：纪律严明，法制观念极强；讲究信誉，有时间观念；极端自尊，非常尊重传统；待人热情，十分注重感情。

1. 握手礼

在德国，握手是比较普遍的礼仪，在握手时要注意两点：一是握手时务必要坦然地注视对方；二是握手的时间宜稍长一些，晃动的次数宜稍多一些，握手时所用的力量宜稍大一些。

2. 称呼礼

在德国切勿直呼德国人的名字，如果要称呼某人称其全称，或仅称其姓，都是可以的。用"您"表示尊重，用"你"则表示地位平等、关系密切。

3. 餐厅礼

德国人请一般客人，大多喜欢在饭店或地方风味酒家进行。但要招待关系亲密的亲戚与朋友，则会安排家宴，能被邀请出席家宴的客人，应该感到这是主人的特殊礼遇，尽管家宴没有大饭店里那么多的美味佳肴，但家宴的温馨气氛是饭店里感受不到的。德国人的家宴大多安排在晚上 8 点钟，而正式开宴的时间还要错后半小时到 1 小时，做什么事情都一向严肃守时的德国人，唯独应邀赴宴有迟到的习惯。这和我们中国人的习惯是不同的。如果我们按时出席德国人的宴请，反倒会使他们尴尬，所以一般应该在赴宴前在自己家里吃点东西，再晚到 10 至 15 分钟都是得体的。出席德国人的家宴是不可不携带礼物的。德国人送礼主要是表表心意，不必贵重，但礼物的包装却应十分讲究。德国人在用餐时，有以下几条特殊的规矩：其一，刀叉不混用，吃鱼用的刀叉不得用来吃肉或奶酪。其二，如同时饮用啤酒与葡萄酒，宜先饮啤酒，后饮葡萄酒，否则被视为有损健康。其三，食盘中不宜堆积过多的食物。其四，不得将餐巾当成扇子扇风。

4. 着装

德国人在穿着打扮上的总体风格是庄重、朴素、整洁。男士大多爱穿西装、夹克，并喜欢戴呢帽。妇女们则大多爱穿翻领长衫和色彩、图案淡雅的长裙。德国人在正式场合露面时，必须要穿戴得整整齐齐，多为深色衣着。在商务交往中，他们讲究男士穿三件套西装，女士穿裙式服装。德国人对发型较为重视。在德国，男士不宜剃光头，免得被人当作"新纳粹"分子。德国少女的发式多为短发或披肩发，烫发的妇女大半都是已婚者。

四、法国

法国在礼貌方面的词汇极为丰富，法国人也善于使用敬称与谦称。不要说是初次谋面，即使是夫妻、子女之间，每天也会大量用到"请"、"谢谢"、"对不起"之类的礼貌用语，就连上级对下级、长辈对晚辈、主人对佣人，只要是得到了对方的帮助，都会真诚地道一声"谢谢"，而对方的回答同样真诚而文雅，"很高兴为您服务"或"很高兴能帮您一点忙，请别客气。"

1. 送礼

法国人收到客人的礼物，绝不会那么麻木不仁。他会当面打开欣赏，由衷地说："非常感谢您送给我的礼物，我非常喜欢。"除当面赞美外，他们还会在事后郑重地写一封短信，再次表示感谢。在给法国人送花的时候，不要送菊花、杜鹃花及黄色的花，也不要送带有仙鹤图案的礼物，仙鹤是蠢汉的标志，同时也不要送核桃，在法国人看来核桃是不吉祥的。

2. 待人接物

法国人喜欢社交，也善于交际。法国人认为社交是人生的重要内容，没有社交活动的生活是难以想象的。法国人天性浪漫、诙谐幽默、爽朗热情、善于雄辩、高谈阔论、好开玩笑、讨厌不爱讲话的人，对愁眉苦脸者更难以接受。法国人普遍渴求自由，纪律较差。在世界上，法国人是最著名的"自由主义者"。"自由、平等、博爱"不仅被法国宪法定为本国的国家箴言，而且在国徽上明文写出。他们虽然讲究法制，但是一般纪律较差，不大喜欢集体行动。与法国人打交道，也必须事先约好时间，并且准时赴约，但是也要对他们可能的姗姗来迟事先有所准备。法国人自尊心强，偏爱"国货"。法国的时装、美食和艺术都是世人有口皆碑的，在他们看来，世间的一切都是法国最棒。与法国人交谈时，如能讲几句法语，一定会使对方热情有加。法国人有骑士风度，尊重妇女。在人际交往中，法国人所采取的礼节主要有握手礼、拥抱礼和吻面礼。

3. 着装

法国人的服饰真正体现了国家的经济水平和文明程度，法国时装声名赫赫，体现着国际时装的潮流。他们在穿着方面遵循国际公认的 TPO（英文时间、地点、目的三个单词的缩写）穿衣原则，打扮合乎礼仪规范。各窗口行业人员的制式着装也颇为得体，既能反映行业特点，又能展示出法国服饰文化的高雅。可以说不论男女、老少、胖瘦，人人都穿得风度翩翩，形成良好的群体形象。在正式场合，法国人通常要穿西装、套裙或连衣裙，颜色多为蓝色、灰色或黑色，质地则多为纯毛。出席庆典仪式时，一般要穿礼服。男士所穿的多为配以蝴蝶结的燕尾服，或是黑色西装套装，女士所穿的则多为连衣裙式的单色大礼服或小礼服。对于穿着打扮，法国人认为重在搭配是否得法。在选择发型、手袋、帽子、鞋子、手表、眼镜时，都十分强调要使之与自己着装相协调，相一致。

4. 吃法国菜的礼节

到法国朋友家做客，等你落座后，主人的第一句话都会问："喝点什么酒?"法国人几乎不可一日无酒，即使是巴黎街头的流浪汉在乞讨到一点钱后，也首先要买一瓶葡萄酒。

1690 年，法国香槟地区一家修道院的教士佩里尼翁偶尔把几种葡萄酒酒掺在一起存入地窖，过了一冬当他要开瓶时，酒内产生的气体突然把软木塞弹起老高，酒也异常清冽芳香。于是他开始潜心研究，创造出了一套香槟的制作方法。后来，他被公认为"香槟之父"。香槟地区的香槟酒、科涅克的白兰地酒和波尔多葡萄酒都是享誉世界的法国名酒。

在法国，用餐后切忌用餐巾大力去抹嘴抹手，应该用餐巾的一角轻轻拭去嘴上或手指上的油渍便可。假如宴会上吃多道主菜，吃完第一道（通常是海鲜）之后，侍应会送上一杯雪葩，用果汁或香槟造，除了让口腔清爽之外，更有助增进你食下一道菜的食欲。即使是座椅非常舒服，你的坐姿都应该保持正直，不要靠在椅背上面。进食时身体可略向前靠，两臂应紧贴身体，以免撞到隔壁的就餐者。吃法国菜同吃西餐一样，用刀叉时记住由最外边的餐具开始，由外到内，不要见到美食就扑上去，这样十分失礼。

五、澳大利亚

澳大利亚有"骑在羊背上的国家"、"牧羊之国"、"坐在矿车上的国家"、"岛大陆"、"南方大陆"、"古老土地上的年轻国家"、"淘金圣地"等别称。澳大利亚人很讲究礼貌，在公共场合从来不大声喧哗。在银行、邮局、公共汽车站等公共场所，都是耐心等待，秩序井然。握手是一种相互打招呼的方式，澳大利亚人非常注重公共场所的仪表。澳大利亚人时间观念很强，会见必须事先联系并准时赴约。他们待人接物都很随便。如果你应邀到澳大利亚人家做客，可以给主人带瓶葡萄酒。最好给女主人带上一束鲜花。在悉尼和墨尔本宜常穿西装。在布里斯班，当地商人惯穿衬衫、打领带、穿短裤。不过，初次见面时，仍不妨穿西装。

男子多穿西服，打领带，在正式场合打黑色领结，妇女一年中大部分时间都穿裙子，在社交场合则套上西装上衣。无论男女都喜欢穿牛仔裤，他们认为穿牛仔裤方便自如。土著居民往往赤身裸体，或在腰间扎一条围巾，有些地方的土著人讲究些，披在身上。他们的装饰品丰富多彩。

澳大利亚的男人们之间相处，感情不能过于外露，大多数男人不喜欢紧紧拥抱或握住双肩之类的动作。在社交场合，忌讳打哈欠、伸懒腰等小动作。

澳大利亚人见面习惯于握手，不过有些女子之间不握手，女友相逢时常亲吻对方的脸。澳大利亚人大都名在前，姓在后。称呼别人先说姓，接上先生、小姐或太太之类。熟人之间可称小名。澳大利亚人喜欢和陌生人交谈，特别是在酒吧，总会有人过来主动和你聊天。互相介绍后或在一起喝杯酒后，陌生人就成了朋友。

澳大利亚人在饮食上以吃英式西菜为主，其口味清淡，不喜油腻。澳大利亚的食品素以丰盛和量大而著称，尤其对动物蛋白质的需要量更大。他们爱喝牛奶，喜食牛肉、猪肉等。他们喜喝啤酒，对咖啡很感兴趣。

到商店里买东西不要讨价还价。坐车不系安全带是违法的，小孩也要系安全带。大部分旅馆的电话拨 0 是外线，拨 9 是旅馆总机。

澳大利亚人特别忌讳兔子，认为兔子是一种不吉利的动物，人们看到它都会感到倒霉。与他们交谈时，多谈旅行、体育运动及到澳大利亚的见闻。

六、俄罗斯

俄罗斯位于欧洲东部、亚洲北部、濒临北冰洋，是世界上面积最大的国家，有一套严格的相沿成习的风俗礼仪。

了解俄罗斯人姓名的特点，在交往中起着独特的作用。俄罗斯人的姓名由名字、父名和姓组成（即名字＋父名＋姓）。在俄语里，几乎所有的名字都有全称和简称。很多名字还有小称和爱称，例如，叶卡捷林娜简称卡佳、丽娜，爱称或小称为卡秋莎。父名并不经常使用，而是在表示尊重和在正式的场合才使用。

学生对老师则必须称呼其名字和父名，对于关系熟悉的朋友也可称呼名字或简称，但对于俄罗斯的领导人或官员以及关系不熟的人，必须以名字和父名称呼，以示尊重。所以了解对方的名字和父名十分重要，但如果不了解其父名，称呼时就要在其名字后边加上"先生"和职务。对于俄罗斯人妥当地称呼其姓名，会使对方感到愉快，能够很快地融洽彼此之间的感情。相反，如果使用不当，相互间就会产生一层隔阂。

俄罗斯人很注重仪表，很爱干净，衣着整洁。出门旅行总要带熨斗。参加晚会、观看演出，俄罗斯人习惯穿晚礼服，尤其是看芭蕾舞剧，显得特别高贵。

俄罗斯有独特的饮食习惯。一日三餐，早餐比较简单，面包夹火腿，喝茶，咖啡或牛奶。午餐则丰富得多，通常都有三道菜。第一道菜之前是沙拉。第一道菜是汤，俄式汤类比较有营养，有土豆丁、各类蔬菜，还有肉或鱼片，如著名的俄式红菜汤。第二道菜是肉类或是鱼类加一些配菜。第三道菜是甜点和茶、咖啡之类。按照俄罗斯的习惯，菜的顺序不能颠倒。

俄罗斯人的主要食物有面包、牛奶、马铃薯、牛肉、猪肉和蔬菜。喜欢吃黑麦面包、鱼子酱、咸鱼、薰鱼、黄油、酸黄瓜、酸牛奶、西红柿、火腿、冻肉等。还喜欢吃用面粉、蜂蜜加香料做成的甜食。

俄罗斯人的嗜好饮茶，尤其是红茶。每家几乎都备有茶炊，俄罗斯人酷爱鲜花，所以有人说，如果你实在不知道送俄罗斯人什么礼物时，那就送一束鲜花吧。一束鲜花，多则几枝，必须是单数。俄罗斯人认为偶数不吉祥。送给男性的花，必须是高茎、艳丽的大花，否则是不礼貌的。在俄罗斯只有在对方有人去世时，才送双数的鲜花，一般都是康乃馨和郁金香。

在人际交往中，俄罗斯人也喜欢恭维对方，诸如外表、装束、身材、风度等等都可以，唯独对人的身体状况不能夸赞。因为在俄罗斯人的习惯中，这类话是不准说的，人们觉得说了就会产生相反的效果。

俄罗斯人见面和告别时，习惯于接吻和拥抱。特别是亲人和好友，要在面颊上连吻三下：左右左。

俄罗斯人认为，如果你在路上看见有人手提空桶，或者挑着两只空桶，是不祥之兆。如果遇见桶里盛满了水，就是好兆头。与许多西方国家的公民一样，俄罗斯人特别忌讳"13"这个数字，认为它是凶险和死亡的象征。俄罗斯人也不喜欢666这个数字，认为它是魔鬼。相反，认为"7"意味着幸福和成功。俄罗斯人不喜欢黑猫，认为它不会带来好运气。俄罗斯人认为镜子是神圣的物品，打碎镜子意味着灵魂的毁灭。但是如果打碎杯、碟、盘则意味着富贵和幸福，因此在喜筵、寿筵和其他隆重的场合，他们还特意打碎一些碟盘表示庆贺。俄罗斯人通常认为马能驱邪，会给人带来好运气，尤其相信马掌是表示祥瑞的物体，认为马掌即代表威力，又具有降妖的魔力。遇见熟人不能伸出左手去握手问好，学生在考场不要用左手抽考签等等。

七、日本

日本有"第三经济大国"、"樱花之国"、"造船王国"、"贸易之国"、"钢铁王国"等美称，日本以"礼仪之邦"著称，讲究礼节是日本人的习俗。平时人们见面总要互施鞠躬礼，并说"您好"，"再见"，"请多关照"等。日本人初次见面对互换名片极为重视。初次相会不带名片，不仅失礼而且对方会认为你不好交往。互赠名片时，要先行鞠躬礼，并双手递接名片。接到对方名片后，要认真看阅，看清对方身份、职务、公司，用点头动作表示已清楚对方的身份。

日本社会有相互送礼的习惯，日本人送礼非常讲究。给日本人送礼是允许事先巧妙进行通知的。因为日本人讲究在收礼的同时回礼，事先打个招呼，就显得比较重要了。日本人送礼非常讲究装潢，即使是一个小礼品，也要包装得很华美，常常是大盒套小盒，包装好几层，然后再系上一条很漂亮的红白纸绳，结成剪刀状，最外层还要系上缎带。他们认为绳结之处有人的灵魂，标志着送礼人的诚意。

在日本，无论是送礼还是回礼最忌讳"4"了，因为在日语中"4"与"死"谐音；2，6，8这样的偶数也要回避；送单数礼品要避开"9"，因为"9"和日语的"苦"发音相近。日本人大多数信奉神道和佛教，他们不喜欢紫色，认为紫色是悲伤的色调；最忌讳绿色，认为绿色是不祥之色。还忌讳三人一起"合影"，他们认为中间被左右两人夹着，这是不幸的预兆。日本人忌讳荷花，认为荷花是丧花。在探望病人时忌用山茶花及淡黄色、白色的花，日本人不愿接受有菊花或菊花图案的东西或礼物，因为它是皇室家族的标志。日本人喜欢的图案是松、竹、梅、鸭子、乌龟等。

日本有其独特的民俗，日本人与西方人的进餐习惯不同，第一个开始用餐的不是主人而是主宾，只要主宾拿起筷子就是开宴了。日本人餐桌上的筷子都是横放在进餐人面前的。进餐通常是先从吃米饭开始。

日本菜中的汤通常最能代表厨师的手艺了，因此懂礼貌的客人总要诚恳地赞扬一番汤的美味。其他食物端上餐桌后，应该使用公筷去夹，如果没有公筷，可以用自己筷子的另一端去夹大盘里的菜肴。值得注意的是，到日本人家中赴宴或是招待日本客人就餐，都不要用公筷为每一个就餐者布菜。据说，这会使日本人联想起死者家属在佛教火化仪式中传递死人遗骨的场面。

餐桌上淹渍食品和泡菜要留到最后吃，是为了清一下口里的味道。添饭在多数宴会上都是允许的,只要你不把饭碗里的米饭吃光,随时都可以再添一碗;但如果把碗里的饭吃光了,就表示你不要再添饭了。

日本人有其传统的敬酒方式,主要在桌子中央摆放一只装满清水的碗,并在每个人的桌前放上一块干净的纱布,主人将自己的酒杯在清水中冲洗一下,然后将杯口在纱布上按按,使杯子里的水珠被纱布吸干。这时主人斟满酒,双手递给客人,然后观看客人一饮而尽的场面。饮完酒后,客人也将酒杯在清水中涮一下,在纱布上按按,斟满酒,回敬主人。这种敬酒方式表示宾主之间亲密无间的友谊。日本人斟酒是从不将酒杯拿在手里倒的,那样会被视为不文明的行为。日本人不像我们中国人那样讲究劝酒,只讲究头一杯酒,客人要有礼貌地接受,不要拒绝,否则是失礼的行为。至于那"好事成双"的第二杯酒,客人喝不喝就悉听尊便了,毫不勉强。吃过正餐后就是喝茶了。传统的做法是客人把自己的筷子往茶杯中轻轻地蘸一下,表示清洗过了,再放到桌上或托盘中,然后再喝茶。喝完茶,将自己的饭碗、汤碗的盖子都重新盖好,就可以向主人表示感谢了。日本人在饮食中的忌讳也很多:一般不吃肥肉和猪内脏,也有人不吃羊肉和鸭子;招待客人忌讳将饭盛得过满过多,也不可一勺就盛好一碗;忌讳客人吃饭一碗就够,只吃一碗认为是象征无缘;忌讳用餐过程中整理自己的衣服或用手抚摸、整理头发,因为这是不卫生和不礼貌的举止;日本人使用筷子时忌把筷子放在碗碟上面。

日本人与客人交谈态度谦和、语气诚恳,注意使用敬语。但是,日本人又好使用一些表里不一的交际语言,常使外国朋友迷惑不解。比如日本老师诚恳地对留学生说:"有空请到我家里来玩。"留学生高兴地答应说:"好啊,这个星期天如何?"老师听到这个回答定会一脸茫然,十分尴尬。这就是日本的暧昧语言在作怪,那些"口上谈兵"的话是不能当真的。同样,到了吃饭时间,主人热情地挽留你:"吃碗茶泡饭再走吧。"你也不能当真,如果真的留下来吃饭,会被认为是一个不懂礼貌的傻瓜,因为主人那句"茶泡饭"只是日本人的一句口头禅。此外,当你的老板对你说:"您最近看起来好像很疲倦,要注意身体啊!"听起来这是一句关心员工身体、肯定员工工作的话,但实际上是老板在责怪你最近工作不卖力,要多加注意。

在正式社交场合,男女须穿西装、礼服,忌衣冠不整、举止失措和大声喧哗。通信时,信的折叠、邮票的贴法都有规矩,如寄慰问信忌用双层信封,双层被认为是祸不单行;寄给恋人信件的邮票不能倒贴,否则意味着绝交。

资料夹

涉外交往应注意的 6 项礼仪规范

涉外交往中，拜访外国客人是必不可少的活动，在这些拜访活动中，如果遵循一定的礼仪规范，将会使拜访活动处于一种愉快的气氛中，并能达到预想的效果。在拜访外国友人时需要注意以下礼仪规范。

1. 要事先约好。拜访外国人时，切勿未经约定便去拜访。拜访时还要尽量避免到其私人居所。在约定的具体时间上，通常应当避开节日、假日、用餐时间、过早或过晚的时间，及其他一切对对方不方便的时间。

2. 要按时到访。按时到访不仅仅能够表明你讲究个人信用，办事效率高，而且也是对交往对象尊重友好的表现。万一因故不能准时抵达，务必及时通知对方，必要的话，还可将拜访另行改期。在这种情况下，一定要记住向对方郑重其事地道歉。

3. 进门之前应通报。拜访外国友人时，如果你在抵达约定的地点后，没有与拜访对象直接见面，或是对方没有派人在此迎候，则在进入对方的办公室或私人居所的正门之前，有必要先向对方进行一下通报。

4. 注意进门后的细节。拜访外国友人切忌不拘小节，失礼失仪。当主人开门迎接你时，务必主动向对方问好，互致见面礼。如果迎接你的主人一方不止一人，这时要注意问候与行礼的先后顺序，并合乎礼仪惯例。合理的做法是：先尊后卑或由近而远。在此之后，主人会引导你进入指定的房间，切勿擅自乱闯，就座时，要注意与主人同时落座。如果进入房间后发现主人这里有其他客人，则应当先问一下主人，自己的到来会不会影响对方。在拜访外国友人时，要随身携带一些备用的物品。主要是纸巾、擦鞋器、袜子与爽口液等，进入主人的会客室后要注意去除帽子、墨镜、手套和外套。

5. 要举止有度，大方自然。在拜访外国友人时要注意自尊自爱，时刻谨记要以礼待人。与主人或其家人进行交谈时，要慎重选择谈话内容，切勿信口开河，出言无忌。与异性交谈时，要讲究分寸。对于主人家里遇到的其他客人要表示尊重，友好相待。若遇到其他客人较多，既要以礼相待，也要一视同仁。切勿明显地表现出厚此薄彼，而本末倒置地将主人抛在一旁。在主人家里，不要随意脱衣、脱鞋、脱袜，也不要大手大脚，动作嚣张放肆。未经主人允许，不要在主人家中四处乱闯，随意乱翻、乱动、乱拿主人家中的物品。

6. 注意把握拜访的时间。在拜访外国友人时，一定要注意在对方的办公室或私人居所里进行停留的时间长短。一般来讲，不要停留时间过长，以免影响主人的其他事情。礼节性的拜访，尤其是初次登门拜访，应控制在 15 分钟至 30 分钟之内。最长的拜访，通常也不宜超过两个小时。有些重要的拜访，往往需由宾主双方提前议定拜访的时间和长度。在这种情况下，务必要严守约定，绝不单方面延长拜访时间。提出告辞时，虽主人表示挽留，仍须执意离去，但要向对方道谢，并请主人留步，不必远送。在拜访期间，若遇到其他重要的客人来访，或主人一方表现出厌客之意，应当机立断，知趣地告退。

思考题

[1] 涉外交往中如何把握热情有度？

[2] 涉外交往中如何做到爱护环境？

[3] 在涉外交往中如何称呼客人？

[4] 涉外谈话中有哪些技巧？

[5] 哪些问题被外国人视为个人隐私？

[6] 简述一些国家的礼仪特点。

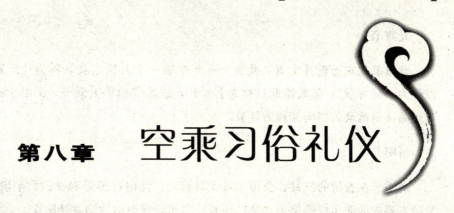

第八章　空乘习俗礼仪

第一节　中国习俗礼仪

　　我国是世界上人口最多的国家，也是一个统一的多民族国家，在 960 万平方公里的土地上生活居住着 56 个民族，汉族是最大的民族，其人口占全国人口的92％，其他民族人口占 8％。各民族在长期的历史发展中形成了各不相同的风俗习惯，尊重各民族的宗教信仰，节日礼俗、礼俗禁忌、交往礼仪是每一个空乘人员必须做到的。

一、汉族

　　汉族是我国人口最多的民族，由古代的华夏民族和其他民族融合而成，其人口遍布全国各省、市、自治区。汉族的传统节日很多，约有 150 个，目前还比较盛行的有如下儿个。

春节

　　春节是汉族及一些少数民族共同的节日，也是一个深受大家重视，最隆重的节日。春节为农历年一年中的第一天，即农历的元旦、新年，过去称"元日""元朔""正旦""正元""新正""大年"等。辛亥革命后使用公历，以公历 1 月 1日为元旦，将此节改为春节。

元宵节

元宵节在农历正月十五，此夜为一年中第一个月圆之夜，称为"元宵"，所以称为"元宵节"，道教将此日称为上元日，故此节也称上元节，又由于有张灯、观灯的民俗活动，因而又称为灯节。

清明节

清明节在农历的三月，公历 4 月 5 日前后。此时已经是春季的后半段。清明节最主要的活动是祭扫祖先之墓，还有一项比较普遍的活动就是踏青。

端午节

端午节是汉族夏季中最重要的节日，此节在农历的五月初五，"端"意为"初"，初五也可称为端五。端午节的起源有两种，一种为纪念龙图腾，一种为纪念屈原。而纪念屈原的说法在民间流传较广。端午节一项重要的活动就是驱邪避瘟。因为此时正值初夏，气温转高，细菌病毒活跃起来，人们易得病。因此，人们用多种方式避开疾病。

中秋节

中秋节是汉族秋季最重要的传统节日，此节在农历八月十五日，古代将七、八、九月定为秋季，此节正处于秋季的中间，故称中秋节。此节最重要的食品就是月饼。

重阳节

重阳节在农历的九月初九，又名重九节，古代以九为阳数，重九故称重阳。过此节时，人们多插茱萸或簪菊，饮茱萸酒或菊花酒，以避恶气和御初寒。此外人们还吃重阳糕（又称花糕、菊糕等）。

汉族的礼俗禁忌有：

喜庆日不能穿白色衣服。

对人忌说"13点"，"13点"是一种瞧不起他人的骂人的话。

忌说男人"乌龟"。

许多地方忌用"4"，因为 4 与"死"谐音。

热恋中的男女忌吃同一个梨，还有探望病人的水果也忌送梨。

乔迁新居、祝寿忌送钟表，若送也要说送"计时器"。

二、满族

满族的远古祖先是周秦时代的肃慎。目前，满族人多居住在东北三省，以辽宁省为最多。满族在岁时节日风俗上受汉族影响，其节日与汉族节日基本相同，如元旦、元宵节、龙抬头日、清明节、端午节、中元节、中秋节、重阳节、腊八节、小年、除夕等。此外农历正月初五为"破五"，全家包面饺曰"捏破"。正月十四日沈阳实胜寺喇嘛扮诸天神鬼怪，饶鼓喧阗，舞蹈出寺至北塔法轮寺，谓之"跳跶"。正月初一至十五，闺房中停止针黹，妇女结伴做抓嘎什哈戏，又名"抓子儿"。正月十六日，满族妇女结伴游行，是为"走百病"，或者连袂打滚以脱晦气。有的地方是在冰上打滚，又称"拔河戏"。正月十六晚上点燃灯火，并提灯笼遍照屋内各阴暗角落及庭院僻静之处，名曰："照贼"。正月、二月两月之内，有女之家多架木打秋千，又称"打油千"。三月初三为上巳日，妇女结伴赴郊外田野，名曰："踏青"。三月十五日盛京北塔法轮寺天地庙会，香火极盛。三月十六日为山神庙会，东北东部山区各地参户（采集人参户）集资演戏。三月二十八日为东岳庙会，又称天齐庙会，各地均举行祀神演戏活动，游人甚多。四月十八日为碧霞元君庙会，俗称娘娘庙会，妇女多焚香还愿。十月初一是鬼节，烧纸、扫墓祀墓祖，称为"送寒衣"。

满族的礼俗禁忌有：

忌打狗、杀狗、吃狗肉、戴狗皮帽子。因为该族有传说，相传努尔哈赤被明兵追杀时，昏睡在荒草甸中，被大火包围，黄狗用身体沾上水，拼死救出努尔哈赤，后来努尔哈赤获救，狗却累死。

满族家里人去世，送葬后不能在家里哭泣，否则会认为不吉利。

到满族人家做客，忌讳坐西炕，因为西炕是满族供奉祖先祭祀神灵的地方。

三、蒙古族

蒙古族源于古代望建河（今额尔古纳河）东岸一带的古老部落。目前主要居住于内蒙古自治区以及新疆、青海、甘肃、黑龙江等省区的蒙古族自治州、县。

蒙古族以春节为上节。除夕之夜，全家围坐一起吃"手抓肉"。晚上"守岁"时，全家老小围坐短桌旁，桌上摆满一盘盘香喷喷的肉、奶制品及糖果、美酒。

青海省的蒙古族人在年三十换上新衣隆重地敬天、敬地，阖家团聚，吃手抓羊肉、饺子，喝酒。初一一大早，男女盛装给亲友、长辈拜年，互赠哈达。初二居家不出。初三起，相互走访拜年，开展文娱活动，互致节日贺词："献上哈达，献上爱心，祝愿新年皆顺心。"

麦德尔节又称"麦德尔经会"，是蒙古族的宗教节日。麦德尔是佛教菩萨的名称。每逢过节时，各地农牧民扶老携幼赶来赴会，以求麦德尔神保佑全家平安、人畜兴旺、五谷丰收。随着时代的发展，麦德尔节的内容发生了很大变化。现在烧香敬神的农牧民已不多，而是欢聚在一起，唱歌跳舞，彼此互祝身体健康，万事如意。

那达慕大会又称"那雅尔"，是蒙古族盛大的传统节日，每年农历七八月间举行，会期有三五天和六七天不等。"那达慕"节上不仅有勇猛顽强的摔跤、惊险动人的赛马以及令人折服的射箭，还有争强斗智的棋艺和引人入胜的歌舞。

马奶节是内蒙古自治区锡林郭勒部分地区蒙古族牧民庆祝收获的盛大节日，每年农历八月末举行，为期一天。庆祝节日的大会开始时，先由主持人向客人及蒙医敬献马奶酒和礼品，祝大家节日愉快，然后在人们轻声哼出的歌声中，朗诵马奶节的献词，接着琴师们便拉起扎有彩绸的马头琴，歌手则纵情为节日献歌，随后举行赛马活动。参加比赛的骏马全是两岁的小马，它象征着草原的兴旺和蓬勃，也唤起了人们对马奶哺育的感激之情。

蒙古族的禁忌有：

蒙古族忌骑快马到门口下马，因为这意味着报丧或不吉利的事情。

忌手持马鞭进入毡房，这意味着挑衅。

忌讳别人当面称赞他们的孩子和牲口。

忌讳用手或棍棒点人数。

忌讳吃鱼类、鸡、鸭、虾、蟹和动物内脏。

客人在进蒙古包时，忌从右边进入，进入蒙古包后忌坐在蒙古包的西北角，出蒙古包后忌马上上车上马，要走一段路，等主人回去后再上车上马。

到别人家做客，忌自己动手，须等候招待，忌讳用脚踩碰锅灶，烤火时，忌讳从火上跨过，也忌讳他人在火盆上烤脚、鞋、袜和裤子等。

蒙古族家里人如有人病了或妇女生育，忌外人入内。

四、回族

回族是回回民族的简称。约有 1/3 的回族人居住于宁夏回族自治区，其余人口散居全国各地。回族最隆重的节日有圣纪日、开斋节和宰牲节等。圣纪日在回历三月十二日，是穆罕默德的诞辰。开斋节在回历十月初。它是宣告穆斯林斋月结束的节日，在新疆地区也称肉孜节。由于回历是纯阴历，一年 354 天或 355 天，比公历少 10 天或 11 天，又不置闰月，故开斋节在公历每年的不同日子出现，每年比上一年提前 10、11 或 12 天。

每年回历九月称为斋月，回民认为斋月是一年中最高贵、吉祥、快乐的月份。斋月开始的日期在九月初三以前。如在初一晚上能见到新月，那么这天晚上就进入斋月。若因气候条件或其他原因不能见月，可延迟到初三晚上。斋月开始这天，"日落祷"过后，要举行仪式欢庆接斋头，宣告明天开始把斋。白天人们不吃不喝，但照常工作、学习，直到晚霞消失、开斋的钟声响起时。每天开斋前，斋戒的男子一般都要洗净身体，换上洁净的衣服，戴上白帽，聚集到清真寺等候开斋。晚上，有毅力的穆斯林还要在清真寺里做礼拜、颂经、赞圣，通宵不绝。斋月的最后一天要寻看新月，见月的次日即为开斋节。开斋节清晨，清真寺的钟声响过之后，回民换上节日的盛装，到清真寺参加礼拜。之后，还要互相祝贺、互赠油香，气氛如同汉族的新年一样。午后要到坟上为死者祈祷，整墓培土。至此，斋月即告结束。

宰牲节，即古尔邦节，也称忠孝节。伊斯兰教规定，教历每年十二月上旬是教徒履行宗教功课、前往麦加朝觐的时期。在朝觐的最后一天（教历十二月十日），要宰杀牛羊共餐庆祝，这就是古尔邦节。

回族的禁忌有：

外出必须戴帽，帽子严禁露顶。

平时谈话忌带"猪"字或同音字，居室忌摆放猪皮，猪鬃等。

回族人忌吃猪肉、驴肉、狗肉以及凶猛禽兽的血和肉，忌吃无鳞的鱼，忌吃非回民屠宰的牲畜、非清真店制作的点心和罐头。

回民在家宴请宾客，忌主人陪客，一般都是请族中男性长者或亲朋好友作陪。

如有回民在场，忌一切与猪有关的食品上桌。

严禁用食物开玩笑，严禁用忌讳的东西做比喻。

忌背后议论他人短处或诽谤别人。

五、藏族

藏族发源于西藏境内雅鲁藏布江流域的中游地区。藏族主要聚居于西藏自治区、青海的海北、黄南、果洛、玉树等藏族自治州等地。藏族的主要节日有藏历年、酥油花灯节、雪顿节、旺果节等。藏历年一般都是从藏历十二月起就开始准备，大年初一早晨要从河边背回第一桶水，全家举行新年仪式，初一一般都是自己家人欢聚，初二才开始亲戚朋友之间的拜访。酥油花灯节是西藏、青海、甘肃等藏族人民的传统节日，于藏历元月十五日举行。酥油花是用白色酥油配以彩色颜料而塑成的各种彩像。酥油花灯节时，拉萨市附近的藏族人民身着艳丽的民族服装，扶老携幼，成群结队云集拉萨，晚上汇集于大昭寺周围的八角街，共度佳节良宵。雪顿节是藏历七月一日举行，为期5—7天。"雪顿"是藏语音译，"雪"意为"喝酸奶子"，"顿"意为"宴会"。雪顿节是喝酸奶子的节日。旺果节是预祝农业丰收的节日，又称丰收节。"旺果"是藏语音译。"旺"的意思是"土地"，"果"的意思是"转圈"，"旺果"就是"绕田间地头转圈"之意。旺果节一般在秋收之前选择吉日举行，节期3—5天。近年来，藏族同胞欢度旺果节，普遍要举行赛马、射箭、歌舞等活动。

藏族的禁忌有：

凡遇到寺庙、金塔、嘛尼堆和龙树时，必须下马，并从左边绕行，信仰喇嘛教的人要从右边绕行。

进入寺庙时，忌讳戴眼镜、吸烟，忌讳用手抚摸佛像、经书、念珠、护身符号、钟鼓等圣物，就座时，身体端正，切勿坐活佛的位置。

忌讳别人在他们面前揩鼻子，禁止在室内放屁。

严禁在寺院附近砍伐树木、大声喧哗、打猎和随便杀生，严禁在寺庙附近水域钓鱼、捕鱼。

禁止用单手接、递物品，主人倒茶时，客人必须用双手托茶碗。

忌讳在藏族人拴牛、马的地方以及羊圈附近大小便，不得摸藏族人的头发和帽子，不得用印有藏文的纸做卫生纸。

进入藏房要注意男的坐右边，女的坐左边，不能坐错或混坐。

藏族人生病或妇女生育时，忌生人入内。

藏族人忌食驴、骡、狗等肉类，忌吃鱼、虾、蟹等水产品。

资料夹

大陆各地民俗礼仪禁忌

礼仪禁忌是一个地区和民族长期形成的风俗习惯。有些礼仪禁忌历史悠久，源远流长，且有浓厚的地区、民族文化积淀和深厚的群众基础。有的内容尽管不够科学，甚至含有迷信色彩，但在强调加强民族团结，促进祖国统一大业的今天，对这些礼仪禁忌做一些了解，并尊重这些礼仪禁忌，还是必要的。

（1）忌拜年于床前。湖南一带认为，在大年期间，健康的人和病人如在床上被人所拜，则认为一年将事事不顺或重病加身。

（2）忌男女混坐。在藏族牧区及其他一些少数民族地区，男女进入室内，男坐于右，女坐于左，切忌混坐，否则被认为无礼。

（3）忌坐西炕。满族人多在西炕供奉祖先，因此忌随意打坐于此。

（4）忌横卧炕上。达斡尔族人多屋内有炕，认为炕是安歇之所，也用来用餐、接待客人。忌外人横卧其上，认为如此会招致灾变。

（5）忌室内吹口哨。傈僳族、傣族、壮族、苗族等少数民族地区，在夜间尤其禁止在室内吹口哨，认为口哨会唤鬼入室。

（6）忌坐妇女之座。佤族人认为，如果外人误坐了妇女的座位，就是对主人的一种侮辱。

（7）忌靠室内柱子。傣族人住竹木架成的独幢楼房。室内有多根柱子。其中有四根柱子代表女性，中间较高大的两根柱子代表男性。中间靠里面的一根多贴有色纸，插有蜡条，被看作是神灵所附的柱子，忌依其旁休息或谈话，也不能挂东西，否则就被认为冒犯神灵，招致灾祸。此种风俗在西双版纳地区旧时流行。

（8）忌摸头、耳。佤族人认为头和耳朵代表人的尊严，忌别人随意触摸。若随意触摸，则认为是对人的莫大侮辱。

（9）忌入病人居室。有些少数民族地区认为，家有病人时，外人进入会将"鬼"带进病人居室，使病人病情加重。如果误撞入病人居室，需要赔偿钱、物，供病人养息。

（10）彝、佤、傣等少数民族寨子多建有寨门。它既是地界标志，亦是全寨尊严的象征，骑马到寨门必须下马而行。若骑在马上进入寨中则认为是不尊重主人，会触怒主人。

（11）忌从晾晒的妇女裤、裙下钻越而过。一些汉族及苗、瑶、侗、壮族地区认为，从晾晒的妇女裤、裙底下钻越而过，会招致霉运，儿童会长不高。

（12）忌被孕妇摸头。广西一些少数民族地区认为，被孕妇摸头会一整年都倒霉，儿童会长不高。

（13）忌踩人家门槛。湖南、广西一些地区认为，进入人家屋时，须迈过门槛，切忌脚踩在门槛上，否则主人家会生意不好，霉运临头。

（14）忌坐人家刚离开的板凳。广西北部一些汉族及苗、瑶、侗地区认为，人家刚离开还带有余温的板凳不能立即去坐，必须等凉了再坐，否则会两家不和。

（15）忌儿童交叉撒尿。广西、湖南一些地区认为，两个儿童撒尿时如果交叉，会招致家中死人。

（16）忌用"死"字骂儿童。广西北一带骂儿童不能用"死"字，如"打死你"等，应说"打扁你"。"该死"不能说"该死"，应说"该煨"。否则"死"会灵验。

（17）忌在月子里看望产妇。许多汉族和少数民族地区认为，在月子里看望产妇，双方都会不吉利。

（18）忌用脚盆洗脸、脸盆洗脚。广西融安、融水、三江一带，脸盆、脚盆是有严格区分的，不能混用，否则会引起一连串"颠三倒四"之事。

（19）忌晚上剪指（趾）甲。广西北部一带一些汉族及少数民族地区旧时民俗，剪手指甲、趾甲应在白天，如果晚上剪，手上会长疮，走路会踢着脚。

（20）忌吃饭掉饭粒、剩饭粒。我国南方许多地区，特别是广西柳州一带，家长都要教育小孩吃饭不许掉饭粒，掉了饭粒不论在什么地方，都要捡起来吃掉，否则会有病灾。饭要吃完，碗里不许剩饭粒，如果剩了饭粒不吃光，将来娶的媳妇就会是麻子。（21）忌踩踏、浪费字纸。旧时广西、湖南、广东一带民间很崇敬有字的纸张，认为是读书人的用品，是文化的象征，不可亵渎，不可用脚踩，也不可乱扔，见了就要藏起来。随处贴有"敬惜字纸"的字样。

港、澳、台地区的礼俗禁忌

香港的主要礼俗禁忌有：

忌说不吉利的话，喜欢讨口彩，如：猪舌要说成猪利。逢年过节不能说"节日快乐"因为"快乐"同"快落"谐音。要说节日愉快或恭喜发财。

忌讳"4"。

送礼忌讳送钟，尤其是在乔迁新居和祝寿时。

忌讳分梨吃，尤其是恋人和新婚家庭。

澳门和香港的忌讳基本相同。

在台湾，除了上述禁忌以外，还有以下几种忌讳：

忌讳把扇子当礼物送人，因为送扇子有不想见的说法。

忌讳用伞送人，因为"伞"同"散"，尤其是热恋中的男女，忌讳送伞。

忌讳给商人送茉莉花和梅花，因为茉莉花中的茉莉同"没利"谐音，"梅"同"霉"谐音。

忌讳用手巾送人，因为在台湾，手巾是吊丧者的纪念品，意为让吊丧者同死者断绝往来。

忌讳用刀、剪送人，因为刀、剪是利器，含有一刀两断的意思。

忌讳用甜果送人，因为甜果是民间逢年过节祭祖拜神所用的物品。

摘自：刘佩华．中外礼仪文化比较．广州：中山大学出版社，2005.

第二节　宗教礼仪

在空乘服务工作中，空乘人员要与来自世界不同国家的人交往，他们有着不同的宗教信仰，不同的风俗习惯，还有许多禁忌。无论空乘人员信不信教或信奉何种宗教，都要尊重宾客的宗教信仰，提供良好的服务。因此，空乘人员应对宗教有一定的了解。总的说来，中国空乘人员必须学习佛教、基督教、伊斯兰教和道教的基本知识。其中，佛教、基督教及伊斯兰教并称为世界三大宗教，而道教是中国特有的宗教。

一、佛教

目前，世界上共有佛教徒约 3.4 亿人，主要分布在日本、印度、斯里兰卡、尼泊尔、泰国、缅甸、越南、柬埔寨、新加坡和中国等亚洲国家。近年来，东欧、美洲一些国家的人民也开始信奉佛教。

（一）佛教简介

佛教起源于公元前 5—6 世纪，由古印度边毗卫国（今尼泊尔境内）的净饭王子乔答摩·悉达多所创立，后人称之为释迦牟尼，释迦是族姓，牟尼意为"圣人"。佛教的经典叫佛经，主要是释迦牟尼的弟子们转述他在世时的说教，也包括后来一些佛教徒假托释迦牟尼之名所写的有关佛经的论述。

东汉初年，佛教传入中国，经过魏晋南北朝到隋唐，发展到鼎盛时期。最著名的古代佛教大师是唐代玄奘和尚。他历尽艰辛，西游印度，研读佛教十几年，返回长安翻译经书，直至圆寂。出家僧尼终年素食。一般的佛教徒，有终年素食者，也有每年有固定几个月素食，还有每个月固定的数日素食。空乘人员对佛教徒的接待服务，需要严格按其要求供给膳食。

佛教的最重要节日是佛诞节，又称浴佛节，这是纪念释迦牟尼诞生的节日。在汉族地区，以农历 4 月 8 日为佛诞节。佛寺这一天举行诵经法会，并用多种香料制成香汤，清洗释迦太子像，以纪念佛的诞生。在观世音诞辰日、观世音出家日、观世音成道日这三个纪念日里，善男信女们都要去佛寺诵经，纪念这位救苦救难、大慈大悲的菩萨。

（二）佛教徒称谓与见面礼节

佛教弟子依所受戒律等级不同，可分为在家两众与出家五众。受过三皈五戒的在家男女信徒，俗称居士，是在家两众。出家五众包括：出家修行，受过十戒的男子称沙弥，女子称沙弥尼；受了具足戒的男僧人称比丘，俗称和尚，女僧人称比丘尼，俗称尼姑；在沙弥尼和比丘尼之间还有一众叫贰叉摩那。

出家的僧尼中，凡是担任有职务的，均各有职称。一般民众很难搞清僧尼职称系列的尊卑高低，习惯上通称僧尼为法师或太师。僧尼出家后不用俗姓，一律姓释。出家入道时，由其师傅赐予法名；受戒时，由其授戒师授予戒名，如果要询问法名以便称呼时，可以问："法师法号如何？"

僧人行礼，最合适的是行合十礼，又称合掌。双手合拢，手指、掌心左右相对，置于胸前，以此表示敬意。佛教不兴握手，不要主动与僧人握手，更不可以与出家的众尼握手。

（三）佛教仪式

佛教的仪式有早课与晚课。出家的僧尼朝暮课诵，是寺庙里每天必修的仪式。

早课仪式，一般从早晨 4 时就开始了。寺庙的钟声划破黎明前的寂静，佛徒们警醒而起，盥洗毕，立即上殿诵课。诵经前，先到大雄宝殿集合，恭敬礼佛，然后端坐蒲团，听候大钟大鼓结束声。随后起座，僧众齐诵早课诸经。

晚课仪式是每日暮时课诵的仪式，一般下午 4 时开始。僧众肃立佛前，诵弥陀经，然后跪念忏悔文等。礼诵课文必须做到身体端肃、口出清音、意随文观。

非佛教徒，在参观早晚诵课时，不能高声喧哗，不能指指点点、评头论足，可在一旁静听，参观结束应轻轻退出。非经寺中值事僧同意，参观者不可进入僧房和不开放的坛口。

（四）佛教用餐习惯

在东南亚国家都信奉上座部佛教，戒律较严，僧人持"过午不食戒"，如果安排用餐，必须在中午 11 时左右开始，不要过午。

东南亚国家的居士给僧侣供饭，必须将碗送到比丘的手上，否则，比丘就不吃，因为比丘要守"不予不取戒"。

僧侣不吃荤腥。荤指葱、大蒜等气味浓烈、刺激性强的食物，腥则指肉类食品。各地僧侣在食肉与否方面不尽一致，但在不吃荤食方面却是共同遵守的。佛教徒都不饮酒。

二、基督教

（一）基督教简介

基督教是指信奉耶稣基督为救世主的各教派的统称，是世界上最大的宗教。一般说来，基督教可分为三大教派，即天主教、东正教和新教。

公元1世纪中叶，地中海东岸犹太人创立了基督教。基督教基本教义是信奉上帝（天主）创造并主宰世界，认为人类从始祖起就犯了（原）罪，并在罪中受苦，只有信仰上帝及其儿子耶稣基督才能获救赎。基督教相信，耶稣为替世人赎罪，被钉死于十字架，所以尊十字架为信仰的标记。基督教的经典称圣经，包括《旧约全书》和《新约全书》。虽然基督教各派教有很多差异，但基本教义是相同的。

公元 635 年，基督教开始由波斯传入我国，但大规模传入是在 17 世纪以后。

1. 天主教

天主教崇拜上帝和耶稣基督，尊玛利亚为圣母，主要流行于意大利、西班牙、葡萄牙、法国、比利时、奥地利、波兰、匈牙利、加拿大以及拉美各国，信徒达 5.4 亿。天主教最高领袖是罗马教皇，教廷在梵蒂冈。教皇任命红衣主教，红衣主教一般担任罗马教廷和各国教会的主要职务，并有选举被选举为教皇的权利，再低级的神职人员有主教、副主教、神父、修士和修女等。

2. 东正教

东正教是以君士坦丁堡为中心的基督教派别，不承认罗马教皇有高于其他主教的地位和权力，主张主教以外的教士均可婚娶，主要流行于希腊、俄罗斯、保加利亚、南斯拉夫、罗马尼亚、塞浦路斯等国，信徒有 8500 万。神职人员主要包括牧首、都主教、大主教、主教、大司祭、修士等。

3. 新教

新教又称耶稣教，否认罗马教皇的权力，反对尊玛利亚为圣母。主要流行在英国、美国、加拿大、德国北部、瑞士、芬兰、澳大利亚、新西兰等国家和地区，教徒有 3.2 亿人。神职人员主要包括主教、牧师、长老、执事和传道员。

（二）基督教礼仪

1. 基督教基本礼仪

广义的基督教礼仪包括礼拜、祈祷和圣事等内容，其中圣事是基督教礼仪中的主要部分。

礼拜是犹太教、基督教新教、东正教以及其他各类信仰耶稣的教派都奉行的宗教礼仪。这种礼仪形成的原因与耶稣基督有直接关系。因为耶稣是在周日复活的，星期日也称为"主日"，后来礼拜日就成为人们休息的时间，也是专门礼拜、敬奉耶稣基督的时间。礼拜礼仪每周举行，星期日到教堂进行聚礼，这也是最常见的宗教活动之一。

礼拜由神父（天主教）或牧师（新教）主持，具体活动包括：祈祷、读经、唱诗、讲道等。进行礼拜时气氛庄严、肃穆，主礼者身穿华丽的宗教礼服，正襟立于堂前；教堂内的吊炉燃起香火，香雾缭绕；管风琴师在旁边演奏着圣乐。仪式开始后，教徒肃立，集体诵读福音，接着主礼者开始讲道，这是主礼者向公众布道的仪式，内容是《圣经》及其他相关教义；之后全体会众再次起立，共同向上帝作祷告。结束时主礼者说"此全赖我主耶稣基督之功劳"，会众随即附和"阿门"（亦即"诚心所愿"之意），其间唱诗人还要领唱赞美诗。

祈祷也称"念经"，所念的内容包括天主经、圣母经、圣经、悔经、望德经、爱德经等。教派不同，所念的经文也不同。此外，基督教新教的礼仪还有为死者举行的"追思"礼仪。

圣事是贯穿基督徒一生的具体而复杂的一系列活动。"圣事"也被称为"圣礼"。基督教徒凡是诚心领受这些"圣事"，就表示他们接受了那"不可见的基督"的宠爱和佑护。"圣事"包括洗礼、礼拜、按手礼、告解礼、婚配礼、圣餐礼等。

2. 天主教"圣事"

天主教徒入教的最初仪式是洗礼，也叫"圣洗"，只有经过了"圣洗"才算入教，其间还要在入教者基本教义方面进行训练。据说这是耶稣基督亲自定下的圣事，教徒在受洗之前还要"考圣德"，亦即口试，只有口试合格才能受洗。基督教会认为，洗礼是耶稣亲定的圣事，只有经过洗礼，基督徒才可以被赦免原罪和本罪，并且可以被赋予"恩宠"和"印号"，使其成为教徒。

告解礼又称忏悔礼。相传是耶稣为了赦免教徒在洗礼后对上帝所犯的各种罪，使其获得上帝恩宠而亲自制定的礼仪。基督徒必须把自己所做的一切都告诉神职人员，并且要进行忏悔，请求宽恕，这样才能拯救自己的灵魂。隐瞒自己的恶事、丑事则将要在炼狱、地狱里生活。不过，神职人员（主要是神父）要替忏悔者保守秘密，并为其指明补偿的方法。

天主教徒们的结婚仪式也是由神父在教堂内主持，主要程序包括，神父问及男女双方"是否同意结为夫妻"时，双方要肯定回答，然后神父诵念祈祷经文，正式宣布"天主所配合之人，不可分开"，并且向男女双方祝福。

神交圣礼也称"圣体礼"，原意是领圣餐，也是领圣餐的礼仪。天主教称之为"圣体圣事",其仪式被称为"弥撒",意思是教徒以不流血的方式重复进行耶稣基督在十字架上对圣父(上帝)所作的祭献。"弥撒"一词,源自拉丁文 Missa 的音译,亦称为感恩祭。它是教会生活的重要因素,也是教徒生活的重要内容。其间主礼的神父把经过"祝圣"的小面饼、葡萄酒当作耶稣的肉和血("圣体")分发给忏悔后的教徒们,并不时告诫他们:教徒吃的饼或面包代表耶稣的肉,教徒喝的酒或水代表基督的血。弥撒的意义在于纪念耶稣受难被钉十字架之前,与门徒们一起举行的"最后晚餐"。据《新约圣经》玛窦福音记载说,他们正吃晚餐的时候,耶稣拿起饼来,祝福了,掰开递给门徒们说:"你们拿去吃罢,这是我的身体。"然后,耶稣又拿起杯来,祝谢了,递给他们说:"你们都拿去喝罢,因为这是我的血,新约的血,为大众倾流,以赦免罪过。"天主教会举行的弥撒祭献,就是为了纪念耶稣在最后晚餐时建立圣体圣事这一神迹。现在的弥撒礼仪规程主要包括三个部分,即"进堂式"、"圣道礼仪"和"圣祭礼仪"。进堂式是弥撒的开始。当主祭的神职人员(主教或神父)进入教堂走上祭台时,参与弥撒的教徒或专门的唱经队便开始唱圣歌,如唱"我们来到天主的圣殿,围绕他的祭坛,同心祈祷,齐唱阿来路亚……"以示迎接。"圣道礼仪",是弥撒的训导部分,主要是恭读与当日祭献内容相关的《圣经》选段,然后是主祭的神职人员讲解当日弥撒礼仪的内容和有关教会道理。"圣祭礼仪"是弥撒的核心内容。主祭神职人员根据耶稣在最后晚餐时的吩咐,将准备好的未发酵的"薄面饼"和"葡萄酒",遵照耶稣的做法,双手举起饼说:"他甘愿舍身受难时,拿起面饼,感谢了你,把面饼分开,交给他的门徒说:'你们大家拿去吃,这就是我的身体,将为你们而牺牲'。然后,双手端起盛有葡萄酒的杯,念道:'你们大家拿去喝,这一杯就是我的血,新而永久的盟约之血,将为你们和众人倾流,以赦免罪恶。你们要这样做,来纪念我!'"

临终礼,天主教徒临终前,要由神父以圣油(通常是橄榄油)洗耳、目、口、手、足等,并由神父诵念一段祈祷文,目的是帮助教徒缓解痛苦(多是精神痛苦),以赦免其罪过,最终使其安心地去见上帝。

3. 新教"圣事"

新教在目前中国印刷文本中多称基督教、耶稣教,它是广义上的基督教的三大流派之一,主要流行于英国及英联邦国家、德国、美国以及北欧诸国。

基督教新教与传统的天主教主要区别是:新教拒绝罗马教廷的统一领导,否认教皇的神圣权威;主张教会制度多样化,反对天主教的教阶制度;普通教徒可以不通过教会和神父作为中介,而直接与上帝沟通,因此要求简化各种仪式;神职人员可以婚配；不承认圣母玛利亚和炼狱，同时要求取消圣像和圣物崇拜。

相对于天主教礼仪宣言，新教礼仪明显简化，一般有"洗礼"和"圣餐"两种，有的也有其他多种，因此基督教的礼仪具有相当大的宽容性。主要礼仪如下：

洗礼。为新教教徒（主要是成年人，而非儿童）的入教仪式，不过与天主教的洗礼不同，新教的洗礼分为注水礼和浸礼两种，它们都由牧师主持。此礼的目的是使教徒们坚定信仰，振奋精神，据说可以使圣灵附体。

礼拜。礼拜仪式一般在教堂里举行，时间是星期天。也是由牧师主持，其主要程序包括：祈祷（结束后要同呼"阿门"），诵经，唱诗和讲道。

圣餐。主要包括饼和杯，它们均可被教徒领用，饼主要是面饼，用杯领的主要是葡萄酒。

婚配。新教的婚配也是与天主教的仪式大同小异，不过它不是由神父而是由牧师所主持。在新教礼仪规范中，婚配不同再列为圣事。

（三）基督徒用餐习惯

基督徒在饭前往往祷告，同桌以信徒为主时，往往还有人领祷，站或坐都可，同桌以非信徒为主时，往往个人默祷。非基督徒在场时，应待祷告结束后一同开始用餐。基督徒也有守斋和忌食的。斋戒，在斋期只食素菜和鱼类，忌一切肉食和酒，新教信徒忌食的只是一部分，有的信徒则忌猪、兔等肉和鳝、蛇等爬行动物，也有少数信徒绝对素食。一般基督徒都不食动物血。忌酒的情况也不一律。

三、伊斯兰教

（一）伊斯兰教简介

公元7世纪初，阿拉伯半岛麦加人穆罕默德创立了伊斯兰教，基本教义是信仰"安拉"（真主）是唯一的神，世间一切事物都是由"安拉"所"前定"，穆罕默德是"安拉"的使者，到人间来传达安拉的旨意，教徒要无条件服从。"伊斯兰"意为顺从，伊斯兰教徒称为"穆斯林"，意为信仰"安拉"、顺从先知的人。伊斯兰教的经典是《古兰经》。

伊斯兰教徒主要分布在亚洲、非洲和东南欧，近几十年来，欧洲、北美一带也有传播，世界上信徒达 6 亿多人。公元 651 年，伊斯兰教传入我国。目前，我国有穆斯林 1000 多万人，分布在我国各地，主要集中在回、维吾尔、哈萨克等十几个少数民族中。

伊斯兰教的主要节日有两个。一是开斋节，在伊斯兰历十月初一，这一天聚会美餐，互赠礼品。一是古尔邦节，在伊斯兰历十二月十日，又称"忠孝节"、"宰牲节"，是伊斯兰世界最重大的节日。

（二）伊斯兰教称谓和见面礼节

穆斯林之间无论在什么地方或职位高低都互称兄弟。对宗教职业或具有伊斯兰专业知识者通称为"阿訇"。"阿訇"是波斯语的音译，是对伊斯兰教学者、宗教家相教师的尊称。在清真寺主持教务的阿訇称教长，讲授《古兰经》的教职人员称经师。

穆斯林见面时要互致"色兰"，意为'平安'。致意者说道："祈求安拉赐你们平安"，答谢者道："祈求安拉也赐你们平安"。这两句祝安词里都说"你们"，视对方为众人的代表，有尊敬的意思。穆斯林相见互致互答祝安词的礼俗，已经沿用了上千年，直到今天也没有大的变化，已经成为世界各地的穆斯林的传统礼节。致答时，可以握手、拥抱，也可以右手置于胸前，表白发自内心的祝愿。

致答祝安词时，一般是少数人先向多数人致祝，年轻者先向年长者致祝，男子先向女子致祝，客人先向主人致祝。在男子向女子致祝时，都不握手，特别是对非亲属的穆斯林妇女，致祝时要保持一定的距离，以示庄重。

当有人向自己致祝安词时，必须答祝。在一旁听到致祝，不答祝不算失礼，但最好还是答祝。非穆斯林向穆斯林道"色兰"，凡听到者，也须回道"色兰"。

（三）伊斯兰教礼拜仪式

礼拜是穆斯林敬拜安拉的一种形式。一般在清真寺中集体举行，也可在家中、郊外及乘骑上随地举行，只要是干净无污的地方就可以举行礼拜。

礼拜有多种，主要包括：（1）五时拜，即每日不同的五个时刻所作的礼拜，包括晨礼、晌礼、晡礼、昏礼、宵礼；（2）主麻礼拜，即每周五午后举行的集体礼拜；（3）节日礼拜。即开斋节和宰牲节的礼拜，要到清真寺或大的广场进行集体礼拜，故又称会礼，举行时间在日出后至午间；（4）殡礼，即为亡人举行的集体礼拜。

（四）穆斯林饮食习惯

穆斯林的饮食习惯最基本的是禁食猪肉。

在饮食方面，伊斯兰教总原则是提倡"清净的为相宜，污浊的受禁止"。《古兰经》对饮食方面的禁忌规定是：穆斯林禁止食用自死之物及其血液、猪肉以及未诵安拉之名而宰的牛、羊、驼、鸡、飞禽等。虔诚穆斯林是不喝酒，不沾酒，也不卖酒的。因此，在请穆斯林宾客时，不要摆上酒，也不要以敬酒为礼仪。穆斯林特别喜爱饮茶。

由于生活环境和宗教派别的差异，穆斯林在饮食方面的习惯也不同。对于这些习惯，穆斯林一般抱着互相尊重的态度，只要不违背《古兰经》、《圣训》的规定，都相互认可，不作干涉。

四、道教

（一）道教简介

道教源于中国，主要流传在汉族地区，但在白、羌、苗等少数民族地区也有流传，并已传布到了东南亚和北美、欧洲华人社会中。道教大约创立于东汉顺帝年间（126—144 年），至今已有 1800 多年的历史，崇奉老子为教祖，以《道德经》为主要经典，根本信仰是"道"，认为"道"乃是天地万物的根源，又是万物演化的规律，"道"既有超自然的力量，又具有人格，尊老子为太上老君，认为人立善功，修道德，能修炼成仙。

道教信奉的神仙众多，每逢神仙诞辰日都是道教的节日，各地方道观还有把地方神诞辰日定为节日的。每逢节日，各道观都要举行比较隆重的仪式，设坛诵经，祝颂圣诞。道观周围也自然成为经济文化的庙会集市，并且相沿成习，成为代代相传的民俗。

（二）道教称谓和见面礼节

道教中，对修习道术的专职道教徒称道士，对女道士称道姑。对非专职的道徒称居士、门徒或弟子。

道士不论是与同道还是与外客相见时，习惯于双手抱拳在胸前，以拱手为揖礼，向对方问好致敬，这是道教的传统礼节。后辈教徒见到前辈时，可行鞠躬礼或跪拜礼。各派跪拜礼略有不同，一般以师承为训。

非宗教人士遇到道士，既可行拱手礼，也可行握手礼，对道士可冠以姓称其"王道长"、"李道长"，或称"王法师"、"李法师"。

进入道观参观时，要缓步低声，不可高声谈笑，如遇宗教仪式，不要在场内走动，也不要打听道士的年龄、身份和家庭等情况，更不要拍照。

（三）道教仪式

道教比较主要的宗教仪式有：（1）净坛，大型斋醮仪式的先行仪式，其意祈请天将，会集诸司，以震邪避恶，翊卫灵坛；（2）进表，重要的斋醮仪式，信众要求通过进表上达仙界，众神莅临斋坛；（3）炼度，重要的斋醮仪式，意为祈告真灵，炼化枯骸，超度冤魂，永脱沉沦；（4）三课，指道士修持每天必须行道三次，诵持功课。早晨清旦行道，午间中分行道，傍晚落景行道，总称为三课。现在也有简化早晚两次行道的，称早晚课。

第三节 国外礼俗常识

在空乘服务中，不了解各地的习俗，就可能造成误会。各地的习俗各不相同，要完全掌握是不可能的，但是空乘人员掌握基本的礼俗常识是必要的。

一、主要节日

（一）圣诞节

每年 12 月 25 日，是上帝的儿子耶稣诞辰的日子。这一天是圣诞节。圣诞节是天主教和基督教教徒盛大的节日，现在已经逐渐成为各信奉天主教与基督教国家的全民性重大节日，宗教色彩日趋减少。在欧美各国每年都要举行盛大的庆祝活动，持续一个星期。每逢节日来临，子女们均从各地赶来与父母团聚。庆祝圣诞的传统活动有：扮演圣诞老人、摆圣诞树、送圣诞贺卡、做圣诞食品、点圣诞蜡烛、烧圣诞柴、唱圣诞歌等。

(二) 复活节

耶稣遇难后的第三天,即复活升天日是复活节。每年 3 月春分 (3 月 21 日或 22 日) 月圆后第一个星期日为复活节。在欧美国家,过复活节时,羊肉和火腿是基督家庭的传统肉食,而兔子糖对孩子来说是必不可少的。

(三) 开斋节

开斋节是伊斯兰的重大节日。一般在伊斯兰教历的十月初一。伊斯兰教的《古兰经》规定,成年穆斯林每年要守斋一月,斋月结束后的第一天为开斋。节日期间,穆斯林沐浴盛装、举行礼拜、互相祝贺、聚会美餐、互赠礼物、施舍穷人。

(四) 狂欢节

狂欢节是欧美各国的传统节日。它起源于古罗马的农神节,发展于中世纪,盛行于当代。狂欢节的节期,各国不一。有的开始于元旦,有的开始于圣诞节或其他日子。即使同一国家节期也不尽相同,如德国的幕尼黑于 1 月 6 日开始狂欢节,而科隆却在 11 月 11 日时 11 分欢庆狂欢节的到来。但是,多数国家的狂欢节在二三月间气候宜人之时举行。意大利的海滨城市亚雷焦是举世闻名的狂欢节胜地之一。拉丁美洲的巴西是世界公认的"狂欢节之乡"。巴西的狂欢节在每年的 2 月中下旬,为期三天。节日期间,在巴西的土要城市到处张灯结彩,不管白天黑夜,无论男女老幼,人们穿起节日的盛装,戴上假面具、穿旱冰鞋、踩高跷,表演各种节目,跳起桑巴舞,尽情地欢乐。

(五) 泼水节

缅甸的泼水节在每年 4 月中旬,通常要三四天。按照缅甸风俗,水象征和平和幸福。节日期间,城市乡村载歌载舞,男女老少互相泼水,表示涤旧迎新之意。

印度的泼水节在每年阴历 12 月,是庆祝丰收的佳节。无论在城市或农村,人们在泼水节都打破种族、宗教的界限,尽情玩乐。

(六) 情人节

每年的 2 月 14 日为情人节。情人节现已成为欧美各国青年人喜爱的节日。每当情人节来临，男女青年忙着挑选礼物送给心爱的人，送得最多的要数印有各种象征爱情图案的圣瓦伦丁贺节卡、玫瑰和巧克力。

（七）愚人节

愚人节是欧美各国的奇特节日，在每年的 4 月 1 日。这是一个专门开玩笑的节日，这一天人们可以随意说谎、造谣、互相欺骗，玩各种恶作剧。

（八）母亲节

美国的母亲节在 5 月份的第二个星期日。这一天，家庭成员都要做各种让母亲愉快的事情，并向她赠送各种礼物表示祝福。日本、泰国、印尼、埃及、西班牙、巴拿马、秘鲁也有母亲节，日期不一，活动也不同，但有一点是共同的，都是为了表达对慈母辛勤哺育的感激之情。

（九）父亲节

日本、秘鲁、美国、巴西和我国台湾都有父亲节。除巴西规定是每年 8 月的第二个星期日，我国台湾定为每年 8 月 8 日而外，日本、美国和秘鲁都规定是 6 月份的第三个星期日，这一天儿女们都要赶回家向父亲祝福，购买礼物或亲手制作有纪念意义的贺卡、小物品送给父亲，以表示崇敬的心意。

（十）感恩节

感恩节是北美独有的节日，美国定在 11 月份的第四个星期四，是喜庆丰收，增进团结的佳节。感恩节的晚餐十分丰盛，其中必备的菜是火鸡肉和南瓜饼，感恩节又称火鸡节。

（十一）教师节

世界许多国家都有教师节，但时间各不相同，中国 9 月 10 日为教师节。这是全社会尊师重教、提高教师社会地位的一个重要象征，也是已毕业学生回校看望老师，表达自己尊师爱校情义的日子。

（十二）老人节

9 月 15 日是日本的敬老节，中国农历九月初九是许多城市的敬老节。美国的老人节又叫（外）祖父母节。1978 年，美国总统卡特签署了"将每年 9 月份美国劳动节后第一个星期日是（外）祖父母节"的提案。

二、外国人姓名

英美人的姓名，一般有两节或三节，最后一节是姓，前面的是名。子女承父姓，妇女婚后从夫姓，第二个名字一般借用某一人名或亲属姓而形成。比如 William Henry Harrison，译为威廉·亨利·哈里森。Willam 是教名，Henry 是本人名，而 Harrison 是姓。又如玛丽·怀待（Marie White）女士与约翰·维尔逊（John Wilson）先生结婚，则婚后女方姓名为玛丽·维尔逊（Marie Wilson）。英美人姓名书写时，常把名字缩写为一个字头，但姓不能缩写，如 W. H. Harrison，可译为 W. H. 哈里森。口头称呼时，一般只称姓，如"哈里森先生"、"卡特小姐"等，除非正式场合才称呼姓名。

法国人的姓名，也是名在前，姓在后，一般由二节或是三节，甚至四节、五节组成，但最后一节总是姓，其余都是名，多数是教名和由长辈起的名字。比如 Henri Rene Albert Guy de Maupassant，译为亨利·勒内·阿贝尔·居伊·德·莫泊桑，一般可简称为居伊·德·莫泊桑。法国妇女的姓名，口头称呼基本与英语相同，婚后也改为丈夫姓。

西班牙人的姓名常有三四节，前一二节为本人名字，倒数第二是父姓，最后一个为母姓。已婚妇女常把母姓去掉而加上丈夫的姓。口头称呼常称父姓，或第一节名加父姓。

俄罗斯人的姓名一般由三节组成，其顺序是名·父名·姓。但有时也可将姓置于最前面。名字和父名都可以缩写为第一个字母，而姓不能缩写。妇女婚前用父亲姓，婚后多用丈夫姓，但本人名字和父名不变。口头称呼时一般可只称姓或只称名，但为表示客气尊重时，也可称名字与父名。

日本人的姓名排列顺序和我国相同，即姓在前，名在后，但姓的字数常常比我国汉族的姓要多。一般常见的是四个字组成的姓名，如福田纠夫、二阶堂进等，但是姓与名搭配不是固定的。如"福田"、"二阶堂"是姓，"纠夫"、"进"是名。虽然日本人的姓名在书写上基本与汉字相同，但读音是根本不同的。

柬埔寨人的姓名顺序为姓在前名在后，贵族承父姓，平民以父名为己姓，贵族常在姓前加封号，或在名后加教名。

三、饮食习俗

不同国家、不同地区、不同宗教的外宾，饮食习俗有很大差异，在空乘服务工作中，应当了解这方面的知识。

美国人喜欢清淡、咸中带甜的食品，最爱吃牛排和猪排，不吃蒜和酸辣食品、清蒸食品、红烧食品，忌食动物内脏。爱喝矿泉水、冰水、可口可乐及啤酒、威士忌和白兰地。美国人喝饮料很讲究，餐前一般饮番茄汁、橙汁，吃饭时饮啤酒、葡萄酒和汽水，饭后喝咖啡。典型的美国式饮食就是快餐。

英国人爱喝茶，多半是在清晨，喝点茶水冲去睡意，午后也讲究喝茶。饮食比较注意质量，口味要求清淡、酥香、鲜嫩、焦香，特别爱吃烤牛肉、鱼虾等食品，还喜欢饮啤酒、葡萄酒和低度酒。

法国人很讲究吃，一般的肉类、水产、家禽、蔬菜、海鲜都是他们最爱吃的食品；口味要肥嫩、鲜美、浓郁。法国人特别重视食物和酒的搭配，比如吃肉食类家禽时用舍利酒、麦台酒，吃野味食品用红酒，吃海味食物饮白兰地，喝汤配葡萄酒，吃水果点心用甜酒。

德国人特别爱喝啤酒，是世界上饮啤酒最多的国家之一。饮食风味也很有特点。他们喜欢吃酸、甜食品，爱吃猪肉、牛肉、鸡、鸭及野味，不吃辛辣和油腻食品，对鱼、虾等海味食品也不太感兴趣。

日本人爱吃鱼，但必须把鱼骨刺去掉，有吃生鱼片的习惯，鱼必须十分新鲜。他们还喜欢面酱汤、酱菜、紫菜和酸梅。吃菜采取分食制。喜欢吃咸水鱼、虾，除甲鱼、清水大蟹外，一般淡水鱼不爱吃，肉类喜吃牛肉、精猪肉，各种蔬菜皆爱吃。

波兰人不食清蒸食品，不吃虾、贝等海味食物，忌食动物内脏。匈牙利人喜油腻、甜而微辣食品。朝鲜人爱吃泡菜。印度人爱吃炸、烧食物等。

📁**资料夹**

世界一些主要国家的国花

印度——荷花、玫瑰、罂粟　　　　智利——红兰

巴基斯坦——素馨花　　　　　　　乌拉圭——女神之花

斯里兰卡——星兰花　　　　　　　巴拿马——巴拿马草

缅甸——东亚兰　　　　　　　　　哥伦比亚——洋兰

日本——樱花　　　　　　　　　　利比里亚——龙葵

新加坡——卓锦、万代兰　　　　　德国——矢车菊

马来西亚——扶桑　　　　　　　　英国——蔷薇

土耳其——康乃馨　　　　　　　　意大利——雏菊

埃及——睡莲　　　　　　　　　　葡萄牙——雁来红

伊朗——郁金花　　　　　　　　　瑞典——白菊与睡莲

朝鲜——金达莱　　　　　　　　　奥地利——椿花

菲律宾——茉莉花　　　　　　　　希腊——橄榄

巴西——兰花　　　　　　　　　　加拿大——枫叶

秘鲁——向日葵　　　　　　　　　丹麦——冬春

苏格兰——蓟　　　　　　　　　　南斯拉夫——铃兰

芬兰——绣球花　　　　　　　　　澳大利亚——金合欢花

美国——玫瑰、山杞　　　　　　　坦桑尼亚——丁香

墨西哥——仙人掌、大丽菊

第四节　外国礼俗禁忌

习俗中，禁忌是非常重要的内容。空乘人员必须要掌握必要的礼俗禁忌，否则就可能导致严重的错误。

一、数字忌讳

"十三"的忌讳。在西方国家一些人眼中，"十三"被视为不祥的数字。据

说，耶稣基督与十二门徒进最后的晚餐，坐在第十三位的人就是出卖他的犹大。希腊数学家认为"十三"是个"不完整"的数目。西方的许多航空公司没有十三号班机，机舱内没有十三排座位，大楼没有第十三层。在中古时代，绞刑架的绞台有十三级，绞环有十三绳圈，刽子手的薪金是十三个钱币。

不祥的"星期五"。把星期五视为凶日；据说与基督教的"圣经"记载有关，夏娃偷吃禁果逢星期五，十三号；该隐杀兄弟亚伯、耶稣被钉在十字架上都是星期五，十三号。因此十三号碰上星期五被认为是不吉利的。在西方，一些人有十三号恐惧症，在十三号又逢星期五的日子不起床，不做事，生怕发生不吉利的事。

在日语中"九"与"苦"的发音相似，因此日本人忌用"九"，若赠日本人的礼物数为九，他们误认为把他当强盗。

二、交往忌讳

与英国人交谈，不要谈论女人的年龄，不要把王室的家事作为谈笑的话题，不要把英国人通称为英国人，而应称"大不列颠"。

德国人比较注重形式。在与德国人打交道时，如果对方有博士头衔，就要称呼其头衔。朋友见面或告别，把手握了又握，他们会很高兴。他们喜欢核桃，忌用玫瑰花。

到芬兰、瑞典等北欧国家，如果应邀友朋友家做客，一定要准时到达，可不要忘了给女主人带上一束单数的鲜花，最好是五朵或七朵。

在印度、印尼、阿拉伯国家等，不能用左手与他人接触，也不能用左手传递东西。

在南美洲国家，交谈时要亲热，要离得近一些，说话时文静地把嘴凑到对方的耳边，但不可粗放而失庄重。

阿拉伯人忌讳谈论其妻子及女儿的事，公开场合问候他夫人好，会使他们不满。他们忌讳男女之间的接触，无论二者之间年龄相差多大。

对欧美上年纪的人，千万不能搀扶他们。在东方，搀扶老人是对老人的孝敬和照顾，而欧美老人却觉得这样有失体面。他们希望自己在别人面前能充满青春活力，"老"是不受欢迎的。

到拉美国家，在大街上两男或两女，不能拉着手走路。在我们看来，拉着手是表示亲热、友好，十分自然，而拉美国家人都认为手拉手走路是同性恋者。

许多西方人不肯在梯子下面走过，理由是也许上面会掉下什么东西来打在你头上。不过，真正的原因可能是，因为梯子靠着墙，形成三角形，早期基督徒把三角形当作三位一体的象征，视其为永恒，从三角形下面过，就成了侵犯圣境，不免自讨苦吃。

印度人认为将孩子放在浴盆中洗澡是不人道的，因为盆中的水不会流动，是死水。印度人在丧礼中必须捶胸顿足，嚎啕大哭，否则就是有悖礼教。

三、颜色忌讳

欧美许多国家平日忌讳黑色，认为黑色是丧礼的颜色。

巴西人认为人死好比黄叶落下，所以忌讳棕黄色。

泰国忌红色，认为红色是不吉利的颜色，因为写死人姓氏是用红色的。

在印度，白色被视为不受欢迎的颜色。

伊拉克视蓝色为魔鬼，在日常生活中忌讳使用蓝色。

埃塞俄比亚人在对死者表示深切哀悼时，穿淡黄色服装，因此，出门做客不能穿淡黄色衣服。

埃及人的丧服是黄色的。

乌拉圭人忌用青色，认为青色意味着黑暗的前夕。

日本人忌讳绿色，以为绿色是不祥的颜色。

法国人憎恨墨绿色，因为纳粹军服曾用此色。

比利时人最忌蓝色，如遇到不祥之事，都用蓝衣作为标志。

四、习俗规律

全世界有 60 多亿人口，居住在 200 多个国家和地区，分属于 2000 多个大大小小的民族，信仰着各种宗教，具有各不相同的文化特点、民族传统和风俗习惯。俗话说，"十里不同俗"，世界各国各族人民都有自己的道德规范，作为其表达形式的礼仪礼节大相径庭。在空乘活动中，广泛了解各国、各民族的习俗、礼节和禁忌，不仅可以提高空乘人员的素质，丰富知识，而且有利于空乘服务活动的开展。但是，世界如此之大，要想详细了解所有国家、所有民族的礼俗，是十分困难的。在学习习俗礼仪时要把握习俗规律，就可以对不熟悉的民族或国家的礼仪有一个大致的推测。一般说来，主要的习俗规律有如下四条。

（一）习俗礼仪受宗教信仰的影响。不同国家不同民族，如果宗教信仰相同，习俗礼仪就会有许多相近或相同处。

（二）习俗礼仪与民族、种族相关。习俗礼仪与国家有关，但与民族、种族的关系更为密切，生活在不同国家和地区的人，只要是同一民族或同一种族，其习俗礼仪往往相同。

（三）习俗礼仪受语言的影响。语言是传播习俗礼仪的工具，使用同一语言的人，习俗礼仪往往相似或一致。

（四）习俗礼仪的同化现象。在不同民族混合居住的地区，人们在习俗礼仪方面往往互相效仿，互相学习。在现代社会中，随着科学文化的发展，相互交往的增加，促进了人们在习俗礼仪方面的相互学习和交流，一些先进的、文明的习俗礼仪在更大的范围内传播，被越来越多的人接受，加快了习俗礼仪的这种同化现象。

在学习了解各国各民族习俗礼仪时，要根据以上规律去加以概括总结，做到触类旁通。任何礼仪礼节都是以尊重别人、礼貌待人为基础的，尽管其具体的表现形式不尽相同，但这一点都相同。

思考题

[1] 简述中国各民族礼俗的禁忌。

[2] 简述佛教礼仪。

[3] 简述基督教礼仪。

[4] 简述伊斯兰教礼仪。

[5] 简述道教礼仪。

[6] 国外有哪些主要节日？如何庆祝这些节日？

[7] 外国习俗中的数字禁忌有哪些？

[8] 外国习俗中的颜色禁忌有哪些？

[9] 世界各地的习俗有哪些规律？

附录一　国内航空公司招聘注意事项

一、招聘程序

(一)乘务员招聘

国内航空公司乘务员招聘：

乘务员招聘条件：

① 学历要求

一般为国家教育部承认的全日制大专以上毕业生学历（个别公司要求高中以上学历）。

航空公司一般要求考生现场报名时必须出具毕业证原件；应届大专以上学历毕业生若暂没领到毕业证，可凭学生证及学校证明（须注明姓名、身份证号、专业、入校时间、毕业时间、毕业证书取得时间等信息，并加盖学校公章）参加面试。但最终录取时必须提供毕业证原件，否则将直接淘汰。

② 语言

外语口语标准：

一般要求英语，要求口齿流利，能熟练进行日常交流。

普通话口语标准：

要求声韵母发音清楚，方言语调不明显。

③ 年龄

一般要求 18—24 岁，男女均要求未婚，但是也有航空公司将年龄限制在 22 岁以下。年龄要求：中专：18—22 岁；大专 18—24 岁；本科：18—25 岁。

④ 外形

女生：五官端正，面容姣好，身材匀称、气质佳。

男生：五官端正，身材匀称，体格健康。

⑤ 身高

女生：1.62 米—1.72 米；男生：1.72 米—1.82 米

体重区间：

女生：{身高(cm)−110(cm)}(kg)(1−10%)至{身高(cm)−110(cm)}

(kg)(1＋5％)

男生：｛身高(cm)－105(cm)｝(kg)(1－10％)至｛身高(cm)－105(cm)｝(kg)(1＋10％)

或者简单推算体重公式标准为(身高(cm)－110)×(1＋10％)千克

⑥ 体检标准

符合中国民用航空总局颁布的CCAR67FS乘务员体检标准。

一般重点要求：

- 外观无畸形，如"X"形腿或"O"形腿，无四环素牙。
- 身体裸露部分无伤疤、无传染性疾病、无腋臭等。
- 视力：无色盲、无色弱、无斜眼、裸眼视力不低于0.7（航空医学C字表），身体条件符合民航总局有关乘务员卫生及体格标准。
- 无慢性病史，无精神病家族史、遗传病史、癫痫病史。
- 无口吃，无晕车、晕船史。
- 无久治不愈的皮肤病，如头癣、湿疹、牛皮癣、慢性荨麻疹等。
- 无骨与关节疾病或畸形。
- 无肾炎、血尿、蛋白尿。
- 无肝炎或肝脾肿大，HBsAg呈阴性。

⑦ 政审要求

未受到过刑事处罚和劳动教养处罚。

未正在被国家机关侦查、起诉、审判。

无其他严重违法行为。

未参加非法组织。

现实表现良好，品行端正。

⑧ 培训事宜

航空公司将对面试及体检合格的应聘者进行乘务员岗前初级养成培训，培训期约3个月，培训学费、食宿费及往返交通费，由学生自行负担。

（二）一般的乘务员招聘流程

1. 报考

部分航空公司在网上公布招聘具体事宜及时间。届时，将在航空公司网站公布招聘的具体地点及注意事项等相关须知，请应聘者点击该网站查看。考生从招生简章和网上浏览航空公司招乘条件，然后查阅考试地点、时间等，按航空公司要求在公司网站下载并打印《乘务员报名表》、《乘务员应聘个人情况表》及其他相关材料；应聘者本人提交或用快件将个人资料按指定时间邮寄到航空公司人力资源部（以当地邮戳日期为准）。材料包括：统一报名表，学历毕业证复印件，身份证及户口本复印件，外语水平证书复印件，两寸免冠照片及 7 寸全身生活照一张，本人简历一份，联系住址、联系电话等公司要求邮寄的材料。

电子邮件资料一般以附件方式发送

电子邮件标题为：×××应聘乘务员资料

个人材料经过审核、筛选合格后，电话通知面试。审核、筛选不合格者，材料恕不退还。

有的航空公司要求现场报名。现场报名考生必须出示毕业证、成绩单或学生证、身份证等证明材料。

2. 招聘程序

考生按航空公司要求准时到达规定地点应聘。考生必须出示毕业证、成绩单或学生证、身份证等证明材料进入面试现场。为保障招聘程序的顺利进行，超过应聘时间应聘者将不予办理。然后进入身体初步检查，一般为测量身高、体重、视力检查等基本项目，合格后进入目测环节，目测淘汰者或未经目测者不进入下一面试环节。在目测环节结束后，马上通知考生结果，一般会现场通知面试结果。目测通过的考生等候口试通知，经过口试考核后，通过的考生等候复试通知。考生进入面试复试，复试合格考生须填写相关材料，等待体检及其他安排。体检及后续的初始资格培训由航空公司统一安排，费用自理，面试复试、体检合格者，由航空公司统一安排乘务员初始资格培训，须签订相关协议书，一般封闭训练三个月，培训费用自理（个别航空公司提供免费培训）。培训的同时进行政治审查。

一般乘务员招聘就业按照流程分招聘面试、空勤人员体检、初始资格培训（同时进行政治审查）3 个环节，任一环节淘汰者，不再进入下一环节。全部环节均合格者，予以录用。各轮考核合格名单一般均现场公布，请考生及时关注，考核采用单项淘汰制，对考核结果不予解释，航空公司对报名内容填写不真实者、不符合航空公司招聘条件者，一经发现，当场取消其继续考试资格。航空公司一般均公布招聘监督电话，保证招聘工作公平、公正、公开。

3. 应聘注意事项

届时携带以下资料到招聘报名处：

两寸免冠照片两张

7寸或5寸生活照（要求无妆、全身、正面、非艺术照）1张

身份证、大专毕业证、本科毕业证等学历学位证书，应届毕业生须提供学生证和成绩单，以上资料全部携带原件及复印件各1套。

自备黑色签字笔（圆珠笔答题或填写表格无效）、固体胶

本人简历一份

以上材料应完整，并有一份备份材料以备不时之须。

4. 着装要求

参加现场报名及面试时，女生应着浅色裙装（短袖且不露肩，裙子长度在膝盖上下3cm左右）、盘发、同时要着淡妆，不要化浓妆；男生应穿浅色衬衣（短袖）、打领带、深色长裤、黑皮鞋。

着装整体要求干净整洁，穿着时要系好扣，衬衫兜内不放任何物品。皮鞋应保持干净光亮，穿黑色或深色袜子。

5. 面试姿态

应聘人员的站姿应端正，两眼正视对方面部，在对方眼睛与鼻子之间位置移动。应随时保持高雅站姿、端正的坐姿，两眼注视对方。坐时身体向前倾，面带微笑，保持与考官的距离。回答问题明确、吐字清楚、语言简练，语速放慢一点，使对方能够听清你所表达的内容。

（注：招聘空乘人员以各航空公司公布的标准为准）

附录二　国外航空公司招聘注意事项

一、荷兰皇家航空公司 KLM

该公司要求三年以上的航空公司工作经验，面试时的着装要办公室化，并出示大专以上的文凭证书。

初试：

应试者 4 人一组。两位考官分别为外航服务公司的工作人员及荷兰航空公司的工作人员（多来自客舱部）。考官分别问应试者两个问题，当场告知结果，并通知复试时间。

复试：

二对一的英语口试，时间为 45 分钟以上。

问题多与工作经历有关。要求应试者陈述实例。

例如：你可以在压力下工作吗？请举例说明。

你在工作中遇到过让你高兴（或者很不高兴）的事情吗？请举例说明。

当场告知面试结果。

二、美国西北航空公司

美国要求应试者具有大专以上文凭，相当于大学四级以上的英文水平，面试当天的着装要求办公室化。

首先由外航服务公司进行初试，初试当天应带齐身份证及相关的资格证书。验证合格后，20—30 人一组，由外航工作人员进行抢答式的英文口试。合格者可参加美国西北航空公司的正式面试。

初试：45 分钟

5 人一组进行命题讨论，题目由面试官出。讨论时间为 5—10 分钟，然后每组推举一个人进行演说，讨论过程中，考官会给应试者打分。

一对一的英语口试，时间为 10—20 分钟，内容主要围绕应试者的个人情况。

当天下午或第二天由外航通知是否可以参加复试。

复试：4位考官对1位应试者的英文口试，时间大约为20—40分钟。4位考官均为美国西北航空公司的职员，轮流对应试者提出问题，问题涉及的内容比较广泛。

三、新加坡航空公司

第一天

5—10人一组，进入考场后，进行简单的自我介绍，并朗读一段英文广播词，主要是考查声音是否好听，口齿是否清晰，英语程度如何，合格者进入下一轮。

合格者与两名考官进行10—15分钟的英文对话，由两位新航主考官分别向每一位应试者问一些生活方面的问题或有关空乘人员工作的问题，甚至可能问一些容易使人生气的特殊问题，以此来观察应试者的反应。一般是令你反感的问题，这些问题主要考验应试者心理承受能力和处理特殊情况的能力。

第二天

应试者单独与4位考官进行15—40分钟的英文对话，会以聊天的方式，问一些生活的问题，类似前面面试的问题。

第三天

上午

要求素面，着泳装进行身体、仪态测试。

要求应试者绕场行走一圈，由考官进行仪态测试，看体形线条是否好看，姿态是否优美。测后由一名考官目测皮肤状况。对于身形过于消瘦或过于丰满的考生，考官则要求其试穿新航制服，看是否合体。

要求测试者进行50米不限泳姿的游泳测试

下午

餐会

应试者分成4组，4个考官轮流到各桌与应试者进行英文交流，主要测试应试者的社交能力及服务意识。

考试结束后，新航工作人员将为通过者讲解工作合同及待遇问题。

最后，请记住千万不要犯以下的错误：

1. 拷贝别人的简历格式，例如：自己本来是一个刚刚毕业的学生，但是拷贝了一个有五年工作经验人的简历。

2. 只列所在公司，不列什么时间在该公司。

3. 只列出事实，没有列出表现。

4. 工作经历太乱，换过很多工作。

5. 简历中出现怨恨字眼。

6. 个人信息过于繁杂，例如列上一些没有人关心的单身、结婚问题，拉提琴还是踢足球的问题。

7. 太多不相关经历，如将初中甚至是小学的事情也列上。

8. 使用非职业化，不整洁的纸张。

9. 没有适当的求职目标。

10. 只有简历，没有自荐信。

（注：招聘空乘人员以各外航公司公布的标准为准）

资料夹

我在加航当空姐：面试经历

加航上一次大规模招聘空姐是在 2000 年，后来遭遇"9·11"事件，加航濒临破产的边缘，直到 2004 年，加航重振旗鼓，并购了加拿大国内的好几家小型航空公司，又重金购置了若干架"空中霸王机"，还开辟了飞往亚洲和欧洲的数条新航线，打算厉兵秣马，重新坐回航空业前辈老大的位子。2004 年春天，已经四年没有补充新鲜血液的加航在多伦多、温哥华、蒙特利尔连续一周大规模招聘，先后共有近万人参加面试。2004 年 5 月，共有 300 人被加航录取，并开始"艰苦卓绝"的长达两个月的培训。培训完毕后仅剩余的 180 人被分配到多伦多，在这个有人陌生有人熟悉的城市里，用青春的热血书写属于自己的天空。

我在温哥华被录取、参加培训，是当届唯一一名还是新移民的空姐。我以满分的成绩通过了培训，举家迁往多伦多，默默无闻但平安喜乐地在这里生活、工作至今。

1. 勇闯面试第二关

第二次面试更加正式，要求穿戴得像个空姐，所以虽然天气寒冷，我还是穿了黑色西服裙与黑色的风衣相配，杏色的衬衣与杏色的皮鞋相配，墨绿色的颈巾与墨绿色的发圈相配。第一次在加拿大的街头有人过来问我是不是当过空姐！

我是早上 9 点一拨的，我知道那一天还有早上 8 点、10 点、下午 1

点的，一共有四拨人。周一至周四面试四天，应该一共有 16 拨人，每拨人大概有 20 人，也就是第二次面试要从 320 个申请人中筛选。这是从第一次参加面试的 3000 人中精挑细选出来的。预计招收 80 人，那么第二次中选的比例是 4∶1。

2. 个性测试

我被领进一个小型的宴会厅与其他 20 人坐在一张长条桌旁，每个人面前放着一沓考卷、答题纸和铅笔、橡皮，好像是久违了的高考考场。还是上次面试见过的 KIMBERLY 监考，待听过解释，才明白原来这是没有绝对对与错的性格测试。几十道多选题，首先必须选出一个你最赞同的，和一个你最不赞同的，然后再根据赞成的程度选择是非常赞同，还是一般同意，还是不确定，最后是不同意。情景千变万化，表达方式各不相同，但是做到最后我发现主要是考查申请人在团队工作环境下的角色和作用，还有待人接物的气度和风格，工作是创意型的、服从型的、认真型的，还是领导型的。虽然没有对和错，但是如果不是从实际出发，前后选择的倾向性就会自相矛盾。每一个扪心自问地选择，也很助于了解自己，我打量着我的答案，突然发现自己其实是一个办事认真、特别考虑别人的感受、并不坚持己见，也可以说是没有什么"个性"的人，看来是没有什么当领导的命了。

3. 深度面试

40 分钟以后所有的人完成答卷，转到另一个会议室等候又一轮的面试。面试官夹着卷宗到等候室领人，领我的是一个皮肤比较黑说英语有一点口音的男士，我和他搭乘电梯上到 22 楼他的房间，在落地窗户前落座。我首先夸他的房间景色好，俯瞰整个 DOWNTOWN（市区）的车水马龙。他彬彬有礼地表示感谢，然后告诉我这次的面试主要分为四个部分，包括经历、动机、抱负和目的，希望回答每个部分的问题都能紧扣题目，要尽量用具体事例，而不是大概似是而非的答案。在我回答的时候因为时间关系或者他觉得足够好就可能会打断我，让我不要介意。面试开始了，问题如连珠炮一样地向我发来，我的大脑飞速旋转，指挥着记忆、逻辑、判断、组织、估计、编辑、表达等等所有的能力集中精力接招、拆招。"你最喜欢的一个工作团体是哪个？为什么"；"你最不喜欢的工作团队是哪个，为什么"；"你最不喜欢的同事是谁，为什么不喜欢他？你是怎么做的？后来怎样"；"你有没有受到过批评？当时是什么情况？你是怎么想的？批评之后你做了些什么？你做了这些之后又发生了什么"；"举例说明工作中你曾经犯过的一个错误。别人是怎么反应的？你又是如何看待的"；"什么工作最能让你有动力和干劲，为什么"；"你最成功的一件事是什么"；"什么类型的工作你觉得最没意思"。

　　如果是第一次参加这样的面试可能会晕菜，但是经过挪威外企公司的面试和对这里文化的了解，我知道老外的面试都会让你回答你有什么优点缺点，你喜欢和不喜欢的工作环境、同事，你以往工作中的成功与失败等等，听起来好像是聊天但面试官其实在观察你的心理活动，听取弦外之音，判断你是个什么样的人。即使是技术职位也要先过面试这一关才有机会闯入技术资格的再筛选。所以问题虽然涉及各个方面，我也并没有刻意准备，但是却并不惊慌，即使对从来没有想过的问题，比如谁是我最不喜欢的同事，也能够在大脑中过过电影，第一时间挑出一个人说说。我的面试官听着我的回答，抱着一张表格下笔如飞。通常我的一个答案已经完全给出还要等待他写完再问下一个问题，房间寂静得只有他沙沙下笔的声音。这时我才有些心惊，不明白他是在复制我的回答还是在写他自己的评语，而且怎么好像他写下的比我说的还多呢？四个深度面试的部分终于完成，面试官送我到门口握手暂别。我独自乘电梯再来到等候室等待下一轮的挑战。

来源：出国在线

附录三 简历设计

一、写好求职简历的基本要求

（一）不要过长的简历

目前，很多求职者的简历普遍都存在太长的现象。其实简历内容过多反而会淹没一些有价值的闪光点。而且，每到招聘的时候，一个企业尤其是大企业会收到很多份简历，工作人员不可能每个都仔细研读，1份简历一般只用1分钟就看完了，再长的简历也超不过3分钟。所以，简历尽量要短，只要1页纸就足够了。

简历过长的一个重要原因是把所有的经历都写了上去，这完全没有必要，除非你有特殊成就，比如在国际竞赛中获过奖，一般来说，学习经历应该从高中开始写起。

很多学生的求职简历都附了厚厚一摞成绩单、荣誉证书的复印件，简历上可以不要这些东西，只需要在简历上列出所获得的比较重要的荣誉。如果航空公司对此感兴趣，会要求求职者在面试时把这些带去。

（二）简历要真实客观，不含水分

求职简历一定要按照实际情况填写，任何虚假的内容都不要写。即使有的人靠含有水分的简历得到了面试的机会，但面试时也会露出马脚。航空公司在选人方面都非常慎重，弄虚作假最不可取。

（三）过分谦虚不可取

简历中不要注水并不等于把自己的一切，包括弱项都要写进去。有的求职者在简历里特别注明自己某项能力不强，这就是过分谦虚了，实际上不写这些并不代表说假话，要多写优点。

（四）所求职位一定要注明

求职简历上一定要注明求职的职位。每份简历都要根据你所申请的职位来设计，突出你在这方面的优点，不能把自己说成是一个全才，任何职位都适合。建议不要只准备一份简历，要应针对不同航空公司的招聘特点，有侧重地准备简历，说明自己的能力。

（五）基本的文字、排版、格式别出错

用人单位最不能容忍的事是简历上出现错别字或是在格式、排版上有技术性错误以及简历被折叠得皱皱巴巴、有污点，要多检查，否则这会让用人单位认为你连自己求职这么重要的事都不用心，那工作也不会用心。

（六）过于花哨引起麻烦

一般来讲，除非应聘美术设计、装潢、广告等专业外，其他的求职简历不必做得太花哨，用质量好一些的白纸就可以了，尽量用 A4 的纸。简历过分标新立异有时反而会带来不好的效果。

（七）语言要简洁直白，不华丽

目前的求职简历很多言辞过于华丽，形容词、修饰语过多，这样的简历一般不会打动招聘者。建议简历最好多用动宾结构的句子，简洁直白。

（八）写上薪水要求不可取

很多求职者都对简历上该不该写对工资、待遇的要求存在疑惑，简历上写上对工资的要求要冒很大的风险，最好不写。如果薪水要求太高，会让公司感觉雇不起你；如果要求太低，会让公司觉得你无足轻重。对于刚出校门的学生来说，第一份工作的薪水并不重要，入门才是最重要的。

（九）个人情况一定要写清

在应聘空乘职位时，对个人的情况介绍要非常详细，包括姓名、性别、出生年月、政治面貌、身高、体重、电话、通信地址等等，有的求职者可在简历上对自己的特长表述一下，如，"钢琴专业八级"或"英语六级"等，这有助于航空公司更好的了解你。

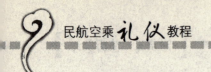

二、撰写求职简历注意事项

姓名、电话（或其他联系方式）等个人资料应该放在简历的最上面，这主要是为了方便用人单位和求职者及时取得联系。

紧接着是毕业的学校、专业和时间。对于所学课程，可以列上几门最主要的、有特色的专业课，一些公共课、基础课不必写上。

下面应该注明应聘的职位和目标。

接下去就是简历上最重要的部分：工作经历。对于初出茅庐的求职者来说，这部分包括勤工助学、课外活动、义务工作、参加各种各样的团体组织、实习经历和实习单位的评价等等。这部分内容要写得详细些，指明你在社团中、在活动中做了哪些工作，取得了什么样的成绩。用人单位要通过求职者的这些经历考查其团队精神、组织协调能力等。

兴趣爱好也最好列上两三项，用人单位可就此观察求职者的工作、生活态度。

如果应聘外资企业、大的跨国公司一定要附上英文简历，而且要把最近的经历放在最前面，简历前面最好附一封求职信。

同时，你应该注意以下几个细节。

（一）语言要言简意赅

言简意赅、流畅简练，令人一目了然的简历，在哪里都是最受欢迎的，也是对求职者的工作能力最直接的反映。所以，简历应在重点突出、内容完整的前提下尽可能简明扼要，不要陷入无关紧要的说明。多用短句，每段只表达一个意思。

（二）强调成功经验

仅有漂亮的外表而无内容的简历是不会吸引人的，招聘工作人员想要你的证据证明你的实力。记住要证明你以前的成就以及你的前公司得到了什么益处，包括你为公司节约了多少钱、多少时间、说明你有什么创新等。强调以前的事件，然后一定要写上结果。记住，别平铺直叙自己过去的工作内容，一定要提一提自己对以前单位的贡献；短短一份"成就记录"，远胜于长长的"工作经验"。

（三）简历内容要真实

写好简历还有一个最基本的要求就是确保内容真实。有许多初次求职者，为了能让公司对自己有一个好的印象，往往会给自己的简历造假。目前简历的造假，比较典型的有：假文凭、假职务、过分渲染的工作职责和更改在职时间。有些造假比较容易发现，比如假文凭。但有些人只是在原来事实上进行"精"加工就比较难了。造假者可能短期内未被识破，但总归有水落石出的那一天。

（四）内容应重点突出

由于时间的关系，招聘人员可能只会花短短几秒钟的时间来审阅你的简历，因此你的简历一定要重点突出。一般来说，对于不同的企业、不同的职位、不同的要求，求职者应当事先进行必要的分析，有针对性地设计准备简历。盲目地将一份标准版本大量拷贝，效果会大打折扣。求职者应根据企业和职位的要求，巧妙突出自己的优势，给人留下鲜明深刻的印象，但注意不能简单重复，这方面是整份简历的点睛之笔，也是最能表现个性的地方，应当深思熟虑，不落俗套，有说服力，而又合乎情理。

（五）要传递有效信息

在写简历的过程中，作为一名求职者，你应该向用人单位传递一些有效的信息，这些信息包括：A. 明确自己的奋斗目标。对自己的前途有长期、明确目标的人，更易为单位赏识和任用。具有积极自我成长概念的人，对工作较积极投入，努力进取、并充满旺盛的事业心与斗志，能迅速进入工作状态。B. 表现自己的工作意愿很强烈。C. 有团队协作精神。进入单位后，须与领导、同事们配合工作，一个容易与人沟通协调的求职者可以说已有一半获胜的希望，如果你曾有社团活动的丰富经验，可尽量举例说明。D. 掌握诚恳原则。在录用标准上，才能是首要的、永恒不变的第一原则，诚恳则是重要的、辅助的机动因素。面试前准备充分、心情镇定、仪容大方整洁，临场时充分表现自我，便是诚恳的最好表现。

（六）使用有影响力的词汇

使用这种词汇，如：证明的、分析的、线形的、有创造力的和有组织的。这样可以提高简历的说服力。

（七）词语使用要准确

许多负责招聘的工作人员都说他们最讨厌错字别字，他们说："当我发现错别字时我就会停止阅读"，因为他们总认为错别字说明人的素质不够高。因此，我们最好不要使用拗口的语句和生僻的字词，更不要有病句、错别字。外文要特别注意不要出现拼写和语法错误，一般招聘人员考查应聘者的外语能力就是从一份简历开始的。同时行文也要注意准确、规范，大多数情况下，作为实用型文体，句式以简明的短句为好，文风要平实、沉稳、严肃，以叙述、说明为主，动辄引经据典、抒情议论是不可取的。

（八）要突出自己的技能

列出所有与求职有关的技能。你将有机会展现你的学历和工作经历以外的天赋与才华。回顾以往取得的成绩，对自己从中获得的体会与经验加以总结、归纳。你的选择标准只有一个，即这一项能否给你的求职带来帮助。你也可以附加一些成绩与经历的叙述，但必须牢记，经历本身不具说服力，关键是经历中体现出的能力。

资料夹

个人简历撰写模式

姓名：　　　　　　性别：　　　　　　年龄：

毕业学校：　　　　学位和专业：

联系电话：　　　　电子邮件：

求职意向：

擅长：

——擅长唱歌、演讲……

——曾经获得×××舞蹈比赛××奖

个人信息

出生地：浙江

教育与培训：

2003 年 6 月－2003 年 9 月 ××航空运输培训中心

参加初级乘务员培训、国际航协中国航空货运代理人培训、国际航

协中国航空客运代理人培训

　　获得证书：初级乘务员证书、国际航协中国航空货运代理人培训证
书、国际航协中国航空客运代理人培训证书

　　培训课程：

IATA航空货运培训

IATA航空客运培训

服务礼仪

航空服务相关技能

2000年9月－2003年7月，×××大学×××专业

获得证书：大专文凭、初级乘务员证书

2001年10月，国家英语四级考试

获得证书：四级英语合格证书

学习课程

英语、计算机、服务营销、公共关系学、基础日语、民航服务与管
理、客舱环境控制与应急设备、航空服务心理学、中外民俗与风情、民
航法、保险与风险管理、航空概论、世界旅游地理、旅游学、航空运
输、形体训练、技能培训、乘务英语、乘务日语、专业化形象等。

　　工作经历

2003年7月－至今 中国工商银行 客户服务

计算机水平

能够熟练地运用计算机处理各类相关事务，熟练使用office等应用
软件，能够熟练地运用互联网、电子邮件等常规信息技术。

　　其他

　　多年的大学学习使我掌握了有关航空运输服务的专业知识，初级乘
务员的专业培训更让我掌握了实际操作的技能，我相信，这些专业知识
和操作技能，加上我活泼开朗、与人为善的性格，落落大方的举止、踏
实肯干的敬业精神，以及善于沟通与协作的团队精神，一定能够让我赢
得机会，并在未来的工作岗位上表现出色。

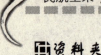

中英文自我推荐信的撰写模式

尊敬的领导：

我是××大学××系的一名学生，即将面临毕业。××大学是我国××人才的重点培养基地，具有悠久的历史和优良的传统，并且素以治学严谨、育人有方而著称；××大学××系则是全国××学科基地之一。在这样的学习环境下，无论是在知识能力，还是在个人素质修养方面，我都受益匪浅。

四年来，在师友的严格教益及个人的努力下，我掌握了扎实的专业基础知识，系统地掌握了××、××等有关理论；熟悉涉外工作常用礼仪；具备较好的英语听、说、读、写、译等能力；能熟练操作计算机办公软件。同时，我利用课余时间广泛地涉猎了大量书籍，不但充实了自己，也培养了自己多方面的技能。更重要的是，严谨的学风和端正的学习态度塑造了我朴实、稳重、创新的性格。

此外，我还积极地参加各种社会活动，抓住每一个机会锻炼自己。大学四年，我深深地感受到，与优秀学生共事，使我在竞争中获益；向实际困难挑战，让我在挫折中成长。祖辈们教我勤奋、尽责、善良、正直；×××大学培养了我实事求是、开拓进取的作风。我热爱贵单位所从事的事业，殷切地期望能够在您的领导下，为这一光荣的事业添砖加瓦；并且在实践中不断学习、进步。

最后，我希望：无论您是否选择我，请接受我衷心的感谢和良好的祝愿！

自荐人：×××

年　月　日

附录四 空乘人员应聘面试注意事项

从心理学上来说，一个人给别人留下的第一印象在最初的 20 秒就已经形成了，面试也同样如此。一般在最初的 20 秒，大多数面试官就会给求职者贴上"去"或"留"的标签，而这一切都取决于求职者最初的表现。

因此，求职者必须懂得面试礼仪。

1. 较强的时间观念

准时面试是守信的表现，也是礼仪中的一种。据一位外企人事经理透露，求职面试迟到者获得录用的概率只相当于不迟到者的1/8。

面试时通常应提前 10—15 分钟到达指定地点，因为只有这样才能表明你求职的诚意和对用人单位的重视。到达面试地点后，求职者不要急于入室，可以在外边等边略做准备，如先在大堂里稳定一下心情，或到洗手间梳理一下因赶路而凌乱的头发，然后进入面试地点。

另外，求职者具有较强的时间观念还有另一种含义，即要遵守面试约定时间的长度。有时，因为工作关系面试官会主动提出只能谈多久，这时求职者一定要把握好面试时间，以体现你的办事效率，不要在面试时滔滔不绝、口若悬河地说个不停。

2. 通报应有礼貌

没有一位面试官愿意招聘一名不懂礼貌的员工。一般而言，求职者到达面试地点后，不可贸然进入，进门前一定要有礼貌地通报。若门关掩着，可轻叩两三下，等听见"请进"后，才可轻轻推门而入。进门后不要紧张，动作要得体，应尽量放松自己，表情自然，面带微笑，给人以真诚、亲切之感。通常情况下，你应向考官点头微笑。接着大方地向他们介绍道："您好！我是×××，来参加面试的。"这样既有问候又有介绍的开场白可以迅速消除彼此之间的陌生感。

3. 握手应有技巧

握手作为面试中最重要的一种身体语言，应注意下面三个礼节：

（1）注意握手姿势。求职者应右手手掌处于略朝上状态，握手用力适度，身体略微前倾，面带微笑，目光正视对方前额。千万不能用两只手与面试官相握，这样做，是非常轻率的表现。

（2）注意伸手的顺序。一般的社交场合，伸手的顺序是：应由主人、年长者、职务高者、女性先伸手，客人、年轻者、职务低者、男性需要对方伸出手来后再握，切不可先伸手。求职时，应试者属于客方，不宜先伸手求握，应待面试官有握手表示后，再伸手相握。

（3）注意握手力度。握手一般以紧而不捏痛为宜，握得太紧，或握不住对方的手，只是几个手指头和对方接触一下，都是失礼的行为，更不能出现拉拉扯扯的情形。

4. 恰当运用形体语言

美国著名职业指导专家玛丽·布朗经大量统计研究得出的结果表明，影响面试成败的因素依次为：形体55％、语调38％、语言7％。也就是说，不恰当的形体语言是导致面试失败的最大原因。因此，求职者在面试中要学会克服不利的形体动作，善于用眼睛、面部表情等来表现、烘托自己。

（1）表情

呆滞死板、冷漠无生气的表情怎么能打动人？在面试时一定要保持微笑，因为微笑是最好的润滑剂，能帮助你打开谈话思路。面带自然微笑，也会给考官们添一分好心情，并对你留下好印象。

（2）眼睛

眼睛的作用不可忽视，一个人的文化素养、内心修养都可以通过眼睛折射出来。而有些求职者，眼神总是惊慌失措、躲躲闪闪，该正视时目光却游移不定，给人缺乏自信的印象，极易使考官反感；另外，若死盯着考官的话，又难免会给人以压迫感。所以，在听考官提问时，应落落大方，将坚定、自信的目光停留在对方的脸上，并在对方眼睛与鼻子之间的三角位置上移动。

（3）手脚

双手别总是不安稳，忙个不停，出现卷领带、挖鼻、剔指甲、抚弄头发、玩弄考官递过来的名片等动作。当然，也不能将手握得太紧，如果将手指紧紧地绞在一起，会暴露自己的紧张和不安。在面试时若要借助手势来表达感情，手离开身体的距离不要超过肘部的长度，如果手移动的幅度过大，会给人一种张狂的感觉。

腿神经质般地不停晃动、前伸、跷起等，不仅会人为制造紧张气氛，而且还会显得心不在焉，相当不礼貌。面试时，最好是双腿自然并拢，身体微微前倾。

（4）眉毛

眉毛在面试中也发挥着作用。一般来说，求职者的眉毛应平直，给人以自信、坚定的感觉。不论在什么情况下都不要皱起眉毛，或是将眉毛上扬以及下降。

（5）嘴形

嘴形应该自然合闭，谈话时不能频繁变换嘴形，更不要打哈欠或张开嘴巴露出牙齿。否则，会给人留下不拘小节的印象。

5. 控制自己的音调

面试官会很注重求职者的声音和音调，他们的理由是：声音很重要，它是个人文化素养的一种综合体现，有时候甚至比容貌更重要，因为公司的很多工作都是通过声音来表达的。所以，面试官们不但希望求职者有优雅的仪态，还要有优美的声音。

因此在面试过程中，求职者一定要控制好自己说话的音调，尽量做到抑扬顿挫、吐字清晰，表现得沉稳、自信。此外，还要注意同样的句子，用不同的语调来处理，可以表达不同的感情，收到不同的效果。比如，当你被问到是否能完成一件比较困难的工作时，用中等速度适当提高音量回答"我可以试试"，与用慢速轻声回答"我大概可以试试"，给人的感觉就会大不一样。前者充满自信，而后者会让人感到缺乏信心。

6. 面试结束礼节

面试本身就是一个完整的过程，如果其中任何一个环节有瑕疵，都会影响到录用人选的决定。有许多人，在面试时表现得可圈可点，但在最后一关却阴沟里翻船，惨遭"滑铁卢"，使前面的努力付诸东流、功亏一篑。

当主考官宣布面试结束时，你应一面徐徐起立，一面正视对方，并可乘机做最后表白，以显示自己的满腔热情。比如，"谢谢您今天给我一个面试机会，请不吝指教并保持联系"、"如果能有幸进入贵公司服务，我必定全力以赴，请多多指教"、"您对我是否称职还有什么疑问吗"。然后欠身行个礼，轻轻把门关上退出面试间。

一出面试间，你必须先到候客室或前台向刚才传达或接待你的人员道谢后再行离开，这也是做人的基本礼貌。

附录五 空乘人员面试常见英文问题

1. Problem Solving

Can you work under pressure?

What is your greatest strength?

What is your greatest weakness?

What have you done to correct your weaknesses?

Have you ever failed?

What is your biggest failure?

How do you handle failure?

How do you handle change?

When you are in charge, how do you motivate people?

Describe a time when you resolved a conflict?

How do you handle conflict?

2. Previous Employment

What is the hardest thing you ever did in your current job?

Why have you held so many jobs?

Do you consider yourself a loyal employee?

What did you like about your last job?

What did you dislike about your last job?

What was your favorite job?

What was your least favorite job?

What have you learned from previous jobs?

How long will you stay with our airline?

What would your coworkers say about you?

What would your previous supervisors say about you?

What were the people like at your last company?

What did you dislike about your last employer?

If you could change one thing about your last employer, what would it be?

Were you satisfied with your performance at your last job?

Was your previous employer satisfied with your performance?

Have you ever been fired?

If so, why were you fired?

Have you ever been asked to resign from another job?

What will your references say?

Can we check your references?

How many sick days did you take last year?

Is this typical?

3. Personality and Motivation

Do you consider yourself a success?

Were you ever under a great deal of pressure?

What kinds of decisions are most difficult for you?

Why has it taken you so long to find a job?

Why do you want to be a flight attendant?

What part of being a flight attendant interests you most?

What kind of contributions will you make to our airline?

Where else are you interviewing?

Have you applied to other airlines?

When are you available to start?

What are your outstanding qualities?

What interests you most about being a flight attendant?

What can you do for us that others can't?

Describe a difficult problem you've dealt with.

How important is appearance?

What do you think will be the biggest challenge of being a flight attendant?

What is the best part of being a flight attendant?

Do you have any natural talent or skill, something that comes easy to you?

What do you like to do in your spare time?

How would you handle an abrasive Captain or coworker?

Have you ever been described as stubborn or hardheaded? By whom?

Do you ever freeze in social situations?

Have you ever worked with someone who talked too much? How did you han-

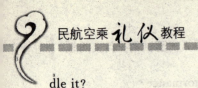

dle it?

Are you skilled at sizing people up?

Have you ever been part of a problem?

Have you ever had to support the directives of higher management, even when you disagreed with it?

Have you ever lied?

Have you ever broken a law?

Have you ever stolen something?

Have you ever found a work policy or rule to be distasteful? How did you handle it?

Have you ever been tempted to break a work rule or policy? What did you do?

Why do you want to work for our airline?

What kind of experience do you have?

Are you willing to be based wherever the company sends you?

What would you like to be doing ten years from now?

Why should we hire you?

What are your qualifications?

What is your biggest accomplishment?

What are your career goals?

How does a flight attendant job fit into your career goals?

What personal characteristic best describes you.

Do you prefer to work alone or with others?

Do you consider yourself a team player?

Describe your team style.

Are you self motivated?

What motivates you?

Describe your relationship with peers.

What kind of people do you prefer to work with?

Describe your personality.

How do you handle criticism?

Were you ever unfairly criticized?

4. Skills

Do you read, write and/or speak a foreign language?

Are you willing to learn a foreign language?

Are you a leader or a follower?

What have you learned from your previous jobs?

What kind of employee are you?

What was your favorite subject in school?

What was your least favorite subject in school?

Tell us about your leadership skills.

What was your major success as a leader?

What was your major failure as a leader?

What do you think are the most important components of a practical leadership philosophy?

Whose leadership qualities have you most respected?

Have you incorporated his/her leadership qualities?

Have you ever had an unexpected leadership role? How did it work out?

What are your assets?

Whom do you most admire?

5. Other Questions

What bases does our airline have? What type of aircraft?

Who is the president of our company?

How long has our airline been in existence?

How do you feel about the airline industry?

How do you feel about being away from home frequently?

How do you feel about relocating?

How do you feel about unions?

What do you feel is the role of unions?

Why do you want to leave your previous employer?

Will we find anything on our background search that you'd like to discuss now?

Is there anything you would like to discuss?

Do you have any questions?

附录六 进口化妆品生产日期识别常识

"生产日期"的识别方法非常重要，因为大部分欧美品牌都不是直接打日期而是打批号的，一眼看去很难知道是什么时候生产的，以及是否过期。一般的护肤品保质期都是3年。

L'OREAL 欧莱雅集团属下品牌：

    Helena Rubinstein 赫莲娜

    Lancome 兰蔻

    Biotherm 碧欧泉

    Kielh's 契尔氏

Estee Lauder 雅诗兰黛集团属下品牌：

    Estee Lauder 雅诗兰黛

    Clinique 倩碧

    Origins 品木宣言

其他欧美品牌：

    Sisley 希诗黎

    Guerlain 娇兰

    Clarins 娇韵诗

    Elizabeth Arden 雅顿

    H_2O+ 水之澳

    安利雅姿

日系品牌：

    SK-Ⅱ

    Shiseido 资生堂

    KOSE 高丝

韩系品牌：

    DeBon 蝶妆

    Laneige 兰芝

一、BIOTHERM(碧欧泉)（另外赫莲娜 HR、LANCOME、VICHY、BIO-THERM 的批号表示法是一样的）

通常是由两个英文字和三个数字组成 例如：CV150

第一个英文字母 C 代表产地

第二个英文字母 V 代表制造那年

后三位数表示那一年的第几天

S＝1997 T＝1998 U＝1999 V＝2000 W＝2001 X＝2002 Y＝2003 Z＝2004

所以 CY230 就是 2003 年的第 230 天制造

保存期限通常是三年，就是到 2006 年 8 月

二、ESTEE LAUDER(EL)雅诗兰黛（CLINIQUE 倩碧跟 EL 的批号表示法是一样的）

大部分都是三码批号 例如：K61

第一个字母 K 代表产地

第二个数字 6 代表月

第三个数字 1 代表年

所以 K93 是 2003 年 9 月制造的

至于月份表示为：1 2 3 4 5 6 7 8 9 A B C 共 12 个月

至于 5 码，依序代表 厂 货 月 年 批

三、KOSE(高丝)

批号有四码，例如：L902

第一个字母 L 代表生产月

第一个数字 9 代表生产年

所以 L902 表示 1999 年 12 月生产的，所以保存期限至 2002 年 11 月

同理，若批号为 C821，

则是 1998 年 3 月制造，保存期限到 2001 年 2 月，依此类推

月份的表达关系

A＝1 B＝2 C＝3 D＝4 E＝5 F＝6 G＝7 H＝8 I＝9 J＝10 K＝11 L＝12

四、H₂O

批号格式如：9254H53

第一个字符 9 是指 1999 年

接着三个字符 254 是指 1999 年第 254 天生产的

五、CLARINS(娇韵诗)

批号格式如：603129

第一个数字为年号 6 代表 1996

次两位数为月次 03 就是 3 月

10＊＊＊＊是 2001 年，后面的数字则是输入的货柜号。

保质期：至少 3 年

六、Borghese(贝佳斯)

出厂日期格式如：LEN03C

第一个字母 L 代表 2000 年

中间两个数字 03 是 3 月，依此类推

J＝1998 年 K＝1999 年 L＝2000 年 M＝2001 年

贝佳斯的出厂日期还有分为新旧版两种的

新版—包含四个部分，依序代表的是年．批．月．日。如 J 是 1998，K 是 1999，4 月 1 日则为 401

旧版—包含四个部分，依序代表的是年．批．月．日。如 8 是 1998，9 是 1999，4 月 1 日则为 401

比如 MJ730 就是 2001 年 7 月 30 号出厂的。

七、CHANEL(香奈尔)

它的批号有四码，只有前二码与制造日期有关：

例如：95xx 表示是 1999 年 11 月制造的

10xx 表示是 2001 年 2 月

22xx 表示是 2002 年 2 月

CHANEL 不论是保养品或是彩妆品的保存期限，一律是三年。

八、Guerlain(娇兰)

制造日期表示通常为五码 例如 DL2BO

第一个英文字母 D 代表的是年份 D＝1999

第二个英文字母 L 代表的是月份 L＝7

后面的三码无意义

DL2BO 表示 1999 年 7 月制造

年份代号如下

P＝1996，S＝1997，V＝1998，D＝1999，M＝2000，

U＝2001，Z＝2002，J＝2003，Y＝2004，W＝2005

月份代号如下

H＝1，E＝2，B＝3，X＝4，T＝5，K＝6，

L＝7，N＝8，F＝9，R＝10，A＝11，C＝12

九、Elizabeth Arden（雅顿）

批号格式如：4PB

第一个数字表示年 4 表94 年制造

后面的英文表示厂名

十、NUKIN（如新）

批号格式如：4F053

第一个数字 4 表示是 1994

第二个字母 F 表批号

后面三个数字 053 表示该年第 53 天产

十一、Kanebo（嘉娜宝）

批号格式如：DD

第一个字母 D 表示 84 年

第二个字母 D 表示 4 月

字母与数字的转换关系如下：

依 A，B，C，D，E，F，G，H，I，J，K，L

表 1，2，3，4，5，6，7，8，9，10，11，12 依此类推

十二、Marykey（玫琳凯）

批号格式如：4M03 为 94 年 8 月 3 日

第 1 个数字 4 代表 94 年

第 2 个字母 M 代表 8 月（字母与月份的对应关系？？？）

第 3、4 数字 03 代表日期 3 日

十三、CD（迪奥）

第一个"数字"代表制造年份

1 2 3 ……

2001 年 2002 年 2003 年…（依此类推）

第二个"英文字母"代表制造月份

（其中英文字母"I"因为和阿拉伯数字的"1"很像，怕会混淆所以跳过）

A＝1 月，B＝2 月，C＝3 月，D＝4 月，E＝5 月，F＝6 月，G＝7 月，H＝8

月，J＝9 月，K＝10 月，L＝11 月，M＝12 月

十四、YSL(圣罗兰)

批号有两种：前面四码分别为年和制造天数。

0123，就是 2000 年第 123 日制造。

批号是 03261。表示保存期限到 2003 年第 261 天。

附录七　世界级化妆品排行榜

一、法国 LANCOME(兰蔻)

这个法国国宝级的化妆品品牌创立于 1935 年，迄今已有近 70 年历史。自创立伊始，就以一朵含苞欲放的玫瑰作为品牌标识。在近 70 年的时间里，兰蔻以其独特的品牌理念实践着对全世界女性美的承诺，给无数爱美女性带去了美丽与梦想。

更难得的是，一个近 70 年的老牌子，时至今日还能保持如此年轻的状态，在彩妆以及护肤届均有众多被时下女性拥护的精品。

镇牌之宝：

睫毛膏——LANCOME 的睫毛膏，在化妆品行业有无可争辩的崇高地位。"全球每售出两支睫毛膏中，就有一支是 LANCOME 的"。独特的刷头设计，层次细致分明；纤维超幼细，无人能及。其中，淡装首选 DE 精密睫毛膏、晚妆等场合首选 3D 立体睫毛膏。

HYDRA ZEN 水分缘系列——该系列无疑是 LANCOME 最被推崇的护肤系列，以细腻薄透的质地出名，保湿滋润，又不会觉得厚重。可消除肌肤疲劳，镇静、并调节肌肤功能，对各种因环境天气等原因造成的皮肤不适可起到很好的舒缓功效，有"保命"霜之称。

二、美国 ESTEE LAUDER(雅诗兰黛)

ADBANCED NIGHT REPAIR(简称 ANR)系列，无疑是该品牌最为经典和大牌的护肤保养品了。自推出 20 多年来，一直保持经典的琥珀色玻璃瓶包装，创下全球每十秒销售出一瓶的佳绩。该产品的那句"如果你 16 年前已经用上了 ANR 系列，那么 16 年后的今天，你的皮肤依然和 16 前一样细腻娇嫩"的广告语深入人心。

三、日本 SHISEIDO(资生堂)

有 130 多年历史的资生堂，是亚洲最老牌的殿堂级化妆品。主线资生堂国际系列，以优雅、品位、有效、安全，而深入人心。

四、法国 DIOR(迪奥)

DIOR(又简称 CD)，全名为 CHRISTIAN DIOR。以做高级时装起家的 DIOR 品牌，自 1947 年首次推出香水 MISS DIOR 后，现已全面进军美容领域。经典与高贵是 DIOR 的代名词，如今，DIOR 更是时尚和创新的代表之一。

镇牌之宝：

蓝金唇膏——DIOR 标志性的唇膏，丰润柔软，色彩纯正，在舒适和持久之间达到不可思议的平衡。

5 色眼影——虽然 DIOR 每一季都会推出各种令人眼花缭乱的彩妆新品，但这款眼影自 1987 年延续至今，依旧是许多化妆师和女性的最爱。

五、法国 CHANEL(香奈尔)

以交叉的两个 C 为品牌标识的 CHANEL 品牌，同样以高级成衣起家。

镇牌之宝：

NO.5 香水——这个成就了一段香水神话的香水，已经成为全球无数女子的妆台最爱。它特别幽雅浪漫的格调，把女子内心的细致情怀表达尽致，性感女神梦露的那句"我，只穿 NO.5 入睡"的名言，更让这款女士香水名垂百年。

六、美国 CLINIQUE(倩碧)

CLINIQUE 的名字和品牌的概念来源于法文：医学诊所，是 ESTEE LAUDER 集团的另一重量级品牌。以过敏度低，不含香料无刺激的护理理念闻名于世。CLINIQUE 在美国、英国均是销量第一的高档化妆品牌。

镇牌之宝：

护肤三步曲——CLINIQUE 自 1968 年品牌创立之初就推出的三步曲概念，倡导简单就是美的哲学，至今仍秉承"洁面皂＋化妆水＋特效润肤乳"的组合。在1、2、3 步的三件产品之外再用任何保养品都能得到事半功倍的效果，为肌肤提供最简便、安全、有效的呵护。

七、日本 SK－Ⅱ

数十年前，一个科学家参观一个酿酒工厂时的偶然发现，诞生了一个美容界的神奇品牌，它就是 SK－Ⅱ。20 世纪 90 年代起，SK－Ⅱ从 MF(MAX FACTOR)公司独立出来。定位为高级保养品牌。其专利成分 PITERA，提取自米酒的天然酵母。

镇牌之宝：

护肤精华露(又称神仙水)——内含高达 90% 以上的 PITERA，能调整肌肤的 pH，促进细胞的抵抗力，帮助肌肤恢复天然的水油平衡。

八、法国 BIOTHERM(碧欧泉)

碧欧泉卓越的护肤功效，来自从温泉中提取的精华 PETP(矿泉有机活性因子)，富含多种微量元素，矿物质和蛋白质成分，能温和条理肌肤，使其达到均衡状态。它是法国的科学家在研究温泉对人体的疗养功效时发现的。为了寻求最佳的提取源，科学家不惜涉入法国山脉深处，终于以 20 年的努力，以生物技术提取到大量的 PETP 因子，并成功研发出适合皮肤每日使用的护肤产品，也就是我们今天的 BIOTHERM 护理全系列。

镇牌之宝：

活泉水分露——碧欧泉最初打天下的镇店王牌。每一瓶都含有相当于 5000 公升的温泉水中所含的丰富的 PETP，只需豌豆大小，即可令肌肤水分十足，呈现最完美的状态。

九、HR(赫莲娜)

品牌名字取自该品牌创立者 HELENA RUBINSTEIN 女士。她也是世界上第一家美容院的创立者。HR 产品以"追求完美"著称，自被欧莱雅集团收购后，更成为该集团的科技先锋，以一流的抗皱、修复系列品的研制为长。

镇牌之宝：

极致之美胶原系列、维他命 C 精华系列、——有肌肤"急救站"之称的二款抗皱、修复产品，对一切因为衰老而引起的皮肤问题有很好的改善作用，受到了无数不再年轻，但仍然追求完美肌肤的女性的追崇。

十、美国 ELIZABETH. ARDEN(伊丽沙白·雅顿)

早在 20 世纪 20 年代，EA 已经是一个全球知名的美国品牌，曾一度垄断整个高级美容护肤市场。一代性感女神玛丽莲·梦露的化妆箱里，就常备有雅顿的眼影、唇膏。在美容界多元化的今天，EA 依然保持其传统的特色，一些产品的巧妙用法，仍为人称奇。

镇牌之宝：

8 小时润泽霜——该品牌历史最悠久的产品之一，至今已有 74 年的历史，有"万能霜"之称。可用于脸部、眼部、唇、颈和手，任何一处你觉得干燥的地方。滋润度非常持久而有效，它另外还有淡化疤痕、修复肌肤弹性的意外疗效。

十一、法国 CLARINS(娇韵诗)

法国娇韵诗自创立之日起，就坚持纯植物护肤的研发理念，凭借其 40 多年来的肌肤护理、纤体经验及超卓的功效，赢得了全球越来越多女性的信赖和欢迎。

镇牌之宝：

面部、身体护理油——CLARINS 的 3 款面部护理油、身体护理油自品牌创始以来，一直沿用至今，40 多年中，更经历了无数次革新，使得配方更精纯，效果更卓越。全天然的成分可为全身肌肤提供最温和的天然护理。

十二、法国 GUERLAIN（娇兰）

以调制香水起家的 GUERLAIN，1828 年由皮埃尔·娇兰先生一手创立，迄今已有 170 多年历史。卓越的品质使娇兰从众多香水品牌中脱颖而出。娇兰从创立伊始就采用的神奇香料配方——汤加豆、茉莉、玫瑰和鸢尾花，成为娇兰香水的标记。

镇牌之宝：

幻彩流星粉——仅凭一盒幻彩流星修饰粉，娇兰在全球知名度大涨。粉红色增添红润，绿色淡化红肿，白色悦目亮丽，金色与珍珠色带出晶莹光泽。多色交错令脸色透出神韵无限，令妆容带出迷蒙美感。小小的几十枚粉珠，令女人们容光焕发，已成为娇兰多年最畅销产品系列。

十三、法国 SISLEY（希西黎）

SISLEY 创立于 1976 年，是法国一个家族式的贵族化妆品牌。创始之初，整个品牌非常低调，顾客群也只限于一些上流贵族圈。直至上世纪末，SISLEY 才开始在全球范围内公开发售，纯植物提取是该品牌的立身之本。

镇牌之宝：

全能乳液——SISLEY 全球最畅销的产品之一，它采用多种植物精华配制而成，香味宜人，抹到脸上后很容易就被吸收了，还可以促进皮肤对其他保养品的加倍吸收。

十四、BOBBI BROWN（简称 BB）

兼任化妆品牌掌门人、化妆师、畅销书作家的 BB 品牌创始人的 BOBBI BROWN 女士，自小便喜欢用化妆品为自己的父母描描画画。BB 品牌，在 1995 年被美国雅诗兰黛集团合并，自此走上了国际化的发展之路。BB 的哲学是：让每一个女人都做她自己，最自然的状态就是最美的。因此，该品牌的彩妆颜色毫不花哨，色彩也大多是基本的，质地让人爱不释手。

镇牌之宝：

粉底条——BB 的 FOUNDATION STICK 粉底条，质地让人惊叹，超强遮瑕力和极自然的妆效融为一身，抹上后不会有丝毫的厚重感，轻轻一抹既可融入肌肤，毛孔、细斑顿时不见了，让脸部如瓷般光滑柔美。

附录八　地方菜系介绍

鲁菜　又称山东菜系。它是北方菜的代表，鲁菜主要由济南菜与胶东菜构成。在烹调技艺上，鲁菜重视爆、炒、扒、锅塌，调味以咸为主，以酸为辅，喜用清汤、奶汤和糖醋汁；烹制出的菜肴清脆、鲜嫩、味纯。该菜系的代表名菜有德州扒鸡、脱骨烧鸡、九转肥肠、锅烧肘子、糖醋鲤鱼、清氽赤鳞鱼、红烧大虾、红烧干贝肚、油爆海螺、锅贴豆腐、孔府一品锅等。

京菜　又称北京菜系。它是整合北方汉、满、蒙、回各族菜肴发展起来的，主要由本地风味与山东风味构成，并继承了明清宫廷菜系的精华。京菜擅长烹制羊肉，如涮羊肉、烤羊肉等。京菜还引进一些南方菜。例如：烤鸭就是大约一百五十年前从南方菜引入的。该菜系的代表名菜有烤全羊、涮羊肉、爆羊肚儿、北京烤鸭、白片肉、荷包里脊、酱汁活鱼、蛤蟆鲍鱼、熘鸡脯、翡翠羹等。

川菜　又称四川菜系。它以成都菜、重庆菜为代表，不仅在长江上游较受欢迎，而且在全国享有盛誉。川菜擅长小煎、小炒、干煸、干烧，菜肴嫩而不生，酥软鲜香。自贡的井盐、中坝的酱油、保宁的食醋、潼川的豆豉、郫县的豆瓣、重庆的辣酱等都是富有特色调味品。该菜系的代表名菜有宫爆鸡丁、麻辣豆腐、灯影牛肉、鸳鸯火锅、干烧岩鲤、家常海参、锅巴肉片、干煸冬笋等。此外，棒棒鸡、怪味鸡、夫妻肺片及赖汤圆等小吃也闻名全国。

苏菜　过去也称淮扬菜，今称江苏菜系。它是长江下游的流行菜系，主要由苏州菜、扬州菜、南京菜构成。苏菜的特点是以炖、焖、烧、煨、炒著称，有多种烹调鱼菜的方法。烹调上用料考究，讲比例，善配色和造型，尤其注意果品雕花。该菜系的代表名菜有金陵盐水鸭、三套鸭、水晶肴肉、清炖蟹粉狮子头、文思豆腐、梁溪脆鳝、沛公狗肉、松鼠桂鱼、清蒸鲥鱼、蟹黄燕窝、虾羹鱼翅、鲜藕肉夹、莲子鸭羹等。苏式点心和小吃，如松子水晶肉甜糕、灌汤包子、蟹黄烧麦等也很精美。

粤菜　又称广东菜系，由广州、潮洲、东江（惠州）三大流派组成。它是岭南地区的主导菜系，粤菜特点是：原料广泛，配料较多。天上飞的、地下走的、水里游的鸟兽虫鱼皆可成菜。除猪、牛、羊外，还用蛇、猴、猫、鼠、穿山甲等；尤其是以蛇做菜历史悠久，西汉《淮南子》中已有"越人得蛇以为上肴"的记载。粤菜口味讲究鲜嫩爽滑，夏秋力求清淡，冬春偏重浓醇。该菜系的代表菜有龙虎斗

（由三蛇和狸猫制成）、菊花龙虎凤（用王蛇、竹丝鸡、狸猫烹制）、五蛇羹片、五彩炒蛇丝、明炉烤乳猪、白云猪手、太爷鸡、东江盐焗鸡、杏元鸡脚炖海狗、鼎湖上素、护国菜、脆皮炸双鸽等。

　　闽菜　又称福建菜系，是闽江流域的主导菜系。它起源于闽侯县，由福州、泉州、厦门等地之菜发展而来，尤以福州菜为代表。闽菜的一个突出特点就是"糟"法，用红糟烹调菜肴；炝糟、爆糟、炸糟，配合主料都可成名菜。此外，闽菜擅长炒、熘、煎、煨，重视甜酸咸香，色调美观，滋味清鲜。该菜系的代表名菜有烧片糟鸡、小糟鸡丁、红糟肉、酸辣烂鱿鱼、清汤鱼丸、太极明虾、橘烧巴、小长春、蛏溜奇等；特别是具有特殊风格、香味奇异的"佛跳墙"更是享誉全国。

　　湘菜　又称湖南菜系。它由湘江流域、洞庭湖区和湘西山区的菜肴发展而成，尤以长沙菜为代表。湘菜常用辣椒调味，口味重酸辣、香鲜、软嫩。其烹调方法以煨、炸、炒为主，尤以腊、炖、蒸见长，并重视原料的入味和成品的软烂。该菜系的代表名菜有腊味合蒸、红煨鱼翅、麻辣子鸡、东安鸡、金钱鱼、冰糖湘莲、霸王别姬等。

　　鄂菜　又名荆楚菜，今称湖北菜系。它起源于春秋时期楚国都城郢都（今江陵），由武汉、荆州、黄州等地菜肴发展而来，与湘菜同为长江中游的主要菜系。鄂菜以汁浓、醇稠、口重、味纯见长，烹调以蒸、煨、炸、烧、炒为主。该菜系的代表名菜有清蒸武昌鱼、鸡泥桃花鱼、双黄鱼片、笔架鱼肚、清炖甲鱼裙、龟肉汤、酥炸葱虾、沔阳三蒸、烧鸭鸡等。

　　徽菜　又称安徽菜系。它由沿江、沿淮、徽州三地区的地方菜构成，而以徽州菜为主要代表。徽菜的特点是：选料朴实，讲究火功，重油重色，炔大汤清，味道醇厚，香气四溢，擅长山珍野味，精于烧炖、烟熏及以糖调味，烹制鲜鱼尤有独到之处。该菜系的代表名菜有马蹄鳖、火腿炖鞭笋、火腿炖甲鱼、腌制鲜鳜鱼、奶汁肥王鱼、红烧果子狸、符离集烧鸡、雪冬烧山鸡、李鸿章杂烩等。

　　浙菜　又称浙江菜系。它由杭州、宁波、绍兴等地菜肴构成，其中杭州菜久负盛名。杭州菜清鲜细嫩，制作精细，变化较多，烹调方法以爆、炒、烩、炸、烤、焖为主，因时而异。宁波菜鲜咸合一，以蒸、烤、炖制海鲜见长，讲究嫩、软、滑，注重保持原料本味。绍兴菜擅长烹制河鲜家禽，入口香酥绵糯，汤浓味重，富有乡村风味。该菜系的代表名菜有西湖醋鱼、新风鳗鱼、三丝敲鱼、宋嫂鱼羹、江坡焖肉、干菜焖肉、荷叶粉蒸肉、干炸响铃、生爆鳝片、龙井虾仁、宁波摇蚶、薄片火腿、叫化童子鸡等。

　　沪菜　又称上海菜系。它吸取了四川、广东、湖南、江苏、安徽、浙江、北京等地菜肴的风味特色，并受到西餐菜肴的一些影响发展而来，是独具一格的一种江南菜系。沪菜的烹调方法长于红烧、煨、糟、炸、蒸，其制品汤卤醇厚，浓油赤酱，糖重色艳，咸淡适口，保持原味。该菜系的代表名菜有虾子大乌参、清炒虾仁、八宝鸭、桂花肉、松仁玉米、枫泾丁蹄、五香烤麸等。

主要参考文献

王丽雅等．当代礼仪（修订版）．太原：山西科学技术出版社，2002．

赵景卓．服务礼仪．北京：中国财政经济出版社，1997．

金正昆．服务礼仪教程．北京：中国人民大学出版社，1999．

杜培．现代礼仪学．北京：中国工人出版社，1997．

赵关印．现代礼仪基础．北京：气象出版社，2001．

张岩松．现代交际礼仪．北京：中国社会科学出版社，2006．

张桂荣．现代礼仪．长沙：中南工业大学出版社，1997．

袁亦宁．民航英语核心读本．北京：北京航空航天大学出版社，2004．

王斌．政务礼仪大全．哈尔滨：哈尔滨出版社，2005．

顾诚．商务礼仪大全．哈尔滨：哈尔滨出版社，2005．

孙乐中．实用日常礼仪．南京：凤凰出版传媒集团，江苏科学技术出版社，2005．

东山宏久．聆听的技巧．北京：中国民族摄影艺术出版社，2004．

现代礼仪规范编写组．现代礼仪规范手册．北京：中国致公出版社，2005．

瑞芙女社．女人礼仪书：魅力一生的行为准则．北京：中国妇女出版社，2005．

韩英．现代社交礼仪．青岛：青岛出版社，2005．

陈平．商务礼仪．北京：中国电影出版社，2005．

陈弘美．中式、西式、日式餐桌礼仪实用知识．北京：世界图书出版社，2005．

任之．教你学礼仪．北京：当代世界出版社，2003．

王伟伟．礼仪形象学．北京：人民出版社，2005．

陈玲．美容造型艺术．北京：中国商业出版社，2000．

李莉．实用礼仪教程．北京：中国人民大学出版社，2005．

戴尔·卡耐基．卡耐基讲话技巧与沟通艺术．北京：中国华侨出版社，2005．

熊经浴．现代实用社交礼仪．北京：金盾出版社，2004．

海卉．现代女性应该注意的100个礼仪细节．哈尔滨：哈尔滨出版社，2004．

张世满，王守恩．中外民俗概要．天津：南开大学出版社，2005．

李永．空乘礼仪教程．北京：中国民航出版社，2003．

崔晓娟．亚太风情录——旅游、商务、留学必读．上海：上海人民出版社，2002．

[德]薇拉·弗·比尔肯比尔 著，景丽屏 译．你的身体会说话．合肥：安徽人民出版社，2003．

张文．求职礼仪——就业面试指南．广州：华南理工大学出版社，2005．

陈静和．礼仪与服务艺术(第二版)．厦门：厦门大学出版社，2004．

陈红．国际交往实用礼仪．北京：清华大学出版社，2004．

罗西．女人美在气质．北京：中国国际广播出版社，2005．

刘佩华．中外礼仪文化比较．广州：中山大学出版社，2005．

千舒，陈秋玲．社交礼仪的 n 个细节．北京：海潮出版社，2005．

金正昆．涉外礼仪教程(第二版)．北京：中国人民大学出版社，2005．

陈龙海，杨小良，刘军．杰出员工训练全书．深圳：海天出版社，2005．

崔佳山．旅游接待礼仪．北京：科学出版社，2005．

王耀路．人见人爱的成功形象．北京：北京燕山出版社，2004．

仪态万方女性研习社．现代淑女．北京：中华工商联合出版社，2005．

程锦．优雅百分百．北京：中国言实出版社，2005．

王耿．餐厅服务员手册．北京：中国宇航出版社，2004．

庄丽娟．服务定义的研究线索和理论界定．中国流通经济，2004 年第 9 期，41—44．

吴江云．正确理解服务概念 努力提高服务质量—ISO 9000 系列标准学习心得．商业现代化，1995 年第 9 期，17—19．

高飞卫 李亚梅．礼仪与中国传统文化．延安大学学报(社会科学版)，2001，23(4)63—66．

康志杰．当代天主教礼仪文化的特点．中国民族报/2004 年/01 月/30 日/第 003 版/

顾希佳．关于礼仪起源几种成说的辨析．唐都学刊，2001，17(2)70—74．